Droit et contentieux des marchés publics au Cameroun

Bernard-Raymond GUIMDO DONGMO

Droit et contentieux des marchés publics au Cameroun

Préface de Paul-Gérard POUGOUÉ

L'Harmattan
Cameroun

Du même auteur

Bernard-Raymond GUIMDO DONGMO (Dir.), *Le dialogue des juges. Une analyse des rapports fonctionnels entre les juges,* Collection Logiques juridiques, L'Harmattan, Paris, mai 2022, 284 p.

Carole Valérie NOUAZI KEMKENG & Bernard-Raymond GUIMDO DONGMO (Dir.), *La décentralisation territoriale au Cameroun. Jeux, enjeux, nouveaux acteurs et nouveaux défis,* L'Harmattan, Paris, novembre 2024, 310 p.

Bernard-Raymond GUIMDO DONGMO, *Méditations sur l'humain transcendantal et social, Recueil,* Presses de l'UCAC, Yaoundé, 2024/2025, 32 p.

5-7, rue de l'Ecole-Polytechnique - 75005 Paris
http://www.editions-harmattan.fr
ISBN : 978-2-336-54932-3
EAN : 9782336549323

DÉDICACE

À tous les miens, proches ou lointains, d'ici et d'ailleurs ;

À tou(te)s celles et ceux qui pensent à moi, quel que soit le motif ou le contenu de leur pensée ;

À mes enfants, comme motif de persévérance, de détermination et d'abnégation ;

À mon épouse, pour le soutien discret.

REMERCIEMENTS

Cet ouvrage n'aurait pas vu le jour sans le soutien et l'engagement de certaines personnes, qu'il convient de remercier ici.

Des remerciements appuyés aux chercheurs, enseignants, membres du CRED (Centre de Recherche et d'Études en Droit) qui ont accepté de participer à cette grande entreprise, en collaborant à sa conception et à sa rédaction. Qu'ils trouvent ici toute ma profonde gratitude pour leur disponibilité.

Il y a lieu de remercier également les docteurs Romeo Derrick ETALLA FOHOGANG, Ph. D. en droit public, Université de Douala, et Adolphe Joël MENDJANA ONGONO, Ph. D. en droit public, Université de Douala, pour leur implication active dans la mise en forme du présent document.

De sincères remerciements à l'endroit du Professeur Paul Gérard POUGOUE, qui a accepté d'en faire la préface.

Enfin, un remerciement particulier à Madame Carole Valérie NOUAZI KEMKENG, PhD en Droit public, Maître de recherche au Centre National d'Éducation du ministère de la Recherche scientifique et de l'Innovation (MINRESI), pour la relecture et sa mise en forme finale.

SIGLES ET ABRÉVIATIONS

ADD : Avant Dire Droit
AFD : Agence française de Développement
AFSJP/Dschang : Annales de la Faculté des Sciences juridiques et politiques de L'Université de Dschang
AJDA : Actualité juridique de Droit administratif
Al. : Alinéa
AN : Assemblée nationale
AO : Appel d'Offres
AOIR : Appel d'Offres International restreint
AOR : Appel d'Offres restreint
AOT : Autorisation d'Occupation Temporaire
APE : Accords de Partenariat économique
APMI : Appel public à Manifestation d'Intérêt
ARMP : Agence de Régulation des Marchés Publics
Art. : Article
AU : Acte uniforme
AUPSRVE : Acte uniforme sur les Procédures simplifiées de recouvrement et les voies d'Exécution
BAD : Banque africaine de Développement
BEAC : Banque des États de l'Afrique Centrale
BMD : Banque Multilatérale de Développement
BOT : Build Operate and Transfer
CA/ CS : Chambre administrative de la Cour Suprême
CAC : Centimes additionnels communaux
CARPA : Conseil d'Appui à la Réalisation des contrats de Partenariat
CBC : Commercial Bank of Cameroon
CC : Conseil constitutionnel

CCA : Conseil du Contentieux Administratif

CCAG : Cahier des Clauses administratives générales

CCAG-SPI : Cahier des Clauses administratives applicables aux Marchés publics des Services et de Prestations intellectuelles

CCAG-Travaux : Cahier des Clauses administratives applicables aux Marchés publics de Travaux

CCAP : Cahier de Clauses administratives particulières

CCI : Contribution communautaire d'Intégration

CDC : Cameroon Development Corporation

CE : Conseil d'État (français)

CEEAC : Communauté économique des États de l'Afrique Centrale

CEMAC : Communauté économique et monétaire de l'Afrique Centrale

CGI : Code général des Impôts

CIRDI : Centre International de Règlement des Différends relatifs aux Investissements

CJCE : Cour de Justice des Communautés européennes

CMP : Code des Marchés Publics

CNPS : Caisse Nationale de Prévoyance sociale

COBAC : Commission bancaire d'Afrique Centrale

CPM : Commission de Passation des Marchés

CS/AP : Cour Suprême en Assemblée plénière

CS/CA : Chambre administrative de la Cour Suprême

CSCP : Commission spéciale des Contrats de Partenariat

CSCP : Commission spéciale des Contrats de Partenariat

CTD : Collectivités territoriales Décentralisées

CUD : Communauté urbaine de Douala

DAOR : Dossier d'Appel d'Offres restreint

DP : Domaine public

DSP : Délégation de Service public

EDC : Electricity Development Corporation

EDF : Électricité de France

EP : Établissement Public

EPA : Établissement Public Administratif

EPIC : Établissement Public industriel et commercial

ERSUMA :	École Régionale Supérieure de Magistrature
FAD :	Fonds africain de Développement
FMI :	Fonds monétaire international
GAJA :	Grands Arrêts de la Jurisprudence administrative
GATT :	General Agreement of Trade and Traffic
GIP :	Groupement d'intérêt public
IFC :	International Finance Corporation
IFD :	Institutions de Financement du Développement
JORF :	Journal officiel de la République française,
LGDJ :	Librairie Générale de Droit et Jurisprudence
M.I.G.A :	Agence Multilatérale de Garantie des Investissements
MARL :	Mode alternatif de Règlement des Litiges
MINEF :	Ministère de l'Environnement et des Forêts
MINEPAT :	Ministère de l'Économie, de la Planification et de l'Aménagement du Territoire
MINMAP :	Ministère des Marchés publics
MINTP :	Ministère des Travaux publics
MP :	Marché Public
NEPAD :	Nouveau Partenariat pour le Développement de l'Afrique
OFCE :	Observatoire français des Conjonctures économiques
OHADA :	Organisation pour l'Harmonisation en Afrique du Droit des Affaires
OMC :	Organisation mondiale du Commerce
PFI :	Private finance Initiative
PME :	Petite et Moyenne Entreprise
PPP :	Partenariat public privé,
PUA :	Presses universitaires d'Afrique
PUC :	Presses universitaires du Cameroun
PV :	Procès-Verbal
RCD :	Revue camerounaise de Droit
RDA :	Revue de Droit administratif
REP :	Recours pour Excès de Pouvoir
RFAP :	Revue française d'Administration publique
RTD eur. :	Revue trimestrielle de Droit européen,

SARL : Société à Responsabilité limitée

SCP : Société à Capital public

SEM : Société d'Économie mixte

SFI : Société Financière Internationale.

SGBC : Société Générale des Banques du Cameroun

SICC-MCM : South-West International Construction Corporation For « Marché Congo » Management

SPV : Special Purpose Vehicle

TA : Tribunal administratif

TC : Tribunal des Conflits

TCI : Taxe communautaire d'Intégration

TEC : Tarif extérieur commun

TGI : Tribunal de grande instance

TVA : Taxe sur la Valeur Ajoutée

UDEAC : Union douanière et économique des États de l'Afrique Centrale

UEAC : Union des États de l'Afrique Centrale

UEMOA : Union économique et monétaire ouest-africain

UMAC : Union Monétaire d'Afrique Centrale

SOMMAIRE

DÉDICACE 5
REMERCIEMENTS 7
SIGLES ET ABRÉVIATIONS 9
PRÉFACE 15
AVANT-PROPOS 17
INTRODUCTION GÉNÉRALE 21
PREMIÈRE PARTIE L'IDENTIFICATION DES MARCHÉS PUBLICS 31
CHAPITRE 1 LES SOURCES DU DROIT DES MARCHÉS PUBLICS 33
CHAPITRE 2 LA TYPOLOGIE DES MARCHÉS PUBLICS 57
DEUXIÈME PARTIE LE RÉGIME JURIDIQUE DES MARCHÉS PUBLICS... 67
CHAPITRE 1 LA PASSATION DES MARCHÉS PUBLICS 71
CHAPITRE 2 L'EXÉCUTION DES MARCHÉS PUBLICS 119
CHAPITRE 3 L'EXTINCTION DES MARCHÉS PUBLICS 145
TROISIÈME PARTIE LE RÉGIME CONTENTIEUX DES MARCHÉS PUBLICS 163
CHAPITRE 1 LE RÈGLEMENT NON JURIDICTIONNEL DU CONTENTIEUX DES MARCHÉS PUBLICS 165
CHAPITRE II LE RÈGLEMENT JURIDICTIONNEL DU CONTENTIEUX DES MARCHÉS PUBLICS 187
CONCLUSION GÉNÉRALE 215
BIBLIOGRAPHIE 221
INDEX ALPHABÉTIQUE 237
TABLE DES MATIÈRES 243

PRÉFACE

Les marchés publics connaissent une véritable explosion. On le comprend aisément. Les enjeux sont énormes. Les contrats publics sont des contrats de puissance publique ; passés avec les particuliers, ils restent pour l'État un moyen essentiel d'exercer ses fonctions régaliennes et de poursuivre une action économique, singulièrement en menant ses politiques de travaux publics, d'urbanisme, d'aménagement de territoire. Surgit aussitôt dans les marchés publics le souci majeur de sauvegarder l'intérêt général supérieur à l'intérêt particulier et de protéger les finances publiques. Mais leur pratique soulève toujours beaucoup de questions, sur leur définition, leur passation et leur exécution. Le nouveau Code des marchés publics instauré par le décret n° 2018/366 du 20 juin 2018 ne dissipe pas ces épineuses questions.

Le Professeur Bernard Raymond GUIMDO DONGMO, dans cet ouvrage, que j'ai un immense plaisir à préfacer, apporte un éclairage utile.

L'ouvrage est d'abord une œuvre didactique, construit de façon logique et cohérente en trois points : l'identification des marchés publics ; le régime juridique des marchés publics ; le régime contentieux des marchés publics. Ce plan permet à son auteur d'aborder toutes les questions sur les marchés publics. Un cours magistralement dispensé. Un manuel pratique soigneusement monté. Un précieux *vade-mecum* de tous ceux qui s'intéressent aux marchés publics. L'ouvrage est ensuite une œuvre de doctrine sur les marchés publics, si importants, mais si spécifiques. En effet, l'auteur, tout en déroulant avec méthode et pédagogie ces trois points, alimente une solide réflexion sur le phénomène de marchés publics. Cette forte dose de théorie est indispensable pour enrichir de façon substantielle les aspects hautement pratiques et inspirer par le législateur et le juge. En droit, la théorie et la pratique forment un tout indissociable.

Cette réflexion a permis à l'auteur d'affiner la nature juridique et l'identification des marchés publics, d'évaluer les mutations de leur réforme juridique et contentieuse : contrat administratif certes, mais qui reste fondamentalement un contrat, d'où l'interrogation sur le poids de la théorie générale du contrat, notamment le solidarisme contractuel ; la condition des contractants, étant donné que la personne publique, pour assurer la bonne exécution des marchés de travaux et de fournitures, collabore plus avec son cocontractant qu'elle ne le dirige ; les procédures pour la passation et l'exécution des marchés, afin de permettre aux citoyens de jouer un rôle capital en matière de contrôle et d'évaluation des politiques sans tomber dans la prédation des fonds publics au profit de caisses privées. Cette précision permet de s'interroger sur la nature du contentieux. S'agit-il du contentieux administratif ou du contentieux de droit commun ? Est-il un contentieux spécialisé, spécial ou ordinaire ? Enfin, relève-t-il du juge unique ou du juge collégial ?

Comme on le voit, l'ouvrage du Professeur Bernard Raymond GUIMDO DONGMO vise, au-delà de l'information sur la pratique des marchés publics, à les désacraliser. Il pose des diagnostics suivis des pronostics. Un riche contenu à découvrir, pour adapter le régime juridique des marchés publics à l'évolution économique et pour canaliser le contentieux vers un meilleur équilibre entre, d'une part, la sauvegarde de l'intérêt général et la protection des deniers publics, et, d'autre part, l'amélioration de la condition juridique des cocontractants. Cet ouvrage recevra, sans nul doute, un accueil plus que favorable auprès de ses multiples lecteurs.

Paul-Gérard POUGOUÉ

Agrégé des Facultés de Droit
Professeur Émérite
Université de Yaoundé II

AVANT-PROPOS

Un aperçu de la nomenclature des marchés publics au Cameroun requiert des développements nourris, car, dans un exposé succinct, le risque serait trop grand d'altérer les idées des lecteurs moins avertis sur des questions aussi techniques. Dans cette logique, les marchés publics constituent, au sein de l'État, l'un des moyens d'expression contractuelle de l'administration publique. Dans leur couplage à l'acte administratif décisoire en tant qu'élément d'identification de l'action unilatérale de l'administration, les marchés publics viennent ainsi parfaire ce qui peut être considéré de manière générique comme l'action juridique de l'administration. Les marchés publics rendent service à l'État, aux autres entités publiques, à leurs cocontractants ainsi qu'aux usagers du service public. Ils ne sauraient donc être assujettis à des règles de droit générales, trop englobantes pour encadrer les relations contractuelles des personnes publiques avec les autres personnes morales ou encore les personnes physiques.

La théorie de l'État contractant est très ancienne et remonte à l'époque de la France antique, de la civilisation romaine et de l'Égypte pharaonique. Elle va se poursuivre au fil du temps, notamment à travers l'impératif de reconstruction de l'Europe dévastée par les deux grands conflits mondiaux. Au Cameroun, les marchés publics vont connaître leur essor grâce aux politiques de désengagement de l'État au profit des partenariats avec les personnes privées physiques ou non.

L'appréhension des marchés publics en droit camerounais nécessite la prise en compte impérative de la création d'un cadre et de normes spécifiques à cette matière, plutôt délicates dans la participation à la gestion de la chose publique. C'est fort de cela que fût adopté en 2004 le Code des marchés publics[1], conformément aux dispositions de l'article 27 de la constitution du Cameroun. Le Code en question stipule que le marché public est un « *contrat écrit, passé conformément aux dispositions du présent code, par lequel un entrepreneur, un fournisseur, ou un prestataire de service s'engage envers l'état, une collectivité territoriale décentralisée, un établissement public ou une entreprise du secteur public ou para public, soit à réaliser des travaux, soit à fournir des biens ou des services moyennant un prix* ». Cependant, au

---

[1] Décret n°2004/275 du 24 septembre 2004.

regard des nombreuses dérives observées dans la pratique, un décret de 2012[2] va intervenir pour tenter de réguler le système de passation des marchés publics. Ainsi, on va observer une petite nuance dans la définition des marchés publics, qui va se poursuivre par le décret n° 2018/366 du 20 juin 2018 portant Code des marchés publics. Désormais, les marchés publics consacrés par ce décret ne concernent plus que l'État, les collectivités territoriales décentralisées et les établissements publics, à l'exclusion des entreprises publiques. Cette exclusion aura une forte incidence sur le régime juridique des marchés publics desdites entreprises[3]. Au demeurant, depuis l'abrogation des textes de 2004 et de 2012 par le décret n° 2018/366 du 20 juin 2018, il faut relever que l'action contractuelle de l'administration publique n'a pas fini de faire parler d'elle.

La question des marchés publics en droit camerounais suscite des réactions diverses et pour le moins surprenantes. D'ailleurs, pouvait-il en être autrement ? Aux sceptiques, elle évoque des idées de gabegie, de galvaudage et de prédation des fonds publics au profit de caisses privées ou personnelles au détriment de celles des personnes publiques. Aux optimistes, elle rappelle plutôt la tendance au désengagement de l'État et à la participation citoyenne à la réalisation des missions de service public ; bien sûr, sans négliger l'aspect pécuniaire qui en découle. Mais pour une grande majorité, la question des marchés publics demeure une hydre en raison de leur perplexité dont il vaut mieux s'éloigner. Mais c'est une attitude qu'il faut éviter dans un contexte où les citoyens ont un rôle fondamental à jouer en matière de contrôle et d'évaluation des politiques publiques.

Le présent ouvrage intervient donc quelques années après l'instauration d'un nouveau Code des marchés publics au Cameroun. L'occasion faisant le larron, il servira de prétexte à l'identification ainsi qu'à l'évaluation des mutations de leurs régimes juridiques et contentieux. Saupoudré d'un fort ancrage doctrinaire et jurisprudentiel, il s'insère dans un environnement juridique contingent marqué par une volonté politique d'assainissement. Des procédures de passation aux procédures d'exécution, les marchés publics sont décryptés avec des éléments méthodologiques adaptés et contextualisés. De même, relativement leur contentieux, celui-ci sera abordé dans ses aspects juridictionnel ou non juridictionnel, qui font intervenir à la fois le juge administratif et le juge judiciaire dans des procédures spécifiques. En réalité,

---

[2]Décret n°2012/074 du 08 mars 2012 portant création, organisation et fonctionnement des commissions de passation des marchés publics.

[3]Leurs marchés sont désormais régis par un texte distinct, à savoir le décret n°2018/355 du 12 juin 2018 fixant les règles communes applicables aux marchés des entreprises publiques et dont on se demande s'ils relèvent ou non du droit public des contrats, au vu de la nature des entités concernées (entreprises publiques), qui sont des personnes morales de droit privé. C'est dire que leur qualification, en cas de contentieux, devra tenir compte, selon les cas, de leur contenu (clauses exorbitantes) et du but qu'ils poursuivent (service public).

le droit administratif connaît, depuis quelques années, une véritable explosion. Conséquemment, l'activité contractuelle rivalise avec l'activité unilatérale et se caractérise par une certaine intensité. Malheureusement, les relations contractuelles, humaines ou non, ne sont pas exemptes de conflits. C'est ce qui va justifier la sollicitation de plus en plus accrue de la juridiction administrative, voire judiciaire. Le contentieux de marchés publics relève-t-il du contentieux administratif ou du contentieux de droit commun ? Est-il un contentieux spécialisé, spécial ou un contentieux ordinaire ? Est-il de la compétence du juge unique ou du juge collégial ? Ces questions vont alimenter la discussion dans le présent ouvrage, qui comporte une forte dose de théorie à laquelle viendront s'ajouter des aspects hautement pratiques. Nous pensons que la théorie, c'est la pratique diffuse ; tandis que la pratique, c'est de la théorie condensée.

La désacralisation des marchés publics est un objectif affirmé du présent ouvrage, qui s'adresse à un public large, divers et diversifié. Des universitaires aux simples lecteurs, en passant par les praticiens, chacun y trouvera de quoi réfléchir ou s'édifier sur la question épineuse des marchés publics. Il y trouvera aussi de quoi utiliser pour lui-même ou pour d'autres, des personnes physiques ou morales. En émettant un avis et une prévision sur le droit et le contentieux des marchés publics au Cameroun, l'auteur de cet ouvrage espère avoir créé une ressource pratique et utile. Il est urgent de découvrir et de partager cette œuvre.

Bernard-Raymond GUIMDO DONGMO

Agrégé des facultés de droit
Professeur Titulaire (CAMES)

INTRODUCTION GÉNÉRALE

En tant que sujet de droit, l'administration participe à la vie et au commerce juridique. C'est un acteur juridique dont le rôle et la contribution dans la construction d'un ordre juridique et matériel sont d'une importance indéniable. En effet, l'administration intervient essentiellement dans la vie juridique pour satisfaire les besoins d'intérêt général ou pour prévenir la survenance des troubles à l'ordre public. Elle agit par des moyens juridiques et matériels. Du point de vue juridique, son activité est double. Elle consiste d'une part à édicter des actes juridiques, notamment administratifs unilatéraux[4] et, d'autre part, à conclure des actes juridiques contractuels à l'instar des contrats administratifs[5]. Il est d'ailleurs admis que le contrat administratif est un instrument de circulation des biens et des services[6].

Le procédé contractuel, en tant qu'*« accord de volontés qui sont exprimées, en vue de produire des effets de droit et auxquels le droit objectif fait produire de tels effets »*[7], connaît un spectaculaire renouveau[8], notamment dans la sphère des activités publiques, eu égard au développement de l'outil contractuel[9]. L'État a tendance à privilégier de plus en plus le contrat dans la réalisation de ses missions. Mais, il n'en a pas été toujours ainsi. En France, par exemple, à l'époque médiévale, il n'existait pas de marchés publics. Les rapports que le Roi et les Seigneurs entretenaient avec les individus (sujets) étaient des rapports d'autorité et, donc, de subordination. Les besoins communs, comme la construction et l'entretien de bâtiments d'intérêt collectif, notamment, les châteaux forts, les ponts, les rues et les moulins se faisaient sur la base d'un rapport d'autorité. La participation de tous à leur réalisation était imposée par le Roi et les Seigneurs. C'étaient des corvées et réquisitions et il n'existait pas de contrepartie. C'est à partir du 12e siècle que la logique fut moins autoritaire et des concessions étaient accordées pour l'exécution de certains travaux (nettoyage des rues et places, réalisation d'un

---

[4] Lire Dupuis (G.), « La définition de l'acte unilatéral », Recueil d'études en hommage à Charles Eisenmann, Paris, Cujas, 1975, p. 205. Pour Jacques Chevallier l'unilatéralité est le premier privilège par lequel l'Administration impose sa volonté avec succès dans la société. Voir de cet auteur « Le droit administratif, droit de privilèges ? », *in* Ardent (P.), Duhamel (O.) (dir.), *Pouvoirs, Droit administratif : bilan critique*, PUF, Paris, 1988, pp. 58-70.

[5] De Laubadere (A.), Moderne (F.) et Delvolve (P.), *Traité des contrats administratifs*, t. 1, LGDJ, Paris, 1983, p. 28.

[6] Busseuil (G.), *Contribution à l'étude de la notion de contrat en droit privé européen*, Fondation Varenne, « Collection de Thèses », Tome 27, Paris, 2010, p. 240.

[7] Ghestin (J.), « La notion de contrat », *Droits*, n° 12, 1990, p. 24.

[8] Chevallier (J) « Vers un droit post-moderne ? Les transformations de la régulation juridique », *RDP*, n° 3, 1998, pp. 677-678 ; Richer (L.), « La contractualisation comme technique de gestion des affaires publiques », *AJDA*, 19 mai 2003, p. 973.

[9] Chamard-Heim (C.), « Les contrats publics de location immobilière », *in* Clamour (G.) (dir.), *Contrats et propriétés publics*, Lexis Nexis, Paris, 2011, p. 81.

ouvrage, livraison des biens…), moyennant le paiement d'un prix par le pouvoir seigneurial, royal ou municipal.

L'histoire de l'État contractant[10] remonte à l'époque de la civilisation romaine et de l'Égypte pharaonique. En France, c'est dès le XVIe siècle que des conventions sont passées avec des particuliers pour la construction et la gestion des canaux, selon une technique préfigurant les grandes concessions d'ouvrage public du XIXe siècle.

Mais, si l'existence de contrats impliquant l'administration est ancienne, sa conceptualisation ne l'est pas dans la plupart des régimes juridiques. En France, par exemple, il a fallu attendre la création du Conseil d'État pour qu'une théorie des contrats administratifs voie le jour. Lorsqu'au XIXe siècle, la jurisprudence du Conseil d'État a dû redéfinir les règles applicables aux contrats, elle s'inspira fortement de ces règles, tout en renforçant, dans la logique d'un État fondé sur la protection de la propriété et de l'économie libérale, les droits pécuniaires des cocontractants.

C'est Gaston Jèze qui, dans son ouvrage sur les contrats administratifs (1927-1934), va mettre en lumière la cohérence d'une construction d'ensemble. Et, de nos jours, dans le cadre du « contractualisme », de nombreuses opérations ne se réalisent qu'après d'intenses discussions, phénomène qui touche même les relations entre personnes publiques.

Avec la promotion du modèle d'État libéral, on va assister au développement des contrats administratifs. L'État signe des contrats avec des particuliers pour la réalisation des missions de service public. Les impératifs du marché et du rendement vont donc être le point déclencheur de l'avènement de l'*« État séducteur »*[11]. Puisqu'il a besoin de partenaire, *« il s'y emploie, s'exerce aux changements d'images (...) et à d'autres manières de communiquer, apprivoisant le langage des commerçants jusque dans sa dimension particulière. Le succès du partenariat ou de l'administration conventionnelle montre que ces efforts ne sont pas vains »*[12].

L'apparition des contrats administratifs n'a cependant pas empêché l'administration de continuer à agir à travers les actes d'autorité que sont les actes administratifs unilatéraux.

---

[10] Cistac (G.), « Une histoire juridique de l'État contractant dans le commerce international », *Annales de l'Université de Toulouse*, T. XLIII, 1995, pp. 172-193.
[11] Keutcha Tchapnga (C.), « Les mutations récentes du droit administratif camerounais », *Afrilex*, Bordeaux, 2000, pp.15-16.
[12]*Ibid.*

La première systématisation théorique et doctrinale des contrats administratifs remonte à Péquignot[13] et à Laubadère[14]. Ces derniers abordaient déjà la pluralité des contrats administratifs autour de la formule *« principaux contrats administratifs »*. Le vocable « contrat administratif » regroupe la commande publique, qui s'entend comme *« toutes les formes d'acquisition de biens, services, prestations au profit des collectivités publiques, à savoir notamment le marché public et la délégation de service public »*[15].

Le concept de contrat public est aussi de plus en plus utilisé[16] et renvoie aux *« contrats administratifs ou non, passés par les personnes publiques et même par des personnes du secteur public ayant formellement un statut de droit privé »*[17]. C'est dire que *« le contrat est une certaine catégorie juridique, et quand les éléments qui le constituent sont réunis, il y a un contrat ayant toujours les mêmes caractères et les mêmes effets »*[18].

Si le contrat comme moyen d'action de la puissance publique se généralise, il existe, des cas où l'administration n'a pas le droit de recourir au procédé contractuel. Dans certains domaines, elle est habilitée par les textes à n'agir que par voie d'action unilatérale. Ceci concerne, en particulier, la police administrative générale[19] comme spéciale, l'organisation du service public, la situation des fonctionnaires où des contrats ne sauraient venir modifier ou compléter leur situation légale et réglementaire.

L'administration peut conclure deux types de contrats : les contrats de droit commun[20] et les contrats administratifs. Si les premiers mettent l'administration, sur le plan juridique, au même niveau que les particuliers, les contrats administratifs, quant à eux, parce qu'ils sont régis par des règles spéciales, consacrent la prééminence principielle de l'administration sur son cocontractant. Parmi ces contrats, il y a les marchés publics. Ces derniers sont

---

[13] Pequignot (G.), *Théorie générale du contrat administratif*, A. Pédone, Paris, 1945, 625 p.

[14] De Laubadère (A.), *Traité théorique et pratique des contrats administratifs*, 5 tomes, LDGJ, Paris, 1956.

[15] Décret n°2008-173/PRES/PM/MEF du 16 avril 2008 portant réglementation générale des marchés publics et des délégations de service public au Burkina Faso JO, n° 18 du 1er mai 2008, modifié par le décret n° 2012-123/PRES/PM/MEF du mars 2012, J.O n° 28 du 12 juillet 2012.

[16] Eckert (G.), « Les contrats administratifs et leur évolution. Réflexions sur l'évolution du droit des contrats publics », *RFDA* 2006 p. 238 ; Delvolvé (P.), « Constitution et Contrats publics », *Mélanges Franck Moderne*, Paris, Dalloz, 2004, p. 469 et s. ; Cassia (P.), « Contrats publics et principe communautaire d'égalité de traitement », *RTD eur.*, 2002, p. 413 et s.

[17] Delvolvé (P.), « Constitution et contrats publics », *in* Mélanges en l'honneur de Moderne Franck, *Mouvement du droit public. Du droit administratif au droit constitutionnel. Du droit français aux autres droits,* Dalloz, Paris, 2004, p. 469.

[18] Duguit (L.), *Traité de droit constitutionnel*, 3e édition, Tome III, Paris, 1923, p. 41.

[19] Exception : la délégation de service public en matière de salubrité publique : cas du ramassage des ordures par la *société Hysacam* au Cameroun.

[20] Fabre-Magnan (M.), *Droit des obligations, Tome 1, contrat et engagement unilatéral*, PUF, Paris, 2008, p. 55.

régis par les instruments textuels et appellent, en cas de différends, à un règlement non juridictionnel et/ou juridictionnel. Historiquement, c'est la mutation du fondement théorique de l'État qui a boosté le recours aux marchés publics. L'avènement de l'État libéral a ainsi permis la multiplication des marchés publics, l'État n'ayant plus qu'un rôle de simple gendarme et laissant se développer les activités privées dans des secteurs importants aussi bien économiques que sociaux.

Le concept de marché public laisse entrevoir sa nature de contrats administratifs[21] par qualification textuelle en droit camerounais. La notion de marché public peut être saisie à travers la qualification issue, d'une part, du Code des marchés publics (Paragraphe 1), et, d'autre part, d'autres sources (Paragraphe 2).

Paragraphe 1. La qualification issue du Code des marchés publics

Le Code des marchés publics est un outil utilisé pour déterminer toutes les formalités relatives à la passation, à l'exécution et à l'extinction desdits marchés. À ce titre, il regroupe les procédures que les personnes publiques doivent respecter lorsqu'elles optent pour ce type de contrat.

La première réglementation des marchés publics camerounais, qui date de 1970[22], a rompu avec une pratique ancienne qui consistait à appliquer un texte français dans le processus de passation des marchés publics au Cameroun. Le Code des marchés publics en vigueur[23] s'applique à l'État, aux collectivités territoriales décentralisées et aux établissements publics[24]. De manière générale, il s'applique aux personnes morales de droit public.

C'est en principe le pouvoir exécutif[25] ou le législateur[26] qui confectionne le contenu à donner aux contrats administratifs. À ce sujet, le décret n° 2018/366 du 20 juin 2018 portant code des marchés publics définit le marché public comme un « *contrat écrit, passé conformément aux dispositions du présent code, par lequel un entrepreneur, un fournisseur ou un prestataire de service s'engage envers État, une collectivité territoriale*

[21] De Laubadere (A.), Moderne (F.) et Delvolve (P.), *Droit des contrats administratifs*, T. 1, 13e éd., Paris, 1998, p. 689.
[22] Décret n°70/DF/1530 du 29 octobre 1970 portant réglementation des marchés publics, complété et modifié par le décret n°75/513 du 5 juillet 1975. Décret n°79/035 du 2 février 1979 portant réglementation des marchés publics, modifié par les décrets n°80/272 du 18 juillet 1980, 81/151 du 13 avril 1981 et 82/12 du 8 janvier 1982.
[23] Décret n° 2018/366 du 20 juin 2018 portant Code des marchés publics.
[24] En France, les établissements publics à caractère industriel et commercial, qui n'existent plus au Cameroun depuis 1995, sont régies par l'ordonnance n° 2005-649 du 6 juin 2005.
[25] En vertu de l'article 27 de la Constitution qui précise le champ du pouvoir réglementaire.
[26] Article 26 de la Constitution qui détermine le domaine de la loi.

décentralisée ou un établissement public, soit à réaliser des travaux, soit à fournir des biens ou des services moyennant un prix »[27].

Cette définition met en exergue quatre critères cumulatifs : la forme écrite du contrat, la qualité des parties, l'objet et le prix. On se rend compte que les marchés publics ont pour objectif de répondre aux besoins formulés par la personne morale adjudicatrice.

En France, le Code de la commande publique de 2018[28] qui modifie la législation antérieure pour se conformer à la Directive communautaire de 2014[29] définit le marché public comme « *un contrat conclu par un ou plusieurs acheteurs soumis au présent Code avec un ou plusieurs opérateurs économiques, pour répondre à leurs besoins en matière de travaux, de fournitures ou de services, en contrepartie d'un prix ou de tout équivalent* »[30]. Le concept de « pouvoirs adjudicateurs » qui renvoyait à une catégorie spécifique de personnes publiques a été enlevé pour permettre l'insertion d'autres pouvoirs adjudicateurs. C'est donc une définition plus extensive qui a été retenue pour conformer la législation française à celle communautaire.

On peut donc retenir du sens donné par le Code camerounais qu'un marché public est un contrat conclu à titre onéreux entre un ou *« plusieurs »* maîtres d'ouvrage et un tiers (public ou privé[31]), basé sur des principes généraux classiques et qui repose sur un *critère organique* (c'est-à-dire un contrat passé par une personne publique), sur des *critères matériels* (*l'objet* du marché) et sur la *définition des besoins*. Dès lors, la nature administrative du marché public se dégage de ces considérations ; son objet étant la réalisation d'un besoin exprimé par l'autorité ou la personne morale de droit public.

En tant que contrat, le marché public est une convention par laquelle deux ou plusieurs intervenants, dont l'un au moins est une personne publique, s'engagent entre eux par des droits et obligations de faire ou de ne pas faire.

---

[27] Article 5.w du décret n° 2018/366 du 20 juin 2018 portant Code des Marches Publics au Cameroun.

[28] Le Code de la Commande publique est édicté par l'ordonnance n°2018-1075 du 26 novembre 2018 pour sa partie législative et le décret n°2018-375 du 3 décembre 2018 pour sa partie réglementaire.

[29] Directive n°2014/24 (article 2.1.5.).

[30] Article L. 1111-1 du Code de la commande publique qui reprend la définition donnée dans l'ordonnance n°2015-899 du 23 juillet 2015 relative aux marchés publics. Ce texte lève la contradiction qui a subsisté entre le droit interne et le droit européen sur le critère organique du marché public. Lire notamment sur la question, Petit (J.), Frier (P-L.), *Droit administratif*, Paris, 16ème éd. LGDJ, 2022-2023, p. 493-494.

[31] Il est en effet admis qu'un marché peut être parfaitement passé entre deux personnes publiques, l'une agissant comme une entreprise, venant répondre aux besoins de l'autre (CE, 8 novembre 2000, Sté Jean-Louis Bernard consultants). Comme le note Jacques Petit et Pierre-Laurent Frier, « aucun texte, ni aucun principe (notamment pas celui de la liberté du commerce et de l'industrie) n'interdisent aux personnes publiques, quelles qu'elles soient, de candidater pour de tels contrats » ; Petit (J.), Rifer (P-L.), *Droit administratif*, *op. cit.* p. 503.

Seulement, dans le cadre de ce contrat, la personne morale adjudicatrice est juridiquement supérieure à son cocontractant. La relation juridique entre les deux contractants est donc inégalitaire.

Cette relation a pour objet le service public. Par la nature administrative de cette relation, *« la théorie générale du contrat administratif écarterait, par principe, la théorie civiliste. Il faut rappeler que la notion même de « contrat » est une notion juridique générale et n'est pas, en tant que telle, davantage une notion « civiliste » qu'une notion « administrativiste »*[32]. La nature administrative du marché public[33] repose alors sur la *« la volonté de l'administration de passer un contrat selon le régime spécial de droit public »*[34]. Ainsi, cette nature administrative est due à sa provenance directe d'une personne morale de droit public pour la couverture d'un besoin d'intérêt général.

Le marché public a pour principal objet la satisfaction d'un besoin d'intérêt général. La notion d'intérêt général peut perdre son sens si elle n'est pas recadrée dans le contexte de service public, étant aujourd'hui une notion qui prête à confusion avec celles d'intérêt collectif et privé. En effet, la collectivité publique, par l'ouverture d'un appel à manifestation d'intérêt/appel d'offres, exprime un besoin, un manque qui trouve sa réalisation dans la couverture du marché par le soumissionnaire. Par ailleurs, les marchés publics sont assujettis à des règles précises de forme et de fond en vue d'assurer le respect des principes de liberté d'accès à la commande publique, d'égalité de traitement des candidats et de transparence des procédures. Pour la jurisprudence, tous les marchés publics entrant dans le champ d'application du code des marchés publics sont des contrats administratifs, et par conséquent, relèvent de la compétence du juge administratif[35].

En définitive, l'objet du marché public est la satisfaction d'un besoin d'intérêt général : le service public. Ce dernier est défini comme *« une activité d'intérêt général exercée par une personne publique ou sous le contrôle d'une personne publique et suivant un régime dérogatoire au droit commun »*[36]. Enfin, le contrat constitue un marché public soumis au Code, si le pouvoir adjudicateur est amené à acquérir l'intégralité de la propriété des résultats du marché et à assurer l'intégralité de son financement. Que dire de la qualification issue d'autres sources ?

---

[32] Waline (J.), « La théorie générale du contrat en droit civil et en droit administratif », *in Études offertes à Jacques GHESTIN*, Paris, LGDJ, 2001, p. 967.

[33] Mescheriakoff (A. S.), *Le droit administratif ivoirien*, Economica, Paris, 1982, p. 170.

[34] *Ibid*, p. 171.

[35] Guillien (R.) et Vincent (J.), (Dir.), *Lexique des termes juridiques*, 15e édition, Dalloz, Paris, 2005, p. 398.

[36] De Laubadere (A.), Venezia (J-C.) et Gaudemet (Y.), *Traité de droit administratif*, Tome 1, 12e éd., *op. cit.*, p.727.

Paragraphe 2. La qualification issue d'autres sources

S'il est vrai que le marché public est un contrat, le Code civil le définit comme *« une convention par laquelle une ou plusieurs personnes s'obligent, envers une ou plusieurs autres, à donner, à faire ou à ne pas faire quelque chose »*[37]. Pour ce faire, les actes unilatéraux des autorités de l'État ne peuvent pas être assimilés aux marchés publics[38]. C'est le cas notamment des décisions de subventions accordées par les personnes publiques à certains opérateurs économiques de certains secteurs névralgiques. Il s'agit là d'une simple aide au développement en vue de soutenir le secteur en question.

Sur le plan fiscal, de nombreux textes[39] ont donné une appréhension des marchés publics en fonction de la catégorie, de la nature et même du mode d'imposition et de la nature des impôts qui y est attachée[40]. Il faut noter qu'en ce qui concerne les marchés publics financés soit par le budget de l'État, soit par les prêts ou des subventions, quelle qu'en soit l'origine[41], l'assiette de la TVA[42], par exemple, est constituée par le montant stipulé du marché et, le cas échéant, de ses avenants, à l'exclusion, là encore, du droit d'accises et, bien entendu, de la TVA même. La doctrine n'est pas en reste en ce qui concerne la qualification des marchés publics au Cameroun.

Pour la doctrine, le marché public est un contrat *écrit* de droit administratif[43] consacrant l'accord de *deux volontés contradictoires*[44] entre deux personnes dotées de la personnalité juridique[45], c'est-à-dire titulaires de droits subjectifs et jouissants de la capacité d'exercer des droits et d'être assujetties à des obligations. C'est la capacité de jouissance de droits qui

---

[37] Article 1101 du Code civil.

[38] Schwartzenberg (R.-G.), *L'autorité de la chose décidée*, coll. « Bibliothèque de droit public », t. XCIII, LGDJ, Paris, 1969, p.12.

[39] Directive n°1/99/CEMAC-028-CM-03 portant harmonisation des législations des États membres en matière de la TVA et du droit d'accises en date du 17 décembre 1999 révisée par la directive n°07/11-UEAC-028-CM-22 du 19 décembre 2011.

[40] Bilounga (S. T.), *Finances publiques camerounaises. Budgets, impôts, douanes, comptabilité publique*, L'Harmattan, Paris, 2020, p. 394.

[41] Locale ou extérieure.

[42] Trotabas (L.) et Cotteret (J.-M.), *Droit fiscal*, 8e éd., Dalloz, Paris, 1997, p. 208. Sur la place et l'importance de l'impôt, lire PHILIP (L.), *Droit fiscal constitutionnel*, Economica, Paris,1990, p. 14 ; Alaka Alaka (P.), « L'introduction de la TVA dans les pays africains : analyse d'une réception favorable à la remise en cause d'un mécanisme économiquement justifié », *Revue européenne et internationale de droit fiscal*, n° 3, 2015, pp. 418-427. Voir également Onanga Opissina (V.), *La problématique de l'application de la TVA dans l'espace OHADA,* L'Harmattan, Paris, 2016, 372 p.

[43] Rivero (J.) et Waline (J.), *Droit administratif*, Dalloz, 19e éd., Paris, 2002, p. 29.

[44] Daudin (H.), *La liberté de la volonté : signification des doctrines classiques*, PUF, Paris, 1950, p. 221.

[45] Paerels (H.), *Le dépassement de la personnalité morale. Contribution à l'étude des atteintes à l'autonomie des personnes morales en droit privé et droit fiscal français*, Thèse de doctorat Université de Lille 2, juin 2008, p. 2.

exclut toute action ou décision unilatérale[46]. Il peut s'agir des personnes physiques comme des personnes morales[47]. En somme, les marchés publics sont des contrats consacrant l'accord de volonté entre deux personnes dotées de la personnalité juridique. Une décision unilatérale ne saurait être un marché, pour autant qu'elle ne dissimule pas un contrat. L'objet du marché qui précise le besoin de la personne publique est un élément fondamental qui doit être défini avec précision. Ce sont des contrats administratifs qui doivent répondre aux besoins du pouvoir adjudicateur en matière de fournitures, de services et de travaux, moyennant le versement d'un prix.

Ainsi, dans le présent ouvrage, trois points sont abordés. Le premier va procéder à l'**identification des marchés publics** (première partie), tandis que, dans le deuxième point, il sera abordé le **régime juridique des marchés publics** (deuxième partie). Le troisième point, enfin, va se consacrer au **régime contentieux des marchés publics** (troisième partie).

---

[46] Mohamed (N.), *Droit des marchés publics, aspects juridiques, financiers et contentieux*, Konrad-Adenauer-Stiftung E.V., 2014, p. 25. ; Samb (S.), *Le droit de la commande publique en Afrique noire francophone : contribution à l'étude des mutations du droit des contrats administratifs au Sénégal, au Burkina Faso, en Côte d'Ivoire et au Cameroun*, Thèse de Doctorat, Université Montesquieu Bordeaux IV, 28 novembre 2015, 876 p.

[47] Michoud (L.), *La théorie de la personnalité morale et son application en droit français*, 3e éd., LGDJ, Paris, 1932, p. 421. Léon Michoud affirme d'ailleurs que, « la personne morale désigne un sujet de droit qui n'est pas en même temps un être humain, une personne physique » (p. 3.). C'est un être moral doté d'une existence juridique auquel la loi reconnaît les mêmes droits civils exercés par les citoyens. Il existe dans l'environnement juridique, la personnalité morale en droit public qui ne se définit pas autrement que celle du droit privé. Pour Hans Kelsen, « *la personne juridique est partout et toujours un "porteur" de droits et obligations* », *in Théorie pure du droit*, 2e éd., trad. Eisenmann, Dalloz, Paris, 1962, 496 p.p. 228. Attribuer donc la personnalité morale à un organisme « consiste à lui reconnaître des droits et à lui imposer des obligations qu'il exerce et subit en son nom propre comme une personne physique », Delion (A. G.), « La notion d'entreprise publique », *AJDA*, n°4, avril 1979, p. 14.

PREMIÈRE PARTIE

L'IDENTIFICATION DES MARCHÉS PUBLICS

Pour procéder à l'identification des marchés publics, il sied de déterminer d'une part leurs sources (Chapitre 1) et, d'autre part, leur typologie (Chapitre 2).

CHAPITRE 1

LES SOURCES DU DROIT DES MARCHÉS PUBLICS

Deux phénomènes caractérisent le droit des marchés publics : la diversité de ses sources et sa constante évolution[48]. En effet, de même que le droit procède des sources écrites et non écrites, le droit des marchés publics découle des sources similaires. Dès lors, dans le cadre de la présente analyse, il sera exclusivement abordé les sources écrites, en distinguant évidemment les sources non nationales (Section 1) de celles nationales (Section 2).

SECTION 1 : LES SOURCES NON NATIONALES DU DROIT DES MARCHÉS PUBLICS

Le droit des marchés publics a une triple source non nationale : les sources internationales, les sources du droit de l'uniformisation (le droit de l'OHADA) et les sources du droit de l'harmonisation (le droit communautaire de la CEMAC).

Paragraphe 1. Les sources internationales du droit des marchés publics

Les sources internationales sont constituées des instruments juridiques internationaux à la base du droit des marchés publics. Il s'agit notamment des conventions internationales qui se réfèrent directement ou indirectement au droit des marchés publics : premièrement en posant un certain nombre de principes généraux des contrats publics, deuxièmement en encadrant la pratique des marchés publics et troisièmement, en imposant un certain nombre d'obligations aux États parties.

Les accords de Marrakech seront principalement abordés ici pour la raison qu'ils constituent, dans une certaine mesure, le droit commun des marchés publics nationaux et internationaux. En outre, plusieurs autres conventions peuvent être pertinemment citées au regard de la plus-value des règles qu'elles prévoient pour la gouvernance et l'exécution des marchés. Il s'agit notamment de celles en rapport avec les droits de l'homme, l'environnement, le travail et qui assurent la protection des monuments, des sites culturels et des valeurs sociales[49].

48https://www.editions-ellipses.fr/PDF/9782729873394_extrait.pdf

49 Article 57 du Décret de 2018 portant Code des marchés publics.

A. Les accords de Marrakech

Les accords de Marrakech du 15 avril 1994 instituant l'Organisation mondiale du commerce (OMC)[50] constituent le cadre juridique des marchés publics au plan international. Ils contiennent une annexe spécialement destinée à la pratique des marchés publics. Dans cette annexe, les États parties reconnaissent qu'un cadre multilatéral efficace de droits et d'obligations concernant les lois, règlements, procédures et pratiques en matière de marchés publics est nécessaire en vue de réaliser l'expansion et une libération plus large du commerce mondial et d'améliorer le cadre international qui régit le commerce mondial[51]. Les États reconnaissent, par ailleurs, que les lois, règlements, procédures et pratiques en matière de marchés publics ne devraient pas être élaborés, adoptés ou appliqués aux produits et aux services étrangers ou nationaux ni aux fournisseurs étrangers ou nationaux, de façon à accorder une protection aux produits ou aux services nationaux ou aux fournisseurs nationaux, et qu'ils ne devraient pas établir de discrimination entre des produits ou des services étrangers ou entre des fournisseurs étrangers[52].

Ainsi, il leur a semblé d'une part souhaitable d'assurer la transparence des lois, règlements, procédures et pratiques en matière de marchés publics et, d'autre part, nécessaire d'instituer des procédures internationales de notification, de consultation, de surveillance et de règlement des différends, en vue d'assurer la mise en œuvre équitable, prompte et efficace des dispositions internationales concernant les marchés publics et de maintenir l'équilibre des droits et des obligations au niveau le plus élevé possible[53].

B. Les contraintes des bailleurs de fonds internationaux

Les bailleurs multilatéraux et les agences financières spécialisées font généralement transiter leurs aides (dons ou prêts) par le budget de l'État ou, au minimum, les mettent en œuvre en tenant compte de l'environnement réglementaire national. C'est notamment le cas de la Banque Mondiale, de l'Union européenne, de l'AFD et de la BAD, qui apportent environ 80 % de l'aide extérieure dont bénéficie le Cameroun[54].

En contrepartie de leur appui, ces bailleurs prévoient au sein des conventions des clauses sur la gestion financière et/ou exercent un droit de regard sur le déroulement des opérations financières confiées à la partie

---

[50] Accord de Marrakech instituant l'organisation mondiale du commerce, conclu à Marrakech le 15 avril 1994. Nations Unies, Recueil des Traités, vols. 1867, 1868 et 1869, n° 1-31874, et annexe A des volumes 1890 et 1895

[51] Préambule de l'Accord de Marrakech du 15 avril 1994.

[52] *Ibid.*

[53] *Ibid.*

[54] Lire le Chapitre II du Code des Marchés Publics.

nationale. Ces deux axes d'intervention ont des conséquences sur le régime de passation des marchés publics, notamment l'obligation d'appliquer des réglementations extérieures. Cette obligation est une source évidente de complexité dans la mise en œuvre des projets et marchés à base des financements extérieurs. Cela est d'autant plus vrai que chacun des bailleurs a ses propres règlements et ses propres exigences[55].

Alors que l'Union européenne procède par l'institution de commissions spéciales dont les règles dérogent le plus souvent au droit national des marchés, la Banque mondiale, quant à elle, utilise des contrats qui incluent des dispositions contraires aux principes généraux du droit des marchés. Quant à l'Agence française de développement (AFD), elle s'inscrit dans la même dynamique lorsqu'elle fait obligation, dans le cadre des projets structurants en participant au financement, de recourir à des fournisseurs français. Ce qui, au regard du critère de préférence prévue aux articles 106 et suivants du code des marchés publics[56], est contraire aux règles générales de concurrence, mais aussi aux règles communautaires d'égalité d'accès aux marchés.

Ces interférences complexifient davantage l'application des règles en vigueur relatives aux marchés publics et constituent de véritables ingérences économiques dans les affaires internes des États bénéficiaires des appuis au développement proposés aux pays du Sud. D'ailleurs, parmi les procédures qualifiées d'abusives, s'inscrivent celles dites de « non-objection ». Elles renvoient à des procédures plus ou moins formalisées permettant à un bailleur de fonds ou à ses responsables d'intervenir tout au long des opérations d'attribution, d'exécution et de contrôle des marchés financés en tout ou partie par lui[57]. Ces procédures autorisent le bailleur à approuver ou rejeter les décisions prises au niveau national, qui ne sont dès lors considérées comme applicables et exécutoires qu'après avoir reçu la *« non-objection »*[58].

Paragraphe 2. Les sources du droit de l'uniformisation des marchés publics : le droit de l'OHADA

Le 17 octobre 1993, 17 États ont signé à Port-Louis (île Maurice), en marge du 5e Sommet de la Francophonie, le Traité sur l'Harmonisation en Afrique du Droit des Affaires, dénommé « Traité OHADA ». L'article 1er dudit traité dispose clairement que :

« le présent Traité a pour objet l'harmonisation du droit des affaires dans les États parties par l'élaboration et l'adoption de règles communes simples, modernes et adaptées à la situation de leurs économies, par la mise en œuvre

[55] *Ibid.*
[56] Article 87 et 106 du Code des marchés publics.
[57] Chapitre II du Code des Marchés Publics.
[58] *Ibid.*

de procédures judiciaires appropriées, et par l'encouragement au recours à l'arbitrage pour le règlement des différends contractuels »[59].

En ce qu'ils relèvent par nature ou par la forme du commerce, les marchés publics obéissent aux règles fixées par les Actes Uniformes OHADA, notamment l'Acte uniforme relatif au droit commercial général. Ces règles sont prises en compte à l'occasion de la passation des marchés publics avec la régularité de la situation des entreprises candidates ou chargées de les exécuter. De plus, considérant que la situation des entreprises en difficulté est également prise en compte, le droit commercial des procédures collectives est directement applicable aux titulaires de marchés publics. Entre autres points connus dans la pratique des marchés publics et qui suggèrent de considérer les Actes uniformes, il y a l'exigence de la déclaration de régularité et de conformité ou de la déclaration notariée de souscription et de versement, les cas de faillite personnelle et la liquidation judiciaire et, enfin, la question des immunités dans les procédures d'exécution forcée.

A. L'exigence de la déclaration de régularité et de conformité ou de la déclaration notariée de souscription et de versement

L'article 73 de l'Acte uniforme relatif au droit des sociétés commerciales et du groupement d'intérêt économique prévoit l'obligation pour les entreprises candidates à des marchés publics ou chargées de les exécuter de déposer au registre du commerce et du crédit mobilier une déclaration dans laquelle elles relatent toutes les opérations effectuées en vue de la constitution de la société et dans laquelle elles affirment que cette constitution a été réalisée en conformité avec les dispositions de l'article 24 dudit acte. Des sanctions ont d'ailleurs été prévues en cas de non-respect des conditions de constitution de la société.

B. Les hypothèses de faillite et la liquidation judiciaire

L'article 51 du Code des marchés publics exclut du processus de la commande publique les candidats en état de liquidation judiciaire ou en faillite. Ces deux hypothèses sont régies par l'Acte uniforme portant organisation des procédures collectives d'apurement du passif. En ce qui concerne la faillite, l'article 196 dudit acte prévoit les hypothèses où la faillite d'une entreprise titulaire de marchés publics peut être prononcée. Il s'agit notamment de :

[59] Lire Abomo (M.-L.), « L'ordonnance du juge de l'exéquatur en matière d'arbitrage au Cameroun : entre requête et référé », *Juridis*, n° 73, 2008, pp. 105-108.

— la soustraction de la comptabilité de l'entreprise, détournement ou dissimulation d'une partie de son actif ou reconnaissance frauduleuse des dettes qui n'existaient pas ;

— l'exercice par les dirigeants d'une activité commerciale dans leur intérêt personnel, soit, par personne interposée, soit sous couvert d'une personne morale masquant leurs agissements ;

— l'utilisation par les dirigeants du crédit ou des biens de l'entreprise ainsi que leurs biens personnels. Les dirigeants de l'entreprise ont commis des actes de mauvaise foi ou des imprudences inexcusables ou qui ont enfreint gravement les règles et les usages du commerce ;

Par rapport aux marchés publics, la décision qui prononce la faillite personnelle emporte de plein droit l'interdiction générale de faire commerce et notamment de diriger, de gérer, d'administrer ou de contrôler une entreprise commerciale à forme individuelle ou à personne morale ayant une activité économique.

C. L'immunité d'exécution des personnes morales de droit public

Le privilège de l'immunité d'exécution, qui ne devrait pas être confondu au principe de l'insaisissabilité[60], a été consacré par une pluralité d'instruments[61], parmi lesquels l'article 30 de l'Acte uniforme sur les procédures simplifiées de recouvrement et voies d'exécution (AUPSRVE)[62]. Cet article stipule que

> « Sauf renonciation expresse, il n'y a pas d'exécution forcée ni de mesures conservatoires contre les personnes morales de droit public, notamment l'État, les collectivités territoriales et les établissements publics.
>
> Toutefois, les dettes certaines, liquides et exigibles des personnes morales de droit public donnent lieu à compensation avec les dettes également certaines, liquides et exigibles, dont quiconque sera tenu envers elles, sous réserve de réciprocité.
>
> Les dettes des personnes visées à l'alinéa précédent ne peuvent être considérées comme certaines au sens des dispositions du présent article que si elles résultent d'une reconnaissance par elles de ces dettes ou d'un titre ayant un caractère exécutoire sur le territoire de l'État où se situent lesdites personnes ».

---

[60] Sawadogo (F. M.), « La question de la saisissabilité des biens des entreprises publiques en droit OHADA », *Penant*, n° 860, Juillet-Septembre 2007, p. 312.

[61] Ibono (U. A.), « L'immunité d'exécution des personnes morales de droit public à l'épreuve de la pratique en droit OHADA », *Revue de l'Ersuma : Droit des affaires — Pratique professionnelle*, n° 3, septembre 2013, p. 80.

[62] Adopté à Kinshasa, le 17 octobre 2023.

Cet acte uniforme s'inspire ainsi de la loi française du 9 juillet 1991 qui dispose que « *l'exécution forcée et les mesures conservatoires ne sont pas applicables aux personnes qui bénéficient d'une immunité d'exécution* ». Quoi qu'il en soit, la continuité du service public est à la base de ce privilège qui s'étend aux mesures conservatoires ainsi que d'exécution forcée. Par ailleurs, l'immunité bénéficie aux personnes publiques à la fois à statut dérogatoire que non dérogatoire au droit commun[63].

Malgré le fait qu'elle constitue un véritable obstacle à l'exécution des décisions judiciaires et susceptibles d'être invoquée comme pratique anticoncurrentielle, l'immunité d'exécution dont bénéficient les personnes publiques n'est cependant pas une règle absolue. Elle ne saurait être prise en compte dans le cadre de la vie privée des personnes publiques, notamment leurs activités relevant du droit privé. Aussi, il demeure la possibilité pour la personne publique d'y renoncer de manière explicite ou implicite à travers l'acceptation d'une clause d'arbitrage.

Paragraphe 3. Les sources du droit de l'harmonisation des marchés publics : le droit communautaire de la CEMAC

Il ne fait plus de doute que le droit communautaire a une place importante dans l'architecture juridique qui s'impose aux normes nationales[64]. Son influence peut être directe ou indirecte. Elle est directe lorsque ce droit impose des modifications au droit interne et indirecte lorsque le droit interne s'inspire du droit communautaire de manière spontanée[65].

Au Cameroun, en matière de marchés publics, les règles communautaires, notamment celles régissant la Communauté économique et monétaire d'Afrique centrale (CEMAC), sont d'une importance capitale[66]. On a d'une part, la Convention régissant l'Union Économique de l'Afrique Centrale et, d'autre part, le règlement relatif à la Charte des Investissements de la CEMAC, le Règlement n°4/99 du 18 août 1999 portant réglementation des pratiques étatiques affectant le commerce entre les États membres et la Directive portant harmonisation des législations des États membres en matière de taxe sur la valeur ajoutée (TVA).

---

[63] Ibono (U. A.), « L'immunité d'exécution des personnes morales de droit public à l'épreuve de la pratique en droit OHADA », *op. cit.*, p. 81.

[64]Ndiffo Kemetio (M. L.), *Droit communautaire de la CEMAC et transformations du droit administratif camerounais*, Thèse de doctorat/*Ph. D.* en droit public, Université de Dschang, 2016, p. 3.

[65] Luchère (F.), « L'influence du droit communautaire sur le droit français des contrats publics », *Petites affiches*, 19 avril 2007 n° 79, p. 29.

[66] Ndiffo Kemetio (M. L.), *Droit communautaire de la CEMAC et transformations du droit administratif camerounais*, op. cit., p. 196.

Ces textes ne sont que l'échantillon d'un arsenal juridique communautaire particulièrement riche. Il encadre même la lutte contre le blanchiment des capitaux à travers le Règlement N° 01/CEMAC/UMAC/CM portant prévention et répression du blanchiment des capitaux et du financement du terrorisme et de la prolifération en Afrique centrale.

A. La Convention régissant l'Union Économique de l'Afrique Centrale (UEAC)

Dans le préambule de la Convention régissant l'UEAC, les États membres affirment la nécessité de favoriser le développement économique des États membres grâce à l'harmonisation de leurs législations, l'unification de leurs marchés intérieurs et la mise en œuvre des politiques communes dans les secteurs essentiels de leur économie.

Par ailleurs, ils affirment leur volonté de se conformer aux principes d'une économie de marché ouverte, concurrentielle et favorisant l'allocation optimale des ressources. À cet effet, l'Union se fixe, entre autres objectifs, de créer un marché commun fondé sur la libre circulation des biens, des services, des capitaux et des personnes. Trois principes applicables dans les marchés publics émergent de cette vision. Il s'agit de :

— l'institution de règles communes de concurrence applicables aux entreprises ;

— la mise en œuvre du principe de liberté de circulation des travailleurs, de liberté d'établissement, de liberté de prestations de services, de liberté d'investissement et de mouvements des capitaux ;

— l'harmonisation de la reconnaissance mutuelle des normes techniques ainsi que des procédures d'homologation et de certification.

Ces objectifs ont une incidence majeure dans le déroulement de la commande publique ; d'une part, en raison de l'obligation de conformité des textes nationaux aux normes communautaires ; d'autre part, parce qu'ils visent à favoriser le développement économique des États membres en garantissant à la fois la liberté et l'égalité de traitement des entreprises tant publiques que privées utiles aux pratiques concurrentielles.

B. Les principes dégagés par le règlement CEMAC relatif à la Charte des Investissements

La Charte des investissements de la CEMAC constitue le cadre général commun regroupant l'ensemble des dispositions destinées à améliorer l'environnement institutionnel, fiscal et financier des entreprises, dans le but de favoriser la croissance et la diversification des économies des pays membres, sur la base d'une meilleure définition du rôle de l'État et d'un développement harmonieux du secteur privé, à travers des investissements d'origine nationale ou étrangère. Elle énonce un certain nombre d'engagements assortis de principes dans le cadre de la consolidation du cadre économique, du secteur juridique et judiciaire, de la détermination du rôle de l'État, du partenariat entre les États membres et le secteur privé, de l'environnement de l'entreprise, du cadre fiscal et douanier et de l'efficacité du système financier. Ainsi, les États accordent à l'investissement étranger le même traitement qu'à l'investissement national. En contrepartie, les investissements étrangers devraient éviter tout comportement et toutes pratiques nuisibles aux intérêts du pays d'accueil, notamment la surfacturation des prestations de la société mère à la filiale nationale, l'évasion fiscale, le recours à la corruption. En application du Règlement n° 17/99/CEMAC-20-CM-03 du 17 décembre 1999 portant Charte des investissements, l'État du Cameroun a adopté la loi n° 2002/004 du 19 avril 2002 portant Charte des investissements en République du Cameroun. Cette loi énumère les principes directeurs visant à bâtir une économie compétitive et prospère par le développement des investissements et de l'épargne, et en exécution des objectifs de l'action économique et sociale du Cameroun. Parmi ceux-ci, figurent :

— la réaffirmation du choix de l'économie de marché comme mode d'organisation économique privilégié ;

— la réaffirmation du rôle essentiel de l'État pour la promotion du développement économique et social ;

– la reconnaissance du rôle clé de l'entrepreneur, de l'investisseur et de l'entreprise privée comme facteurs cruciaux de création de richesses et d'emplois devant faire l'objet d'une attention particulière de la part, non seulement de l'ensemble de l'appareil étatique, mais aussi de toute la société ;

— l'engagement à préserver la liberté d'entreprise et la liberté d'investissement ;

— l'engagement à maintenir un cadre macroéconomique sain ;

— l'engagement à assurer la flexibilité et la réversibilité des processus décisionnels dans le sens du renforcement de la compétitivité de l'économie ;

– la clarification du rôle de l'État et des institutions en matière économique et sociale comme acteur collectif recherchant le plein emploi des ressources nationales par des actions appropriées et tenant compte des forces et faiblesses du marché, du secteur privé et de la société civile, dans le souci de l'état de droit et la bonne gouvernance ;

— la sauvegarde de l'environnement écologique et l'exploitation rationnelle des ressources naturelles du sol et du sous-sol en vue d'un développement sain et durable ;

– la prise en compte des secteurs spécifiques ou particuliers qui nécessitent des mesures propres en tenant compte des contraintes liées notamment aux conditions d'exploitation et à la mise en valeur des ressources naturelles locales ;

— la préoccupation à établir un cadre institutionnel et réglementaire approprié, garantissant la sécurité des investissements, l'appui aux investisseurs et le règlement équitable et rapide des différends sur les investissements et les activités commerciales et industrielles ;

— la nécessité de disposer d'un système financier adéquat permettant une intermédiation financière efficace et en particulier, assurant une bonne mobilisation de l'épargne et son orientation vers les activités les plus productives et vers les investissements à haut rendement ;

— l'engagement à promouvoir un réel partenariat entre l'État, le secteur privé et la société civile comme condition de recherche d'une meilleure efficacité globale de l'économie ;

— la mise en place d'une fiscalité incitative et attractive pour les investisseurs et qui prendrait en compte, d'une part, la spécificité de l'imposition des équipements de production et, d'autre part, les exigences de la compétitivité à l'exportation.

C. Le Règlement n°4/99 du 18 août 1999 portant réglementation des pratiques étatiques affectant le commerce entre les États membres

Contrairement aux apparences, il n'y a pas une absence de textes communautaires en matière de marchés publics. Les règles communautaires applicables à cette catégorie de contrats administratifs sont clairement énoncées dans le Règlement no 4/99 du 18 août 1999, qui porte sur la réglementation des pratiques étatiques susceptibles d'affecter le commerce entre les États membres. Ce règlement tire son existence du droit primaire, soit de la convention de l'Union économique des États de l'Afrique centrale. Ce qui caractérise particulièrement ce texte du droit dérivé, c'est l'existence en son sein d'un titre régissant clairement les marchés publics. Il s'agit du titre IV intitulé *« De la mise en concurrence et de la publicité des marchés publics »*. Il énonce un certain nombre d'engagements étatiques assortis de principes à observer dans le cadre de la fabrication et de l'application de la réglementation des marchés publics[67]. Ainsi, les États s'engagent, en attendant l'harmonisation complète des marchés publics, à soumettre à des mesures de publicité ainsi qu'à des procédures de mise en concurrence, la passation des

[67] Pour d'utiles précisions, lire Ndiffo Kemetio (M. L.), *Droit communautaire de la CEMAC et transformations du droit administratif camerounais*, op. cit., pp. 195 et s.

marchés publics dont le montant est égal ou supérieur à un seuil qui sera fixé périodiquement par le Conseil des ministres, sur proposition de l'Organe de surveillance de la concurrence (OSC). Par ailleurs, sans préjudice du respect de leurs engagements internationaux, les États prennent l'engagement d'appliquer un certain nombre de mesures fixées en vue de favoriser la participation aussi étendue que possible des personnes physiques et morales ressortissantes de tout État membre de la Communauté à l'exécution des marchés publics. La force juridique du Règlement n°4/99 du 18 août 1999 portant réglementation des pratiques étatiques affectant le commerce entre les États membres ne saurait être contestée, car, comme tout Règlement ou Règlement-cadre, il a une portée générale et obligatoire dans tous ses éléments, et directement applicable dans tout État membre[68].

D. La Directive portant harmonisation des législations des États membres en matière de taxe sur la valeur ajoutée (TVA)

La Directive n° 1/99/CEMAC-028-CM-03 portant harmonisation des législations des États membres en matière de taxe sur la valeur ajoutée (TVA) est au cœur du système des marchés publics. L'harmonisation des législations fiscales des États membres a été une nécessité pour répondre aux objectifs du traité instituant la Communauté économique et monétaire de l'Afrique centrale, notamment pour assurer le bon fonctionnement du marché commun. L'harmonisation contribue à réaliser l'uniformisation des systèmes internes de taxation et assure l'égalité de traitement des opérateurs économiques qui opèrent dans le système des marchés publics. Il est ainsi dans l'intérêt de la Communauté de réaliser la convergence des systèmes de taxe sur le chiffre d'affaires pour garantir leur neutralité, quelles que soient l'origine des biens et les prestations des services. La taxe sur la valeur ajoutée, impôt moderne et neutre pour les entreprises, quel que soit le circuit de production, de distribution ou de réalisation des services, assure une part prépondérante des recettes intérieures.

E. La Directive n° 06/11/UEAC-190-CM-22 relative au Code de transparence et de bonne gouvernance dans la gestion des finances publiques

Cette Directive lie tout État membre destinataire quant au résultat à atteindre tout en laissant aux instances nationales la compétence dans la détermination de la forme et des moyens à mettre en œuvre. Le Code de transparence et de bonne gouvernance dans la gestion des finances publiques au sein de l'Union économique de l'Afrique centrale (UEAC) définit les

---

[68] Voir art. 41 alinéa 2 du Traité révisé de la CEMAC.

principes et les obligations que les États membres doivent respecter dans leur législation comme dans la pratique, aussi bien pour la gestion des fonds de l'État et celle des autres administrations publiques que pour la gestion des fonds de l'assistance extérieure accordés par les institutions internationales ou les États étrangers. En affirmant comme principe de base la légalité et la publicité des opérations financières publiques, la réglementation applicable au marché public et délégation de service public est conforme à ce Code ainsi qu'aux principes, règles et pratiques internationalement reconnus.

Par ailleurs, les contrats entre l'administration et les entreprises publiques ou privées, notamment les entreprises d'exploitation de ressources naturelles et les entreprises d'exploitation de concessions de service public, sont clairs et mis à la disposition du public. Ces principes valent tant pour la procédure d'attribution des contrats que pour leur contenu. Ces contrats sont régulièrement contrôlés par la Cour des comptes ou ce qui en tient lieu (cas de la chambre des comptes de la Cour suprême au Cameroun) et par des commissions parlementaires compétentes.

L'implication du gouvernement dans le secteur privé doit être menée dans la transparence et sur la base des règles et procédures non discriminatoires. Le code de transparence et de bonne gouvernance dans la gestion des finances publiques illustre les contraintes spécifiques des contrats d'État à l'épreuve du droit international.

SECTION 2 : LES SOURCES NATIONALES DU DROIT DES MARCHÉS PUBLICS

Les sources nationales sont constituées de la norme constitutionnelle et des normes infra constitutionnelles.

Paragraphe 1. La norme constitutionnelle du droit de marchés publics

Les dispositions constitutionnelles servent de base au droit des marchés publics d'autant plus qu'elles effectuent une répartition des compétences entre la loi et le règlement en matière de marchés publics.

A. Les données constitutionnelles du droit des marchés publics

La Constitution camerounaise du 18 janvier 1996 ne vise pas expressément les marchés publics, même s'il existe des relations entre le droit constitutionnel et les contrats publics. On peut subodorer que le juge constitutionnel camerounais pourrait prendre position sur la question si les problèmes soulevés devant lui concernent directement ou indirectement les marchés publics. C'est déjà le cas en France, où le Conseil constitutionnel a pris position sur la question des marchés publics à l'occasion de trois décisions importantes.

La première est la décision n°0200 1-452 DC20 sur les possibilités de déroger au principe d'égalité lorsque l'intérêt général l'exige. En l'espèce, la Haute Instance constitutionnelle a jugé que

> « considérant que le législateur peut, dans le but de concilier l'efficacité de la commande publique et l'égalité de traitement entre les candidats avec d'autres objectifs d'intérêt général inspirés, notamment par des préoccupations sociales, prévoir un droit de préférence, à égalité de prix ou à équivalence d'offres, en faveur de certaines catégories de candidats, que s'il lui est également loisible, dans le même but, de réserver l'attribution d'une partie de certains marchés à des catégories d'organismes précisément déterminées, il ne saurait le faire que pour une part réduite, pour des prestations définies et dans la mesure strictement nécessaire à la satisfaction des objectifs d'intérêt général ainsi poursuivis ».

Le Conseil constitutionnel consacre ainsi le principe d'égalité comme une exigence constitutionnelle en matière de marchés publics.

La deuxième est la décision du 22 août 2002 concernant les exigences constitutionnelles de la passation des marchés publics. Après avoir rappelé la valeur constitutionnelle des principes d'égalité, de transparence et de la liberté du commerce et de l'industrie « *qui garantissent le bon emploi des deniers publics tel que l'article 14 de la Déclaration de 1789 l'exige* », le Conseil constitutionnel a jugé qu'aucun principe de valeur constitutionnelle

« n'impose de confier à des personnes distinctes la conception, la réalisation, l'aménagement, la maintenance et l'entretien d'un ouvrage public ; qu'aucun principe ou règle de valeur constitutionnelle n'interdit non plus qu'en cas d'allotissement, les offres portant simultanément sur plusieurs lots fassent l'objet d'un jugement commun, en vue de déterminer l'offre la plus satisfaisante du point de vue de son équilibre global ».

La décision offre une protection aux petites et moyennes entreprises dans la mesure où le Conseil

« prévoit la possibilité, pour les petites et moyennes entreprises, de se regrouper pour présenter une offre commune ; qu'il n'écarte pas la faculté pour l'État, maître d'ouvrage, d'allotir le marché ; que ne privant pas le titulaire du marché du droit de recourir à la sous-traitance, il permet aux petites et moyennes entreprises d'accéder par cette voix à la commande publique ».

La troisième est la décision du 26 juin 2003, où le Conseil constitutionnel a jugé que découlaient des articles 6 et 14 de la Déclaration des droits de l'homme et du citoyen du 26 août 1789 et, à ce titre, avaient valeur constitutionnelle, les principes rappelés par l'article 1 du nouveau Code des marchés publics de 2001, au terme duquel,

« les marchés publics respectent les principes de liberté d'accès à la commande publique, d'égalité de traitement des candidats et de transparence des procédures. L'efficacité de la commande publique et la bonne utilisation des deniers publics sont assurées par la définition préalable des besoins, le respect des obligations de publicité et de mise en concurrence ainsi que par le choix de l'offre économiquement la plus avantageuse ».

B. La répartition constitutionnelle des compétences entre la loi et le règlement en matière de marchés publics

L'article 26 de la Constitution du 18 janvier 1996 énumère les matières qui relèvent du domaine de la loi, sans viser expressément les questions relatives aux marchés publics. On doit penser que ces questions relèvent du domaine réglementaire, conformément à l'article 27 de la Constitution qui dispose que *« les matières autres que celles qui sont du domaine de la loi ressortissent du pouvoir réglementaire »*. Le Conseil constitutionnel français a adopté le même raisonnement dans sa décision du 22 août 2002, à propos des marchés passés par l'État, en affirmant que

« ni l'article 34 de la Constitution ni aucune autre règle de valeur constitutionnelle n'exige que les conditions de passation des marchés et contrats passés par l'État soient définies par la loi ». En ce qui concerne les marchés des collectivités locales, le Conseil constitutionnel a jugé, dans la même décision, que « le Premier ministre tenait des dispositions du décret du 12 novembre 1938, qui n'a pas été légalement abrogé par le décret du 28 novembre 1966, compétence pour étendre aux collectivités locales les règles nouvelles qu'il édictait pour les marchés publics de l'État ».

Au Cameroun, si les textes applicables directement en matière de marchés publics sont d'origine réglementaire, il existe cependant des textes législatifs qui influencent le régime de passation, de rédaction et d'exécution des marchés publics de l'État et des collectivités territoriales décentralisées. On pense notamment au régime fiscal des concessions de services publics, au régime général des contrats de partenariat, au régime financier des collectivités territoriales décentralisées et aux droits du Trésor pour la sauvegarde de la fortune publique.

Paragraphe 2. Les sources infra constitutionnelles du droit de marchés publics

Il convient de distinguer le cadre législatif, le cadre réglementaire, les sources jurisprudentielles et doctrinales et les clauses contractuelles.

A. Le cadre législatif du droit de marchés publics

En dépit du caractère public des marchés qui constitue leur spécificité et au regard des critères d'identification fortement attractifs d'un régime de droit public qui les distinguent des contrats de droit commun, il n'en demeure pas moins vrai que les marchés publics, en tant que conventions, obéissent prioritairement au régime général des contrats, sous réserve des dérogations autorisées par les textes d'égale valeur ou de valeur supérieure.

1. Les règles de droit civil applicables aux marchés publics

Le contentieux des marchés publics relève par principe des juridictions administratives. Il peut se rattacher, en premier et dernier ressort, aux tribunaux administratifs et en pourvoi, à la Chambre administrative de la Cour suprême, à travers la section du contentieux des contrats administratifs. Ces juridictions peuvent ainsi être amenées à appliquer non seulement certains articles du Code civil, mais aussi les principes dont ils s'inspirent.

Les articles du Code civil applicables en matière de marchés publics sont nombreux et renvoient en principe sans équivoque à l'interdiction de déroger, par des conventions particulières, aux lois qui concernent l'ordre public et les bonnes mœurs. Il s'agit des articles :

· 1108 : les conditions essentielles pour la validité des conventions ;

· 1121 : le consentement ;

· 1134 : l'effet des obligations ;

· 1153-1154 : les dommages et intérêts résultant de l'inexécution de l'obligation ;

· 1156 : l'interprétation des conventions ;

· 1165-1166 : l'effet des conventions à l'égard des tiers ;

· 1176 : la condition en général et ses divers aspects ;

· 1249 : le paiement aux subrogations ;

· 1254 : l'imputation des paiements ;

· 1326 : l'acte sous seing privé ;

· 1792 : des devis et des marchés ;

· 2061 : le compromis ;

· 2244 : les causes d'interruption de la prescription ;

· 2262-2270 : les conditions de la prescription acquisitive.

On peut encore signaler l'application aux personnes publiques des règles régissant la propriété intellectuelle. De manière générale, la théorie civiliste du contrat s'applique aux marchés publics.

2. Les règles de droit social applicables aux marchés publics

Le droit social, à travers le Code du travail, concerne les marchés publics parce qu'il s'applique directement à toutes les entreprises appelées à les exécuter. À cet égard, la loi n° 92/007 du 14 août 1992 portant Code du travail au Cameroun énonce des dispositions concernant les syndicats professionnels, le contrat de travail, le salaire, les conditions de travail, la sécurité et la santé des travailleurs, les organismes et moyens d'exécution, les institutions professionnelles, les différends du travail. Ces dispositions participent de la lutte contre le travail illégal. Ainsi, ne peuvent postuler à la commande publique les entreprises qui n'ont pas satisfait à leurs obligations fiscales et sociales prévues par les lois et règlements en vigueur. L'article 80 du Code des marchés publics dispose, à cet effet, que

> « les entreprises soumissionnaires doivent s'engager dans leurs offres, à se conformer à toutes les dispositions législatives et réglementaires ou toutes dispositions résultant des conventions collectives relatives notamment aux salaires, aux conditions de travail, de sécurité, de santé et de bien-être des travailleurs intéressés. Elles demeurent, en outre, garantes de l'observation des clauses de travail, et responsables de leur application par tout sous-traitant ou sous-commandant ».

3. Les règles du droit de la concurrence applicables aux marchés publics

Le droit de la concurrence intéresse directement l'attribution des marchés publics, puisqu'il vise, en particulier, la répression des ententes et des abus de position dominante. La loi n° 98/013 du 14 juillet 1998 relative à la concurrence au Cameroun proscrit toute pratique qui aurait pour effet d'empêcher, de fausser ou de restreindre de manière sensible, l'exercice de la concurrence au niveau du marché intérieur. Il s'agit des pratiques anticoncurrentielles qui résultent des accords et ententes établis entre entreprises, des abus de la part d'une entreprise ou d'un groupe d'entreprises en position dominante et des fusions et acquisitions d'entreprises.

4. Les règles du droit de la consommation applicables aux marchés publics

La réglementation des clauses abusives constitue une source nouvelle du droit des contrats administratifs et du droit des marchés publics. À ce titre, la loi n° 90/031 du 10 août 1990 régissant l'activité commerciale au Cameroun protège les consommateurs. Ainsi, les clauses des contrats conclus entre professionnels et consommateurs sont réputées non écrites. Ces contrats sont en fait imposés aux consommateurs en conférant un avantage excessif aux professionnels en leur permettant de se soustraire, pour partie ou en totalité, à leurs obligations légales ou contractuelles.

5. Les règles régissant les finances publiques applicables aux marchés publics

Le droit fiscal, le droit des finances publiques et le droit de la comptabilité publique constituent aussi des sources importantes du droit des marchés publics. Les lois n° 2018/001 du 11 juillet 2018 portant code de transparence et de bonne gouvernance dans les finances publiques au Cameroun et no 2018/012 du 11 juillet 2018 portant régime financier de l'État et des autres entités publiques fixent le cadre juridique des rubriques ayant des incidences sur les marchés publics, notamment les ressources et les charges budgétaires, les opérations d'exécution du budget, le rôle de l'ordonnateur, les comptables publics et les opérations de trésorerie de l'État.

6. Les règles de droit pénal applicables aux marchés publics

L'article 193 de la loi portant Code des marchés publics prévoit, à titre conservatoire et au profit de l'autorité des marchés publics, un pouvoir de sanction à l'encontre de tout soumissionnaire ou cocontractant de l'administration pour certaines infractions. Il s'agit du trafic d'influence, des conflits d'intérêts, du délit d'initiés, de la complicité, de la fraude, de la corruption ou de la production de documents non authentiques dans l'offre, sans préjudice des poursuites pénales qui pourraient être engagées contre son auteur. Ces infractions sont d'ailleurs réprimées par des textes spécifiques qui ne font pas concurrence au Code en la matière. Au contraire, il y fait d'ailleurs référence, en son article 196, qui souligne leur vocation complémentaire en ces termes :

> « Les agents relevant du service public, les soumissionnaires et les titulaires de marché, ainsi que toute personne intervenant à quelque titre que ce soit dans la chaîne de passation, d'exécution, de contrôle et de régulation des marchés, sont soumis aux dispositions des lois et règlements interdisant les actes de corruption, les manœuvres frauduleuses, les pratiques collusoires, coercitives ou obstructives, les conflits d'intérêts, les délits d'initiés et les complicités ».

Les articles 197 et suivants du Code des marchés publics proposent une définition des infractions citées, adaptée au contexte des marchés publics, outre celles qui figurent dans d'autres textes qui y font référence. On a principalement le Code pénal[69] qui régit la plupart des infractions énoncées et contient plusieurs dispositions importantes favorables à la bonne pratique des

---

[69] Loi n° 2016/007 du 12 juillet 2016 portant Code pénal.

affaires, en réprimant un certain nombre de comportements qui sont de nature à compromettre le bon déroulement de la commande publique, d'atteindre à la fortune publique, à l'intérêt général et à l'ordre public. En effet, toutes les infractions commises dans la chaîne des activités des marchés publics ne se constituent pas seulement au stade de l'élaboration ou de la passation du marché, mais aussi au cours de la phase de son exécution et de sa fin.

Par ailleurs, à côté du respect des principes de transparence, de concurrence et de neutralité dans l'attribution des marchés publics, s'ajoute le respect du principe de prudence dans l'exécution du marché. Ce principe invite le décideur public, comme l'entrepreneur, à être particulièrement attentif aux respects des règles d'hygiène et de sécurité sur les chantiers. On distingue ainsi deux catégories de délits liés aux marchés publics : les principaux délits et les délits connexes. Les principaux délits se caractérisent par le favoritisme, la corruption, la prise illégale et le détournement, tandis que les délits connexes visent le pantouflage, les abus de biens sociaux, la concussion et le délit de participation personnelle à une entente.

7. Les règles du contentieux des marchés publics

Le contentieux des contrats publics au Cameroun, et plus précisément des marchés publics est principalement régi par la loi n° 2006/016 du 29 décembre 2006 fixant l'organisation et le fonctionnement de la Cour suprême et la loi n° 2006/022 du 29 décembre 2006 fixant l'organisation et le fonctionnement des tribunaux administratifs. Ces deux textes mettent en exergue l'organisation de la justice administrative et le champ d'application du contentieux administratif.

Toutefois, considérant l'implication non négligeable du juge judiciaire dans le contentieux des marchés publics, notamment en matière de voie de fait administrative et d'emprise irrégulière, il y a lieu de relever que le contentieux des marchés publics associe tant les règles de droit public que celles de droit privé. Il est donc beaucoup plus question de compétence matérielle des juridictions que de considérations personnelles.

B. Le cadre réglementaire du droit de marchés publics

On a le cadre décrétal et le cadre infra-décrétal.

1. Le cadre décrétal du droit de marchés publics

Au Cameroun, le régime juridique des marchés publics est, pour l'essentiel, contenu dans le décret n° 2018/366 du 20 juin 2018 portant Code des marchés publics. Il regroupe la plupart des procédures que l'État, les collectivités territoriales décentralisées, les établissements publics doivent respecter lorsqu'ils passent une commande des travaux, des biens ou des services. Ainsi, les dispositions dudit décret s'appliquent aux marchés des travaux, de fournitures et de services. Il abroge plusieurs textes antérieurs, notamment le décret n° 2004/275 du 24 septembre 2004 portant Code des marchés publics, le décret n° 2012/074 du 8 mars 2012 portant création, organisation et fonctionnement des commissions des marchés publics et le décret n° 2013/271 du 5 août 2013 modifiant et complétant certaines dispositions du décret du 8 mars susvisé. Pour ce qui est du décret n° 2012/075 du 8 mars 2012 portant organisation du ministère des Marchés publics, le nouveau Code abroge exclusivement les dispositions qui lui seraient contraires.

Le Code des marchés publics n'est d'application obligatoire que pour les entités qui lui sont soumises. En effet, c'est au travers des clauses du contrat que se fait l'application du Code des marchés publics au titulaire du marché. Mais, le Code ne doit en aucune manière être cité comme document contractuel applicable au marché, ce qui n'empêche pas de faire référence à l'une ou l'autre de ses dispositions dans les clauses du marché.

Outre le décret portant Code des marchés publics, la réforme de 2018 a connu l'avènement d'un texte spécifique aux marchés des entreprises publiques. Il s'agit du décret n° 2018/355 fixant les règles communes applicables aux marchés des entreprises publiques. En effet, jusqu'à la loi du 12 juillet 2017 portant statut général des entreprises publiques, le Code des marchés publics s'appliquait aux entreprises publiques au regard de ce que l'ensemble de leurs marchés constituaient la commande publique. L'article 119 de ladite loi a soustrait lesdits marchés du champ d'application du Code des marchés publics, en précisant par ailleurs qu'il revient au Conseil d'administration de s'assurer du respect des règles de concurrence, d'égalité de traitement des candidats, de transparence et de juste prix.

Au rang des décrets auxiliaires d'application du Code de 2018, figurent :

- Le décret n° 89/913 du 31 mai 1989 portant réorganisation de la commission permanente des marchés de défense et de sécurité ;
- Le décret n° 2001/048 du 23 février 2001 modifié par le décret n° 2012/076 du 8 mars 2012 modifiant et complétant certaines dispositions du décret n° 2001/048 du 23 février 2001 portant création, organisation et fonctionnement de l'Agence de régulation des marchés publics ;
- Le décret n° 2012/074 du 8 mars 2012 portant création, organisation et fonctionnement des Commissions de passation des marchés publics dans ses dispositions non contraires au Code, notamment les dispositions régissant l'indisponibilité temporaire et définitive du Président de la Commission et les modalités d'intérim au poste ;

- Le décret n° 2012/075 du 8 mars 2012 portant organisation du ministère des Marchés publics, dans ses dispositions non contraires à la réforme de 2018 ;
- Le décret n° 2014/0004/PM du 16 janvier 2014 fixant les modalités de financement des travaux en régie par le Fonds routier.

Si les décrets susvisés sont la source principale et directe du droit des marchés publics, il n'en demeure pas moins que d'autres textes de natures différentes complètent cet arsenal juridique.

2. Le cadre infra décrétal du droit de marchés publics

On a les arrêtés, les instructions, les circulaires, les manuels de procédures et les normes techniques.

2.1. Les arrêtés

Il s'agit plus précisément des arrêtés pris en application du Code des marchés publics. On notera, à titre indicatif :

– l'arrêté n° 32/CAB/PM du 28 février 2003 fixant les modalités d'application de la demande de cotation ;

– l'arrêté n° 33/CAB/PM du 13 février 2007 mettant en vigueur les cahiers des clauses administratives générales applicables aux marchés publics ;

– l'arrêté n° 143/CAB/PM du 29 août 2007 mettant en vigueur les dossiers types d'appel d'offres national pour la passation des marchés publics de fournitures ;

– l'arrêté n°143/CAB/PM du 29 août 2007 mettant en vigueur des dossiers types d'appel d'offres international pour la passation des marchés publics de fournitures ;

– l'arrêté n°143/CAB/PM du 29 avril 2007 mettant en vigueur des dossiers types d'appel d'offres pour la passation des marchés des travaux publics ;

– l'arrêté n°143/CAB/PM du 29 avril 2007 mettant en vigueur des dossiers types d'appel d'offres pour la passation des marchés publics de services et de prestations intellectuelles ;

– l'arrêté n°0016/A/MINMAP du 15 janvier 2014 portant création des commissions internes de passation des marchés auprès de certaines communes ;

– l'arrêté n°0000/3/A/MINMAP DU 19 janvier 2021 fixant la liste des actes et documents à publier obligatoirement sur la plateforme de dématérialisation des marchés publics au titre de l'exercice 2021 ;

– l'arrêté n°000002/A/MINMAP DU 19 janvier 2021 fixant les seuils et les types de marchés pouvant faire l'objet de passation par voie électronique au titre de l'exercice 2021 ;

– l'arrêté n°0007/A/MINMAP du 31 janvier 2022 fixant les modalités de passation et d'exécution des accords-cadres.

2.2. Les instructions, circulaires et manuels de procédures

Les instructions, circulaires et manuels de procédures sont les outils fréquemment utilisés par les autorités administratives en charge de la gestion des marchés publics (autorité chargée des marchés publics, maître d'ouvrage, chef de service du marché, ingénieur de marché) pour orienter la pratique des marchés publics. En effet, ces textes sont directement adressés aux acheteurs publics et ont pour fonction de leur donner des indications sur l'application des règles juridiques applicables aux marchés publics et de leur en proposer une interprétation. Aussi, les manuels de procédures sont mis à la disposition des acteurs pour leur servir de guide à chaque étape de la procédure afin de se prémunir d'éventuels aléas de nature à interrompre ou à retarder le processus. Il en est ainsi de la lettre circulaire n°000013/LC/MINMAP/CAB du 19 octobre 2020 précisant les modalités d'application des articles 90 et 101 du Code des marchés publics concernant les renseignements sur l'identification des attributaires des marchés financés par les fonds COVID-19.

2.3. Les normes techniques

Le Code des marchés publics met un accent particulier sur les spécifications techniques du marché. Il est d'ailleurs prévu un ingénieur du marché qui est une personne physique ou morale de droit public, accréditée par le maître d'ouvrage ou le maître d'ouvrage délégué, pour le suivi et le contrôle technique et financier de l'exécution du marché. Celui-ci :

- approuve le projet d'exécution et les différentes modifications proposées par le cocontractant ou par le maître d'œuvre, le cas échéant ;

- s'assure de la fonctionnalité du projet et de son adéquation aux objectifs fixés par le maître d'ouvrage ou le maître d'ouvrage délégué ;

- assure le contrôle de la qualité des prestations, en cas de maîtrise d'œuvre publique, vérifie et signe contradictoirement les attachements avec le cocontractant, vise les décomptes des prestations exécutées ;

- supervise les opérations préalables à la réception ;

- assure la coordination des différents intervenants au projet, le cas échéant ;

- s'assure de la mise en œuvre des différentes garanties, tant en phase d'exécution que pour la vie du projet.

L'accent est principalement mis sur les critères de normalisation. En effet, selon le vocabulaire juridique de Gérard Cornu, la normalisation désigne l'ensemble de mesures techniques destinées à uniformiser les méthodes de travail et certains types de produits afin d'améliorer le rendement de la production et la distribution[70]. Par ailleurs, elle renvoie à l'établissement des exigences, des spécifications ou des règles techniques applicables aux produits, biens ou services[71].

Ainsi, sont attachées à la normalisation, les opérations suivantes :

– la certification de conformité aux normes ;

– la promotion de la marque nationale de qualité ;

– l'agrément des laboratoires d'essais, des organismes de contrôle de qualité, ainsi que des organismes ou bureaux de normalisation ;

– le contrôle de qualité et standardisation.

À ce propos, la sous-section relative aux normes applicables, en son article 56, dispose que

> « (1) les travaux, fournitures et prestations de services qui font l'objet d'un marché public sont définis par référence aux normes, agréments techniques ou spécifications qui doivent expressément être mentionnés dans les cahiers des charges. (2) Toute référence à des noms de marque ou à des spécifications exclusives émanant d'un fournisseur ou prestataire particulier est interdite. (3) Toutefois, une telle indication accompagnée de la mention « ou équivalent » est autorisée lorsque les Maîtres d'ouvrage n'ont pas la possibilité de donner une description de l'objet du marché, au moyen de spécifications suffisamment précises et intelligibles pour tous les intéressés ».

D'ailleurs, en France, l'obligation de référence à une norme est désormais modulée par l'article 6 du Code des marchés publics, qui disposent que

> « les prestations qui font l'objet d'un marché ou d'un accord-cadre sont définies, dans les documents de la consultation, par des spécifications techniques formulées : 1. Soit par des références à des normes ou à d'autres documents équivalents accessibles aux candidats, notamment des agréments techniques élaborés par des organismes de normalisation ; 2. Soit en termes de performances ou d'exigences fonctionnelles (...) ».

---

70 Cornu (G.), *Vocabulaire juridique*, 12 éd., *op.cit.*, p. 1468.

71 Voir Biakan (J.), *Droit des marchés publics au Cameroun. Contribution à l'étude des contrats publics*, L'Harmattan, Paris, 2011, 125 p.

C. Les sources jurisprudentielles et doctrinales administratives du droit des marchés publics

L'examen de sources jurisprudentielles va précéder celui des sources doctrinales d'origine administrative.

1. Les sources jurisprudentielles du droit des marchés publics

À l'image du caractère prétorien des fondements du droit administratif, le droit des marchés publics tire également, certes pas principalement ni principiellement, son fondement de la jurisprudence résultant de la mise en œuvre du pouvoir d'interprétation des juges et de la possibilité qui leur est accordée de combler les carences textuelles, sous peine de déni de justice.

Il en est ainsi des pouvoirs de l'administration sur son cocontractant qui se traduit de façon trilogique comme suit :

- le pouvoir de contrôle (CE. Ass., 2 mai 1958, Distillerie de Magnac Laval, Rec. 246) ; CE 6 mai 1985, Ass. Eurolat, Rec. 141) ;

- le pouvoir de modification unilatérale (CE 11 mars 1910, Cie générale française des Tramways, CE 2 février 1983, Union des transports publics urbains et régionaux, CE, 10 janvier 1902, Compagnie nouvelle de Deville-Les-Rouen, CE, 21 mars 1910, Compagnie Générale française des tramways) ;

- le pouvoir de sanction (CS/CA, jugement n° 50/84-85, du 1er février 1985, TAMEGHI Boniface-Amsecom-Amseconcom c/État du Cameroun (ministre de la Défense).

La jurisprudence a connu des infractions aux clauses relatives à la passation du marché ayant conduit à l'annulation du marché en cause, avec création d'une situation complexe. Du fait de la durée de la procédure, le marché annulé était le plus souvent pratiquement exécuté. Cependant, dans la pratique, un marché non conforme au Code des marchés publics reste valable de fait, s'il ne fait pas l'objet d'un recours contentieux de la part de l'une ou l'autre des parties ou d'un tiers intéressé au litige, car, seul le juge administratif a qualité pour prononcer l'annulation d'un contrat administratif.

Elle s'est également prononcée sur les droits du cocontractant de l'administration, notamment en excluant *« l'exceptio non aedimpleti contractus »* (CE, 7 janvier 1976, ville d'Amiens, Rec. 11 ; CE 27 mars 1957, Carsalade, Rec. 216).

Relativement à la survenance de faits nouveaux dans l'exécution des contrats administratifs, la théorie de l'imprévision a été abordée dans les affaires : Sté SOTRACOM c/État du Cameroun (METPS) ; CE, 30 mars

1916, Compagnie générale d'éclairage de Bordeaux, GAJA N° 34 ; CE, 9 décembre 1932, Compagnie des tramways de Cherbourg, GAJA N° 50.

Par ailleurs, le fait du prince[72] a retenu l'attention du juge dans son jugement n° 139/04-05 du 27 juillet 2005. En effet, le juge s'est fondé sur une double exigence : d'une part, la continuité du service public et, d'autre part, l'équilibre financier du contrat[73]. Il s'agit d'une théorie prétorienne élaborée par le Conseil d'État (Arrêt du 6 mars 1876, Canal de Craponne ; CE, 30 mars 1916, Cie générale d'éclairage de Bordeaux) et destinée à concilier la force obligatoire des contrats administratifs et les exigences de continuité du service public. Une continuité suivant laquelle le cocontractant de l'administration, sans être délié de ses obligations, a droit à une indemnité compensatrice des charges extracontractuelles résultant pour lui d'évènements imprévisibles et anormaux indépendants de sa volonté, ce qui a pour conséquence un bouleversement de l'économie du contrat.

2. Les sources doctrinales administratives du droit des marchés publics

De manière générale, on peut entendre par *« doctrine administrative »* les opinions émises par l'administration sur certains aspects obscurs ou équivoques du droit positif. En matière de marchés publics, cette doctrine est essentiellement constituée des avis qu'émettent les commissions de passation des marchés. Ce sont des organes d'appui technique placés auprès des maîtres d'ouvrage et maîtres d'ouvrage délégués pour la passation des marchés publics dont le montant est supérieur ou égal à cinq millions de francs CFA ou l'Agence de régulation des marchés publics (ARMP). Ces avis sont donnés en guise de réponses à des questions précises posées par des acheteurs publics ou par des entreprises candidates à des marchés publics ou titulaires de marchés publics. Ces avis n'ont pas de valeur juridique obligatoire, mais leur importance pratique est considérable dans la mesure où ils aident le praticien à pallier la défaillance d'une règle juridique ou à surmonter une contradiction entre deux règles juridiques.

D. Les clauses contractuelles du droit des marchés publics

Étant donné que le contrat est la loi des parties[74], il est difficile de concevoir les conventions comme une source du droit, notamment des marchés publics. La pratique contractuelle peut nous sembler un terrain d'analyse particulièrement fertile au regard de la pluralité des hypothèses indiquées à l'article 3 du Code des marchés publics, constituant ainsi son champ matériel

[72] Badaoui (S.), *Le fait du prince dans les contrats administratifs*, Paris, LGDJ, 1955, 237 p.
[73] Bandet (D.), « L'atténuation du risque financier de nullité du contrat de partenariat par l'engagement indemnitaire de la partie publique », *AJDA*, n°7, 2006, pp. 354-356.
[74] Article 1382 du Code civil.

d'application. En effet, outre la pratique publique des marchés publics par les personnes publiques, la pratique privée des marchés non nécessairement publics relève aussi du domaine du droit des marchés publics lorsque ces marchés sont coordonnés par :

- les personnes morales de droit privé, agissant pour le compte de l'État et de ses démembrements ;

- les personnes de droit privé et que ces marchés bénéficient du concours financier ou de la garantie de l'État ou d'une personne morale de droit public.

Relativement à la question de la validité juridique d'un marché non conforme aux règles du Code des marchés publics, le problème ne peut se poser qu'à partir de la notification du marché. À ce niveau, il est du devoir des autorités de contrôle et des autorités hiérarchiques de faire rectifier tout manquement à la réglementation, le marché n'ayant pas encore valeur d'engagement. Par ailleurs, la situation change avec la notification du marché. Dans ce cas, c'est la jurisprudence qui doit indiquer si un marché passé en contradiction avec le Code des marchés publics est valide ou non.

Pour ce qui est des modalités de règlement des litiges et différends, elles sont globalement prévues par les clauses contractuelles. Il en est ainsi des conventions de concession de l'activité ferroviaire au Cameroun qui prévoit que « *l'État et le concessionnaire s'efforcent de régler à l'amiable tous les différends et litiges relatifs à l'interprétation et l'application des clauses de la présente convention* ». Cependant, dans le cas où un règlement à l'amiable est impossible, le différend ou le litige est réglé conformément à la procédure arbitrale définie dans la convention. La même procédure est envisagée dans la convention de concession de gestion et d'exploitation d'aéroports et dans la convention de concession de la téléphonie cellulaire.

Pour le cas précis des marchés publics, le Code des marchés publics[75] prévoit que « *les litiges résultant des marchés publics peuvent, en tant que de besoin, faire l'objet d'une tentative de règlement à l'amiable. La tentative de règlement à l'amiable prévue par le code reste sans incidence sur la procédure de règlement de droit commun si elle n'a pas abouti, sauf dérogation découlant des accords ou conventions de prêt ou d'autres conventions internationales* ». Il convient d'examiner à présent les types de marchés publics.

[75] Lire l'article 187 du Code des marchés publics.

CHAPITRE 2

LA TYPOLOGIE DES MARCHÉS PUBLICS

Le marché public est *« un échange de biens et de services, un moment de sociabilité et de calcul »*[76]. D'après le droit camerounais, on peut dégager deux catégories de marchés publics : les marchés publics ordinaires (Section 1) et les marchés publics particuliers (Section 2).

SECTION 1 : LES MARCHÉS PUBLICS ORDINAIRES

Les marchés publics ordinaires sont assujettis à des règles précises de forme et de fond, en vue d'assurer le respect des principes de liberté d'accès à la commande publique, d'égalité de traitement des candidats et de transparence des procédures. S'il est vrai que les marchés sont conclus soit pour réaliser les travaux, soit pour fournir des biens ou services, moyennant un prix[77], le Code des marchés publics vise des besoins précis.

Ces marchés publics ordinaires sont en nombre important. On distinguera, d'une part, les marchés de travaux et, d'autre part, les autres marchés publics.

Paragraphe 1. Les marchés de travaux publics

Les marchés de travaux publics ont pour objet la réalisation des opérations de construction, de reconstruction, de démolition, de réparation, de rénovation de tout bâtiment, route ou ouvrage, y compris la préparation du chantier, les travaux de terrassement, l'installation d'équipements ou de matériels, la décoration et la finition, ainsi que les services accessoires aux travaux. Néanmoins, il faut que la valeur de ces services ne dépasse pas celle des travaux eux-mêmes (cf. article 61 du Code).

L'article 1er de l'Arrêté n° 033/CAB/PM du 13 janvier 2007 portant cahiers des clauses administratives générales applicables aux marchés publics de travaux, entend par travaux « *l'exécution et le contrôle des Marchés Publics de génie civil, dont les routes, les ouvrages d'art, les voiries urbaines et les*

---

[76] Carbonnier (J.), *Droit et passion du droit sous la Vème République*, Coll. « Forum », Flamarion, Paris, 1996, p. 173.

[77] Voir à ce propos : http://www.loir-et-cher.gouv.fr/Politiques-publiques/Collectivites/Commande-publique/Marches-publics/les-differents-types-de-marches-publics.

bâtiments et autres infrastructures... »[78]. Ce sont des marchés conclus avec des entrepreneurs ayant pour objet soit seulement l'exécution, soit conjointement la conception et l'exécution d'un ouvrage ou de travaux de bâtiment ou de génie civil, répondant à des besoins précisés par l'administration qui en exerce la maîtrise d'ouvrage. En effet, un ouvrage doit être considéré comme le résultat d'un ensemble de travaux de bâtiment ou de génie civil destiné à remplir par lui-même une fonction économique ou technique.

Le marché des travaux publics est l'équivalent du contrat d'entreprise du droit privé. Il porte sur une opération immobilière dont l'exécution est confiée à un entrepreneur qui travaille pour le compte du maître d'ouvrage public[79], sans être autant subordonné à celui-ci comme dans un louage de services. La plupart des travaux réalisés par les collectivités publiques sont des travaux publics. Mais, il arrive exceptionnellement que les travaux d'une collectivité publique soient des travaux privés, cela n'empêche pas le marché de travaux d'être un marché public.

À ce propos, De Laubadere[80] souligne qu'entre les notions de *marchés de travaux publics* et celle de *marché public de travaux*, il n'existe pas d'adéquation parfaite. Il s'agit des notions distinctes qui ne se recouvrent pas totalement et se situent sur des registres différents. Ainsi, le marché de travaux publics est un contrat, exclusif ou partiel, ayant pour objet, l'exécution de travaux publics dont le contentieux relève de la juridiction administrative, par application de la loi du 28 pluviôse an VIII. Il s'agit donc d'une notion contentieuse, visant à résoudre une question de compétence juridictionnelle. La notion de marché public de travaux est, au contraire, une notion textuelle dont la fonction est de déterminer l'application de certaines dispositions, celles du Code des marchés publics en l'occurrence. En tant que telle, elle est indifférente à toute considération contentieuse. Bien plus, elle n'est pas liée à la notion de travaux publics. Pour qu'un contrat soit qualifié de marché public de travaux, il suffit qu'il soit passé en vue de la réalisation de travaux (publics ou privés) par l'une des personnes soumises au Code des marchés publics. Il en résulte que certains contrats revêtent le caractère de marchés publics de travaux, tandis qu'à l'inverse, d'autres marchés de travaux publics ne peuvent se voir qualifier de marchés publics de travaux.

En définitive, les marchés de travaux publics sont des contrats par lesquels l'administration confie à un entrepreneur privé la construction ou l'entretien d'un

---

[78] Article 1er de l'arrêté n° 033/CAB/PM du 13 janvier 2007 portant cahiers des clauses administratives générales applicables aux marchés publics de travaux.

[79] Josse (P. L.), *Les travaux publics et l'expropriation*, Sirey, Paris, 1958, 449 p ; Renard-Payen (O.), « Travaux publics : travaux réalisés par un organisme pour le compte d'une collectivité publique », JCP/la semaine juridique, édition Administration et collectivité territoriales n°50, 10 décembre 2007, p. 17.

[80] De Laubadere (A.) et al., *Droit des contrats administratifs*, T. 1, 12e éd., *op. cit.*, p. 650.

immeuble ou d'un ouvrage immobilier dans l'intérêt public[81]. Pour l'opérateur économique, le marché de travaux publics a pour objet un travail public[82].

Paragraphe 2. Les autres marchés publics ordinaires

Font partie des marchés publics ordinaires, autres que les marchés de travaux publics, les marchés de fournitures, les marchés de services quantitatifs et de prestations intellectuelles, les marchés de conception-réalisation, les accords-cadres, les marchés réservés et les marchés spéciaux.

A. Les marchés de fournitures

Les prestations de fournitures concernent les marchés dont la fourniture est assurée par un cocontractant à l'administration de marchandises[83]. Ces marchés sont conclus, avec ou sans option d'achat de produits ou matériels, entre une personne publique et des fournisseurs ayant pour objet l'achat, la prise en crédit-bail, la location ou la location-vente de produits ou de matériels, les services et accessoires, si la valeur de ces derniers ne dépasse pas celle des biens eux-mêmes (Article 62 du Code). Le marché de fournitures vise l'offre d'un bien mobilier au profit du pouvoir adjudicateur. L'acquisition d'un immeuble n'est pas concernée, compte tenu de la difficulté de mise en concurrence. Le plus souvent, le marché de fournitures de biens est l'équivalent de la vente mobilière du droit privé ; il n'est cependant pas exclu que soit considérée comme marché de fournitures la location d'un bien mobilier.

La notion de marchés de fournitures de biens recouvre, en principe :

- les marchés de fournitures courantes qui sont des marchés ayant pour objet l'acquisition par l'acheteur public de produits déjà existants et qui ne sont pas fabriqués sur des spécifications techniques particulières ;
- les marchés industriels qui sont des marchés de fournitures non courantes ayant pour objet principal l'achat de produits qui ne se trouvent pas dans le commerce et que le titulaire doit réaliser sur des spécifications techniques propres à l'acheteur public. Il peut s'agir de contrats de natures diverses, notamment les contrats de recherche, d'étude de faisabilité, de définition ou de conception (d'un système, d'un ouvrage, d'un produit ou d'un procédé) ou de contrats d'exploitation, y compris la prospective ;
- les contrats de crédit de bail, de location ou de location-vente, avec ou sans option d'achat.

---

[81] Il peut s'agir de l'édification et de l'entretien de routes, des ponts, des bâtiments administratifs, etc.
[82] De Laubadere (A.) et al., *Droit des contrats administratifs*, T. 1, 12e éd., *op. cit.*, p. 650.
[83] *Ibid.*

Le marché de fournitures peut également concerner la fourniture de service. Cette dernière est en voie de diversification constante, compte tenu du développement de nouveaux services allant du nettoyage de locaux aux services informatiques. Un marché de service, par contre, est un contrat d'entreprise ayant un objet autre que des travaux à caractère immobilier. Les frontières ne sont cependant pas immuables. Ainsi, les contrats pour le ramassage des ordures ménagères, jadis qualifiés de marchés de travaux publics, sont considérés aujourd'hui comme des marchés de service.

En tout état de cause, sont qualifiés de marchés de fournitures, les marchés ayant pour objet des livraisons successives de marchandises dans des conditions réglées par avance par les parties[84]. C'est, pour ainsi dire, un contrat par lequel l'administration achète différents produits ou matériels en vue de satisfaire des besoins d'intérêt général, moyennant un prix. Que dire des marchés de services quantitatifs ?

B. Les marchés de services quantitatifs

Les marchés de services quantitatifs sont des « marchés pour lesquels les prestations ne font pas nécessairement appel à une conception » en ce qu' « ils se traduisent par un résultat physiquement mesurable » (Article 63.1 du Code). Il s'agit des types de marchés de fournitures de services par segmentation en fonction de la cible, régis par un contrat et par lesquels un entrepreneur, un fournisseur ou un prestataire de service, dans le cadre de la satisfaction de l'intérêt général, s'engage envers une personne morale de droit public pour la réalisation d'une mission de service public quantitatif à son profit et moyennant un prix. Cette opération consiste à découper le marché pour regrouper les bénéficiaires en groupes homogènes, selon des critères quantitatifs. Un segment de marché est donc un ensemble de bénéficiaires ayant des besoins et des comportements de consommation identiques. Les différences entre les segments doivent être suffisamment grandes pour permettre d'identifier ces derniers et d'agir sur eux en fonction de leur besoin. Par ailleurs, la taille des segments doit être suffisante pour qu'ils constituent une cible[85].

Ces critères sont de plusieurs ordres, notamment :

- démographiques : âge, taille, sexe du consommateur visé ;

- socio-économiques : niveau de revenu, catégorie socioprofessionnelle, niveau d'instruction du consommateur visé ;

- socio-psychologiques : personnalité, valeurs, croyances ;

---

[84] Cornu (G.) (Dir.), *Vocabulaire juridique*, 10e éd., *op. cit.*, p. 641.

[85] Chambre de commerce et d'industrie de Paris, « Notion : La segmentation du marché », Direction des relations internationales de l'enseignement, Paris, 2013.

- géographiques : pays, climat, caractéristiques régionales, caractère urbain ou rural du consommateur visé ;

- l'acte d'achat : moment de l'achat, attitude vis-à-vis du produit, etc.

C. Les marchés de services non quantitatifs et de prestations intellectuelles

Les marchés de services non quantitatifs sont des services voulus par la personne publique, mais qui ne nécessitent pas de la part du prestataire un savoir-faire, une connaissance technique très poussée, une maîtrise scientifique, une spécialisation ou la possession d'un personnel hautement qualifié86.

Les prestations intellectuelles sont présentées comme des prestations qui consistent principalement en la réalisation des études, des travaux de recherche, des services de conseils, des prestations d'ingénierie ou d'assistance et qui ne se traduisent pas par un résultat physiquement mesurable ou apparent. Ces marchés comprennent l'assurance maladie, la publicité, l'organisation des séminaires et les prestations intellectuelles, incluant la maîtrise d'œuvre, les audits, les études, le contrôle et les obligations spécifiques liées à la notion de propriété intellectuelle (Section IV.2 du Code).

D. Les marchés de conception-réalisation et les accords-cadres

Les marchés de conception-réalisation (Article 64 du Code) encadrent le contrat de maîtrise d'œuvre et sa rémunération en fixant les règles des procédures de concours et de conception et réalisation. En France, il existe un texte spécifique sur ce type de marché ; il s'agit du décret n° 93-1270 réglementant la procédure de conception réalisation. Ce sont des marchés de travaux permettant au maître d'ouvrage de confier à un groupement d'opérateurs économiques, ou pour les seuls ouvrages d'infrastructures à un seul opérateur économique, une mission portant à la fois sur la réalisation des études et l'exécution des travaux.

Un accord-cadre (Articles 65.1, 2 et 3 du Code) est un dispositif qui permet de sélectionner un certain nombre d'entreprises qui seront ultérieurement remises en concurrence lors de la survenance du besoin. C'est un contrat conclu entre le pouvoir adjudicateur et un ou plusieurs opérateurs économiques (entreprises) définissant un cadre général destiné à servir de base à leurs futurs marchés publics. L'accord-cadre n'est donc pas un marché. Ce contrat pose les bases essentielles de la passation de marchés ultérieurs pris sur son fondement et accorde, en conséquence, une exclusivité unique ou partagée aux prestataires ainsi retenus pour une durée déterminée. Il fixe le

[86] Nettoyage des locaux, gardiennage, surveillance et protection d'immeubles, ramassage de déchets ménagers, etc.

prix et parfois les quantités. Il peut prévoir un minimum et un maximum en quantité. Le Maître d'ouvrage y recourt lorsqu'il ne peut pas déterminer à l'avance le volume et le rythme des commandes de fournitures ou de services courants nécessaires à ses besoins et dont l'objet est d'établir les règles relatives aux bons de commande à émettre ou aux dispositions régissant les marchés à commandes subséquents à passer au cours d'une période donnée, notamment en ce qui concerne les prix et, le cas échéant, les quantités envisagées. Leur durée ne peut excéder trois (03) ans.

E. Les marchés pluriannuels et à tranches, les marchés réservés et les marchés spéciaux

Un marché pluriannuel et à tranches (Article 68.1 du Code) est un contrat dont les prestations sont parfaitement identifiables. Ce type de marché présente des tranches conditionnelles et peut porter sur la totalité de la prestation et définir la consistance « *in extenso* ». Cela signifie que le maître d'ouvrage peut déterminer dans l'ensemble les composantes du projet ou de la prestation à fournir ou à réaliser sur la base d'un programme pluriannuel, défini en totalité, mais dont la mise en exécution complète ne peut pas être garantie, pour des raisons économiques, financières et techniques. Concrètement, cela signifie que la consistance et l'étendue des différentes tranches sont obligatoirement définies dans le marché initial. Chacune des opérations, dont l'objet est en relation avec l'opération globale envisagée, donne lieu à la remise d'un prix et d'un délai d'exécution. Les paiements se font par acompte. Toutefois, ce marché fractionné, même s'il peut être composé de plusieurs tranches conditionnelles, n'en constitue pas moins un marché unique. En conséquence, l'affermissement (ou la réalisation) d'une tranche conditionnelle ne peut être considéré comme un nouveau marché. Le Maître d'ouvrage y recourt lorsque l'intégralité du financement nécessaire pour la réalisation d'un projet ne peut être mobilisée au cours d'un seul exercice budgétaire et que les prestations peuvent s'étaler sur plusieurs années ou s'exécuter en plusieurs phases comprenant une tranche ferme et une ou plusieurs tranches conditionnées. Pour ce faire, le maître d'ouvrage doit programmer les dépenses liées à chaque exercice.

Les marchés réservés sont des marchés destinés uniquement aux artisans, aux petites et moyennes entreprises nationales, aux organisations communautaires à la base et aux organisations de la société civile (Article 70.1 du Code).

Quant aux marchés spéciaux, ils ne répondent pas, pour tout ou partie, aux conditions relatives aux marchés sur appel d'offres ou aux marchés de gré à gré. Ils comprennent essentiellement les marchés relatifs à la défense nationale, à la sécurité et aux intérêts stratégiques de l'État (Article 71.1 du Code). Ils se font après autorisation préalable du Président de la République (Article 71. 4 du Code).

SECTION 2 : LES MARCHÉS PUBLICS PARTICULIERS

Les marchés publics de type particulier renvoient, en droit camerounais, à la délégation de service public qui demeure au centre des controverses relatives à sa nature et à son objet. Au-delà de la précision relative à la notion de délégation de service public, il convient d'en déterminer les différents types.

Paragraphe 1. La notion de délégation de service public

Cette notion n'a de cesse de diviser la doctrine, notamment administrativiste, qui ne s'est jamais accordée sur le véritable contenu à lui donner, tant en ce qui concerne son objet que pour ce qui est de son articulation. Pour Gérard CORNU, c'est un contrat par lequel une personne morale de droit public, appelée le délégant, confie la gestion d'un service public dont elle a la responsabilité à une personne publique ou privée, nommée délégataire, sur laquelle pèse au moins en partie le risque de son exploitation, dès lors que sa rémunération est fonction des résultats de celle-ci[87].

En matière de délégation de service public, l'administration confie, sous son étroit contrôle, à un particulier ou une entreprise, voire à une autre administration publique, le soin de prendre en charge l'exécution même d'un service public, et non de fournir simplement une prestation. Ce transfert concerne en général les services publics industriels et commerciaux. Mais, de telles délégations existent aussi pour certains services publics administratifs (gestion des autoroutes, transports scolaires, concession hospitalière, etc.).

La délégation de service public[88] présente des spécificités, car, outre les liens contractuels entre les deux parties, il a des incidences pour les tiers, les usagers du service public. L'objet du contrat est, *a priori*, différent du marché public classique ; il en est de même de son mode de rémunération. L'administration ne verse pas un prix au cocontractant qui est plutôt rémunéré par les résultats de l'exploitation, même si des subventions concourent à l'équilibre dans des domaines où la rentabilité est faible.

---

[87] Cornu (G.) (Dir.), *Vocabulaire juridique*, 10e éd., *op. cit.*, p. 315 ; Code général des collectivités territoriales français, article L 4111-1.

[88]Sur cette question, lire Guimdo Dongmo (Bernard-Raymond), « Contrats de délégation de service public et harmonisation dans le cadre de l'OHADA : cas de la régie intéressée, de la concession et de l'affermage », Actes du Colloque international de Libreville sur *Les pratiques contractuelles d'affaires et les processus d'harmonisation dans les espaces régionaux,* organisé par l'ERSUMA du 26 au 28 octobre 2011, publication de l'ERSUMA, 1ère éd., juin 2012, pp.168-178.

Paragraphe 2. Les types de délégation de service public

L'article 41 du Code des marchés publics de 2004 énonçait, à propos de la délégation de service public, que *« l'État, les collectivités territoriales décentralisées, les établissements publics ou entreprises du secteur public peuvent déléguer la gestion d'un service public à un délégataire de droit privé appelé concessionnaire, dont la rémunération est substantiellement liée aux résultats de l'exploitation du service »*.

Bien qu'une telle disposition n'existe plus dans le nouveau Code de 2018, il reste que celui-ci fait de la délégation de service public une catégorie des « *marchés publics non quantitatifs* » et considérés comme des « *marchés des prestations de services concernant, entre autres, la délégation des services publics, l'assurance maladie, la publicité, l'audit des comptes, l'organisation des séminaires de formation, etc.* ».

Le Code général des collectivités territoriales décentralisées (loi n°2019/024 du 24 décembre 2019) a prévu ce type de gestion des services publics en ses articles 46 à 51. D'après ledit code, « *la gestion déléguée consiste, pour une collectivité territoriale, à confier la gestion d'un service public à une autre personne morale* » (Article 46.1). Il détermine, par ailleurs, les modes de cette gestion, à savoir : « *la concession ; l'affermage ; la régie intéressée ; la gérance ; les sociétés d'économie mixte* » (Article 46.2). Le décret n° 2005/493 du 31 décembre 2005 fixe spécifiquement les modalités de délégation des services publics de l'eau potable et de l'assainissement liquide en milieu urbain et périurbain au Cameroun.

Il convient d'indiquer qu'en droit français, *la délégation de services publics est une catégorie de contrats publics distincts des marchés publics*.

Il existe plusieurs types de délégations de service public selon les formes et les modalités de leur opérationnalité. Cette typologie prend en compte plusieurs paramètres : la nature du contrat, son objet, le critère du choix du délégataire ainsi que son mode de gestion. De sorte, on peut différencier la concession de service public de la concession de travaux publics, l'affermage de l'opération de réseau, puis ces derniers de la régie intéressée.

A. La concession de service public et la concession de travaux publics

La concession de service public est un contrat par lequel l'administration confie à un particulier ou, exceptionnellement, à un établissement public, la mission de faire fonctionner un service public en se rémunérant sur les usagers de ce service. Elle n'est donc pas liée à la construction d'un ouvrage public. Ainsi, est délégable la gestion du service public des transports et des activités culturelles.

La concession de travaux publics, quant à elle, consiste à confier au délégataire le soin de construire, à ses frais, un ouvrage puis de le gérer, dans le cadre d'un service public, pendant une durée assez longue. Cela lui permet de récupérer le montant de ses investissements et faire des bénéfices, grâce aux recettes perçues, en principe, sur les usagers.

La concession de service public (incluant ou non l'exécution d'ouvrages publics) fait l'objet d'une mise en concurrence. Cette dernière est toujours précédée d'une pré-qualification dont l'objet est d'identifier les cocontractants potentiels offrant des garanties techniques et financières suffisantes et ayant la capacité d'assurer la continuité du service public dont ils seront délégataires.

B. L'affermage

L'affermage est un contrat par lequel l'État ou une collectivité publique finance et réalise lui-même des installations publiques et confie leur gestion, notamment l'exploitation, à une personne privée, moyennant la perception périodique par cette dernière, auprès des usagers, d'une somme fixée forfaitairement, et qui lui verse des redevances. Il consiste, pour la personne publique, à confier au délégataire privé rémunéré par les usagers, à exploiter des ouvrages publics et qui, en retour, lui verse une certaine somme d'argent que l'on appelle redevances (cas de *Camerounaise des Eaux, jusqu'en 2018 pour la distribution de l'eau).*

C. La régie intéressée

La régie intéressée consiste pour une personne publique à déléguer à une personne privée (*régisseur*) la gestion d'un service public et faire dépendre la rémunération qu'elle lui verse des résultats de sa gestion : économie réalisée, gains de productivité, amélioration de la qualité du service (cas de la gestion de certains marchés communaux). C'est un mode de gestion de service public par une personne privée qui ne supporte pas les pertes éventuelles du service, car elle est rémunérée par la collectivité publique sous la forme d'une participation au chiffre d'affaires ou aux bénéfices, la collectivité bénéficiant du reste des bénéfices.

Il convient à présent de s'intéresser au régime juridique des marchés publics, c'est-à-dire à l'ensemble des règles qui les régissent de leur conception à leur extinction.

DEUXIÈME PARTIE

LE RÉGIME JURIDIQUE DES MARCHÉS PUBLICS

Le droit des marchés publics *« a eu pour ambition dès ses origines de constituer un régime juridique devant assurer la conclusion du meilleur contrat »*[89]. S'imposant de plus en plus comme un instrument d'interventionnisme libéral[90] au service du développement économique et social, les marchés publics sont ainsi au cœur des préoccupations constantes des pouvoirs publics. En effet, perçus comme le mode contractuel privilégié des pouvoirs publics depuis l'accession du Cameroun à l'autonomie interne, les marchés publics revêtent *« une importance stratégique pour la survie de l'État »*[91]. Ils constituent une catégorie non résiduelle des contrats administratifs dont les questions soulevées par leur traitement sont complexes[92]. Véritables instruments d'action économique[93], ils sont adossés sur une réglementation dynamique dont l'évolution dans le temps donne à voir la volonté de la puissance publique de rechercher des solutions efficaces et/ou idoines aux problèmes essentiellement liés à la gouvernance des marchés publics[94].

L'acuité de ces problèmes transparaissant dans toutes les phases du processus des marchés publics, on peut se demander si les contrats administratifs constituent encore ou toujours « le chapitre le plus désolant du droit administratif camerounais »[95] ? À cet égard, Messengue Avom affirme que « ce secteur est le nid des hydres de la corruption et des détournements de deniers publics qui plombent sérieusement l'avenir du Cameroun »[96]. En vue de mettre un terme à ces pratiques ou, du moins, les atténuer considérablement, une nouvelle réglementation des marchés publics a vu le jour à travers le décret n° 2018/366 du 20 juin 2018 portant Code des marchés publics[97]. Cette réglementation donne ainsi à voir un foisonnement de règles

---

[89] Allaire (F.), « Dépasser le droit des marchés publics », *AJDA*, 2009, p. 1697.

[90] Biakan (J.), *Droit des marchés publics au Cameroun, Contribution à l'étude des contrats publics*, op. cit., p. 17.

[91]Beyegue Bouloumegue (E. Gh.), « La réforme des marchés publics », *in* Ondoa (M) (dir.), *L'administration publique camerounaise à l'heure des réformes*, L'Harmattan, Paris, 2010, p. 247.

[92]Nguedia Meikeu (H.), *Le juge et les critères du contrat administratif*, Thèse de Doctorat/Ph. D. en droit public, Université de Yaoundé 2, 2014, p. 7.

[93] Biakan (J.), *Droit des marchés publics au Cameroun, op.cit.*, p. 17.

[94] Messengue Avom (B.), *La gouvernance des marchés publics au Cameroun*, Les éditions Le Kilimandjaro (EDLK), Yaoundé, 2013, p. 550.

[95]Ondoa (M.*), L'Économie des derniers publics dans l'administration camerounaise*, Thèse 3e cycle,
Université de Yaoundé, 1989, pp. 111-136.

[96] Messengue Avom (B.), *La gouvernance des marchés publics au Cameroun, op.cit.*, p. 33.

[97] C'est dans cette même vaine que le décret n° 2018/355 du 12 juin 2018 fixant les règles communes applicables aux marchés des entreprises publiques est intervenu.

substantielles laissant apparaître des innovations majeures sur le plan organique et matériel. C'est dire que le régime juridique des marchés publics au Cameroun a connu une certaine cure de jouvence. La présente partie se propose donc de mettre en exergue ce régime juridique à travers l'examen de la passation (Chapitre 1), de l'exécution (Chapitre 2) et de l'extinction des marchés publics (Chapitre 3).

CHAPITRE 1

LA PASSATION DES MARCHÉS PUBLICS

Le Doyen Léon Duguit écrit : « le contrat est une certaine catégorie juridique, et quand les éléments qui le constituent sont réunis, il y a un contrat ayant toujours les mêmes caractères et les mêmes effets »[98]. Si cette affirmation est vraie, il n'en demeure pas moins qu'en droit public, et contrairement au droit privé, le contrat administratif en général et les marchés publics en particulier ont un caractère contraignant et liberticide[99]. Les textes les régissant ne permettent pas aux acteurs de bénéficier véritablement des atouts de la liberté contractuelle et de la négociation[100]. C'est dire que

> « la formation des contrats administratifs comporte, en ce qui concerne le choix du cocontractant, des éléments importants de particularisme. Ce particularisme consiste dans une certaine restriction de la liberté contractuelle. Les collectivités publiques ne bénéficient pas toujours de la liberté de choisir leurs cocontractants ; elles sont dans certains cas tenues d'employer les modes de conclusion du contrat qui excluent cette liberté. Cette exclusion de la liberté de choisir le cocontractant est essentiellement fondée sur la préoccupation de protéger les intérêts financiers de l'administration »[101].

La passation des marchés publics[102] est donc enserrée dans un formalisme contraignant en vue de rendre efficace le système des marchés publics et le mettre au service du développement. Par ailleurs, dans *l'Instruction générale n° 002 du 1er octobre 2002* relative à l'organisation du travail gouvernemental, le Président de la République du Cameroun, sur la base des constats faits, affirme :

« Les errements inadmissibles sont constatés dans l'exécution de la dépense publique. Pour y mettre un terme, le gouvernement doit faire

---

[98] Duguit (L.), *Traité de droit constitutionnel*, 3e édition, tome III, Paris, 1923, p. 41.
[99] Pignon (S.), « Le dialogue compétitif : une opportunité pour les acteurs de la commande publique », *AJDA*, 2004, p. 1521.
[100] *Ibid.* Lire aussi Sandio Kamga (A.H.), « La liberté dans les contrats administratifs en Afrique noire francophone », *Revue africaine et malgache de recherches scientifiques/SJP,* vol. 2, n° 2, mai - juillet 2023, pp. 670-709.
[101] De Laubadère (A.), Moderne (F.) et Delvolvé (P.), *Traité des contrats administratifs, op.cit.*, p. 581.
[102] Pour plus d'approfondissement sur les aspects pratiques et notamment pour les projets financés par les banques multilatérales de développement, lire Ntieche (A), *50 points pour comprendre la passation des marchés publics. Guide sur les projets financés par les Banques Multilatérales de Développement en Afrique Centrale et de l'Ouest (2012-2022)*, Afrédit, Yaoundé, 2024.

respecter la réglementation en vigueur en matière d'attribution des marchés publics, cette réglementation qui garantit la transparence, la neutralité et le contrôle effectif du service fait ».

La passation des marchés publics repose ainsi sur un certain nombre de principes qui contribuent à renforcer l'intégrité et la performance du système des marchés publics. Le droit camerounais des marchés ne fait pas exception à cette exigence. En dehors du décret de 2018 portant Code des marchés publics[103], qui consacre ces principes, la loi n° 2018/011 du 11 juillet 2018 portant Code de transparence et de bonne gouvernance dans la gestion des finances publiques au Cameroun, en son article 4, précise que « *la réglementation applicable aux marchés publics et délégations de services publics est conforme à la présente loi, ainsi qu'aux principes, règles et pratiques internationalement reconnus* ». Ce qui suppose que le droit des marchés publics n'est pas seulement soumis aux principes qu'il impose, d'autres principes du droit s'y appliquent également et parfois différemment. À titre d'exemple, si en droit privé la formation des contrats se fonde sur la liberté et l'égalité des contractants, il n'en est pas de même en droit public des contrats où ces deux principes sont fortement édulcorés.

Il convient donc d'examiner d'une part les principes régissant la passation des marchés publics (section 1), et d'autre part, les règles applicables à la passation de ces marchés (section 2).

SECTION 1 : LES PRINCIPES RÉGISSANT LA PASSATION DES MARCHÉS PUBLICS

Le rattachement de certains contrats de l'administration à la catégorie des contrats de commande publique conditionne la mise en œuvre de principes généraux encadrant leur passation et le choix du cocontractant de l'administration[104]. Les marchés publics se distinguent ainsi des contrats privés parce qu'il s'impose à eux un ensemble de principes qui conditionnent leur validité. Ces principes restreignent la liberté des parties au profit de l'efficacité du contrat[105]. Ils sont sans doute l'une des *« manifestations les plus frappantes de la transformation du droit administratif »*[106]. Leur importance est telle que, dans l'affaire YAP Émile, il était reproché au Sieur YAP d'avoir plusieurs fois passé des marchés avec sa secrétaire au mépris des règles de

[103] Décret n°2018/366 du 20 juin 2018 portant Code des Marchés publics au Cameroun.

[104] Marcus (L.), *L'unité des contrats publics*, Dalloz, 2010, Paris, p. 200 et s.

[105] C.C. Déc. n° 2003-473 DC du 26 juin 2003, Loi habilitant le Gouvernement à simplifier le droit, Rec. P. 382.

[106] Caranta (R.), « Transparence Et Concurrence ». *In* Rozen Noguellou Et Ulrich Stelkens, (dir.) *Droit comparé des contrats publics*, Bruylant, Bruxelles 2011, p. 146.

publicité, donc, du respect de la mise en concurrence obligatoire dans ce domaine[107].

Les principes qui régissent la passation des marchés publics au Cameroun sont consacrés par le Code des marchés publics qui dispose que : « les règles fixées par le présent Code des marchés publics reposent sur les principes de liberté d'accès à la commande publique, d'égalité de traitement des candidats et de transparence des procédures, d'efficience et d'intégrité »[108]. Ces principes concernent la présentation (§1) et l'attribution (§ 2) des marchés publics.

Paragraphe 1. Les principes régissant la présentation des marchés publics

En matière de marché public, l'administration doit respecter les règles et principes[109] prescrits par la réglementation, faute de quoi la présentation du marché serait viciée ; ce qui pourrait donner lieu à contestation par les personnes intéressées. Ces exigences ou principes sont : la publicité du marché et l'accès à la commande publique.

A. La publicité

Le principe de publicité a un fondement communautaire. En effet, selon le droit de la CEMAC, *« les États membres de la CEMAC s'engagent, en attendant l'harmonisation complète de la réglementation des marchés publics, à soumettre à des mesures de publicités, ainsi qu'à des procédures de mise en concurrence la passation des marchés publics dont le montant est égal ou supérieur à un seuil fixé »*[110].

La publicité constitue l'opération par laquelle une décision administrative est portée à la connaissance de ses destinataires[111]. Dans le cadre des marchés publics, la publicité du marché signifie que celui-ci doit être porté à la connaissance de tous, c'est-à-dire à la connaissance du public par une large

---

[107] CS/CA jugement n° 14/94-95 du 26 janvier 1996 Yap Jean Émile c/État du Cameroun.

[108] cf. Article 2 du décret n°2018/366 du 20 juin 2018 portant code des Marchés publics au Cameroun. Dans cette même logique, le décret n° 2018/355 du 12 juin 2018 fixant les règles communes applicables aux marchés des entreprises publiques pose que *« les marchés passés par les entreprises publiques reposent sur les principes de concurrence, d'égalité de traitement des candidats, de transparence des procédures et de juste prix »*.

[109] Richer (L.), *Droit des contrats administratifs*, *op.cit.*, p. 469 et s.

[110] Article 108 du Règlement n° 06/19-UEAC-CM-633 du 8 avril 2019.

[111] Van Lang (A.), Gondouin (G.) et Inserguet-Brisset (V.) (Dir), *Dictionnaire de droit administratif*, 7e éd., Sirey, Paris, 2015, p. 371.

diffusion à travers les moyens publics de masse[112]. En effet, une saine concurrence suppose une publicité adéquate, non seulement des critères régissant le marché, mais également de ses conditions particulières.

À ce sujet, l'article 88 al. 1 et 2 du décret n° 2018/366 du 20 juin 2018 portant Code des Marchés publics dispose :

> « (1) L'avis d'appel d'offres est publié dans le journal des marchés publics de l'organisme chargé de la régulation des marchés publics qui dispose d'un délai de vingt-quatre (24) heures à compter de sa réception pour le publier. (2) La publication dans les autres organes à grand tirage et les autres moyens de publicité, tels que le communiqué radio, la presse disponible en kiosque et la presse spécialisée ou les voies d'affichage ne pourront être utilisées qu'en sus ».

Il se dégage de cette disposition décrétale[113] que le maître d'ouvrage, initiateur du marché, n'a juridiquement pas de moyen de limiter la diffusion de l'avis d'appel d'offres. Une telle limitation serait illégale.

En effet, la publicité des différents marchés se fait prioritairement par écrit et selon des modalités qui permettent d'assurer une « large diffusion ». Pour ce faire, le Journal des marchés publics, support de diffusion prioritaire, doit bénéficier d'une diffusion nationale. Ce qui exclut *de facto* les journaux à caractère régional[114], sauf si toutes les régions disposent chacune d'un journal où la diffusion peut être effectuée. Au Cameroun, le *Journal des marchés publics* est édité et diffusé par l'Agence de régulation des marchés publics (ARMP) qui dispose d'un délai de vingt-quatre heures à compter de la réception de l'avis d'appel d'offres, pour le publier[115].

En dehors de ce canal, l'avis d'appel d'offres peut faire l'objet de publicité par voie de communiqué radio, de presse disponible en kiosque et de presse spécialisée, ainsi que par les voies d'affichage et électroniques, qui peuvent être utilisées en sus. Ces moyens de publicité des avis d'appel d'offres ne constituent qu'un complément à leur publication dans le *Journal des marchés publics*.

La publicité intervient également au niveau de la séance d'ouverture des plis. En effet, il est prévu, selon le Code des marchés publics, « *la séance*

---

[112] Il peut s'agir d'un acte administratif ou médiatique qui, par son insertion dans l'ordonnancement juridique étatique, permet à l'acte de modifier ou de compléter les actes existant dans le domaine et/ou d'informer le public de son existence.

[113] Dans le même sens, V. article 40 al. 1 et 2 du décret n° 2018/355fixant les règles communes applicables aux marchés publics des entreprises publiques.

[114] Nabih (M.), *Droit des marchés publics : Aspects juridiques, financiers et contentieux*, Konrad-adenauer-Stiftung, 2014, p. 156.

[115] Voir article 88 al.1 du Code des marchés publics de 2018.

d'ouverture des plis est publique »[116]. Mais elle est restreinte dans cette phase dans la mesure où seuls les soumissionnaires ayant déposé leurs offres peuvent prendre part à l'ouverture des plis. Aussi, conformément à l'article 101 du Code des marchés publics, toute décision d'attribution d'un marché public par le Maître d'ouvrage est insérée, avec indication de prix et de délai, dans le *Journal des marchés publics*, dans un délai de trois jours à compter de la date de réception de la proposition d'attribution de la commission interne de passation des marchés.

L'exigence de publicité dans les marchés publics est une formalité obligatoire dont le non-respect est sanctionné. Dans cette logique, par exemple, la non-publication de l'avis d'appel d'offres est susceptible d'engager la responsabilité du Maître d'ouvrage ou du Maître d'ouvrage délégué. De même, la responsabilité de l'ARMP et de l'autorité des marchés publics peut être engagée pour non-édition du *Journal des marchés publics*.

L'exigence de publicité dans les marchés publics est cependant limitée dans certaines hypothèses, notamment les marchés relatifs à la défense nationale, à la sécurité et aux intérêts stratégiques de l'État. Tel est le sens de l'article 71 du décret de 2018 portant Code des marchés publics, relatif à la passation des marchés spéciaux. La particularité de ces marchés réside dans le fait qu'ils comportent des clauses secrètes pour des besoins de sécurité et d'intérêts stratégiques de l'État et échappent de ce fait à l'examen de toute commission des marchés publics[117]. Le maître d'ouvrage peut également se passer de l'obligation de publicité dans le cas d'un recours à la procédure de gré à gré[118]. Dans tous les cas, aucun cocontractant éventuel ne doit être contraint ou ne doit être empêché à candidater pour une commande publique.

En France, l'entrée en scène de la dématérialisation dans les marchés publics impose par exemple que la transmission et la publication des appels d'offres ou des Avis d'appel public à concurrence (AAPC), ainsi que la mise à disposition des documents de consultation des contrats supérieurs aux seuils communautaires soient effectuées par voie électronique[119]. L'exigence, qui ne dépassait pas la phase de publicité et la réception des offres dématérialisées, va s'étendre considérablement avec les nouvelles directives de 2014. C'est ainsi que la dématérialisation emporte l'utilisation de la voie électronique à tous les stades de l'exécution des marchés publics. Cette exigence s'est avérée bénéfique en tant qu'innovation majeure avec l'arrivée de la pandémie à COVID-19 ; ce qui a conforté la place de la dématérialisation dans les marchés

---

[116] Voir article 43 al. 9 *op. cit.* et Art. 92 du décret n°2018/355 portant Code des marchés publics.

[117] Cf. article 71 al. 2 du Code des marchés publics.

[118] Cf. Article 110 Al.3 Code des marchés publics.

[119] Dématérialisation de la commande publique quelle stratégie adopter, Registre de transparence de l'Union européenne N°93699614732— 82, 28 avril 2016.

publics. Malgré ces avancées, la dématérialisation des marchés publics reste très faible.

En attendant l'impact de cette dématérialisation, et hormis des exemples d'initiatives locales très intéressantes[120], en France, le diagnostic reste globalement préoccupant :

- moins de 15 % des procédures ont fait l'objet d'au moins une offre dématérialisée ;
- moins de 5 % des marchés sont dématérialisés au-delà de la phase de publicité[121].

Au Cameroun, la non-publication de l'avis d'appel d'offres est susceptible de sanction, notamment l'invalidation de cet avis. Sa publication est d'ailleurs une obligation prévue par les textes. En application de l'article 11 du décret n° 2004/275 du 24 septembre 2004 portant, Code des Marchés Publics,

> « l'appel d'offres est dit ouvert lorsque l'avis public invite tous les candidats intéressés à remettre, pour une date fixée, leurs offres. Le dossier d'appel d'offres est, après publication de l'avis, mis à la disposition de chaque candidat qui en fait la demande, contre paiement des frais y afférents dont le barème est fixé par l'Autorité chargée de Marchés Publics »[122].

Il convient tout de même de faire une différence fondamentale entre la publicité d'appel d'offres des marchés de gré à gré et celle relative aux marchés publics sur appel d'offres. En effet, le droit administratif reconnaît deux modalités de publicité que sont la publication et la notification[123]. Dans le premier cas, il y a ouverture aux destinataires, alors que, dans le second, l'acte indique le ou les destinataires visés.

La publicité est une étape importante dans l'existence d'un acte administratif, comme l'ouverture de l'appel d'offres en matière de marchés publics. Elle conditionne l'entrée en vigueur et l'opposabilité de l'appel d'offres, de même que son existence. Si l'acte existe dès son édiction, l'accomplissement des mesures de publicité est cependant nécessaire pour qu'il produise tous les effets liés à son édiction. Aussi, la dissociation de la date d'émission et celle de l'entrée en vigueur de l'acte repose sur le principe de la non-rétroactivité des actes administratifs. En définitive, en matière de marchés publics, la publicité donnée à l'acte d'appel d'offres déclenche

---

[120] Breizh Small Business Act; e-bourgogne ; Alsace Marchés Publics, etc.

[121]Chiffres de l'Observatoire économique de l'achat public (OEAP) cités dans le Plan national de dématérialisation des marchés publics.

[122]Cf. Article 11 du texte sus cité.

[123]Van Lang (A.) et alii (dir), *Dictionnaire de Droit administratif, op. cit.*, p. 371 et s. ; Owona Omgba (B. J.), *La publicité des actes juridiques en droit public camerounais. Recherche sur l'accès au droit au Cameroun*, Thèse de Doctorat en droit public, Université de Yaoundé II, 2015, p. 52 et s.

également le délai de recours non juridictionnel ou juridictionnel, à condition qu'elle procure une connaissance suffisante de l'existence et du contenu de l'acte.

La publication est un mode de publicité impersonnel réalisant une information à destination générale[124]. L'insertion dans un recueil[125] comme la presse nationale ou locale, ou encore l'affichage en constitue les procédés les plus courants. En l'absence de dispositions textuelles, la jurisprudence exige que la publication soit adaptée à son objet[126]. Bien qu'elle s'applique essentiellement aux règlements, la publication assure la publicité adéquate des actes collectifs[127] et les décisions d'espèce.

B. La liberté d'accès

La liberté d'accès à la commande publique signifie que toute personne physique ou morale, qui répond aux qualifications requises par les textes en vigueur et aux conditions d'acquisition prévues par l'appel d'offres, peut avoir accès à la commande publique ou à la prestation envisagée. Ce principe, précise Grégory Kalfleche a « *pour objectif d'éviter que l'on empêche l'accès à la procédure de passation à une entreprise ou personne déterminée ou à un type identifiable de personnes sans que cela soit justifié de façon suffisante* »[128].

La liberté d'accès diffère selon qu'il s'agit d'une délégation de service public ou non. Dans le premier cas, à la liberté à peu près totale qui existait initialement en France, la loi du 29 janvier 1993 a substitué l'obligation d'assurer le respect des principes de liberté d'accès à la commande publique, d'égalité de traitement des candidats et de transparence des procédures, afin de satisfaire aux exigences de la concurrence et de l'emploi optimal des deniers publics[129].

Dans le second cas où les marchés publics dominent, les trois principes ci-dessus s'appliquent pleinement[130] et s'appuient sur de fortes exigences procédurales.

Les marchés sont normalement passés sur appel d'offres lorsque leur montant global excède les seuils communautaires. Il existe, en outre, un seuil propre au droit français et qui demeure étranger en droit camerounais. Ce n'est qu'en dessous de ce dernier seuil que les marchés publics se concluent

---

[124] *Ibid.*
[125] Journal officiel ; journal des marchés publics, etc.
[126] CE 25 janv 1974, Jean et a.,Rec 60.
[127] CE 23 juil 1938, Dame Poujade, Rec.711.
[128] Kalfleche (G.), *Des marchés publics à la commande publique : l'évolution du droit des marchés publics*, Thèse, Université Panthéon-Assas, 2004, p. 547.
[129] Ricci (J-C.), *Droit administratif général*, 5e éd., Paris, Hachette. 2013, p. 222.
[130] Sect. 30 janvier 2009 ANPE.

librement. Il existe deux sortes d'appels d'offres : l'appel d'offres ouvert[131] et l'appel d'offres restreint[132].

Les marchés peuvent aussi, outre l'appel d'offres, être passés selon l'une des six catégories principales suivantes de procédures :

1°) procédure négociée : après publicité préalable et mise en concurrence ou sans publicité préalable et avec mise en concurrence ou sans publicité préalable et sans mise en concurrence ;

2°) procédure de dialogue compétitif : les moyens techniques pouvant répondre au besoin ne peuvent encore être complètement définis ;

3°) procédure du concours : elle est ouverte ou fermée et permet de choisir, après mise en concurrence et avis d'un jury, un plan ou un projet dans divers domaines ;

4°) procédure du système d'acquisition dynamique : le marché dont le montant estimé est inférieur à certains seuils, est passé selon les modalités de publicité et de mise en concurrence déterminées en fonction de l'objet du marché et de ses caractéristiques. Cette procédure de passation des marchés publics est entièrement électronique ; elle concerne les fournitures courantes.

5°) procédure sans formalités préalables : ni publicité, ni concurrence, quand il est inférieur à l'un des seuils fixés au II de l'art. 6 du Code français des marchés publics ;

6°) il existe, enfin, des dispositions propres à certains marchés : marchés fractionnés, de définition, de maîtrise d'œuvre, d'opérateurs de réseaux.

Ce choix est dominé, surtout au XIXe siècle, par la volonté d'assurer la satisfaction de l'intérêt général au moindre coût, et par le souci d'éviter que la puissance publique ne coure les risques de l'action commerciale ou industrielle. Ce schéma théorique a vite été dépassé. Le moindre coût s'est révélé être aussi la plus mauvaise qualité. Ensuite, la puissance publique s'est trouvée contrainte, dans l'intérêt général, de voler au secours financier de ses cocontractants souvent incapables d'assumer leurs obligations à des prix aussi bas. Enfin, la prétendue concurrence n'empêchait pas les ententes entre candidats pour fausser le jeu. C'est pourquoi les règles ont été progressivement assouplies, avec la suppression de l'adjudication, l'admission de la « cotraitance » et de la « sous-traitance »[133] des contrats administratifs et la modernisation profonde des modes de conclusion comme des objectifs de ces contrats.

---

[131] Tout candidat peut remettre une offre.

[132] Seuls les candidats autorisés peuvent remettre les offres.

[133] Département du Gard et autres, est sous-traitant celui qui réalise une part effective du marché et non celui qui borne à approvisionner un des cocontractants.

Il convient tout de même d'opérer une différence fondamentale entre le principe général fixé par le principe de libre accès à la commande publique et les exceptions qu'il pose. Le Code des marchés publics en vigueur au Cameroun a fixé, en son article 2, ledit principe ; et il a consacré les exceptions y relatives en son article 51. Il s'agit d'un principe général en matière de marchés publics en particulier[134] et de commande publique en général. La conséquence immédiate de ce principe est que toute personne physique ou morale doit être libre de collaborer avec l'administration en vue de lui fournir des prestations. Elle ne devrait pas être écartée sans cause valable.

Ce principe connaît cependant des exceptions. En effet, pour garantir la bonne exécution du marché ou du fait de certains objectifs poursuivis par l'administration, il peut arriver que certains marchés soient réservés à des entreprises spécifiques. Il en est ainsi dans les cas de marchés de gré à gré, ainsi que les marchés spéciaux.

Par ailleurs, le Code des Marchés publics, en son article 51, alinéa 2, dispose que :

> « *Ne peuvent postuler à la commande publique les candidats :*
>
> *a) En état de liquidation judiciaire ou en faillite ;*
>
> *b) Frappées de l'une des interdictions ou déchéances prévues par les lois et les règlements, en vigueur aussi bien au plan national qu'international ;*
>
> *c) Qui n'ont pas souscrit les déclarations prévues par les lois et règlements en vigueur* ».

C'est aussi le cas des candidats qui ne se sont pas acquittés des droits, taxes, impôts, cotisations, redevances ou prélèvements de quelque nature que ce soit. Toutefois, le fait de procurer à autrui un avantage injustifié par un acte contraire aux dispositions réglementaires constitue une infraction généralement sanctionnée par les juges. Dans cette logique, le juge administratif français estime que « *l'absence de toute stipulation limitant la durée de la convention [service public de la distribution d'eau, constitue une] atteinte excessive [...] aux règles générales destinées à assurer le respect des principes de liberté d'accès à la commande publique, d'égalité de traitement des candidats et de transparence des procédures auxquelles doit obéir la passation de tels contrats [...]* »[135].

---

[134] L'article 2 du décret n°2018/355 précise en effet « *les règles fixées par le présent Code des Marchés publics reposent sur les principes de liberté d'accès à la commande publique, d'égalité de traitement des candidats et de transparence des procédures, d'efficience et d'intégrité* ».

[135] Arrêt CAA Nantes, 27 juin 2003, Communes de Contres, n° 00NT00635 aux Tables du recueil.

Il se dégage de ce qui précède que la violation de ces prescriptions par l'administration peut donner lieu à un contentieux à l'initiative des candidats qui s'estimeraient lésés dans le libre accès à la commande publique. Quid des principes régissant l'attribution des marchés publics ?

Paragraphe 2. Les principes régissant l'attribution des marchés publics

Considérés comme un instrument de transformation optimale des finances publiques dans un cadre matériel ou opérationnel, les marchés publics constituent un enjeu politique, économique et social majeur[136]. C'est en raison de leur importance dans le développement économique et social du pays que leur attribution ne saurait se faire sans que certains principes ne soient respectés. En plus des principes liés à leur présentation, il y a des principes qui encadrent leur attribution. Ce sont les principes de concurrence (A), d'égalité de traitement (B) et de transparence (C).

A. Le principe de concurrence

Procédure réglementaire préalable déterminant la validité de la passation du marché public, la mise en concurrence[137] tire son fondement de l'article 72 du Code des marchés publics (CMP), lequel dispose que « *les marchés publics sont passés par voie d'appel d'offres après mise en concurrence des cocontractants potentiels de l'Administration* ». Cette disposition réglementaire est similaire à celle de l'article 33 du décret n° 2018/366 fixant les règles communes applicables aux marchés des entreprises publiques, qui dispose que *« les marchés des entreprises publiques font l'objet de consultation et de mise en concurrence préalables des candidats intéressés »*.

Dans le même sens, l'article 99 dudit Code énonce que :

> « sous réserve du respect des conditions de conformité des offres : a) — l'attribution des marchés de travaux, de fournitures et de services quantifiables se fait au soumissionnaire ayant présenté une offre remplissant les critères de qualification technique et financière requis et dont l'offre est évaluée la moins disante ; b) — l'attribution des marchés de services non quantifiables, y compris les prestations intellectuelles et les marchés passés à la suite d'un appel d'offres avec concours se fait au soumissionnaire présentant l'offre évaluée la mieux-disante par combinaison des critères techniques, financiers et/ou esthétiques ».

---

136 Ebanga (C. A.), *L'appel d'offres dans la passation des marchés publics,* Mémoire de Master II, Université de Yaoundé II, 2014, p. 2.

137 Owona (J.), *Droit administratif spécial de la République du Cameroun*, EDICEF, Paris, 1985, p. 140.

Toutes ces dispositions du CMP témoignent de l'importance du principe de concurrence dans la passation des marchés publics. Terme polysémique qui désigne *« aussi bien un comportement individuel ou collectif qu'un état du marché ou encore une réglementation économique »*[138], la concurrence, appliquée à la commande publique, signifie que toute personne physique ou morale, indépendamment de sa nationalité, peut soumissionner dans le cadre d'un marché public[139]. Le principe de concurrence suppose la levée de tous types d'obstacles susceptibles de l'empêcher de produire pleinement ses effets, quelle que soit la nature politique, administrative ou sociale de ceux-ci[140]. En clair, la concurrence renvoie à la confrontation d'une pluralité d'offres et de demandes qui, en s'ajustant, permettent aux prix de s'établir à leur niveau le plus bas, au regard de la qualité des produits et de leur coût de production[141].

Étant au cœur de la passation des marchés publics, le principe de concurrence a retenu l'attention de la doctrine en raison de sa caractéristique et des avantages qu'il offre. Concernant sa caractéristique, Laurent Richer souligne que *« la caractéristique fondamentale du marché public, la conséquence principale de la qualification d'un contrat comme tel est l'assujettissement à l'obligation de mise en concurrence »*[142]. Il se dégage de cette analyse qu'il ne s'agit pas d'une faculté pour l'administration de mettre en concurrence les potentiels soumissionnaires. Il lui est fait obligation de l'observer au risque de voir sa responsabilité engagée. C'est dans ce sens que Bernard Messengue Avom fait remarquer que *« la personne publique bénéficiaire ne doit pas créer ou favoriser un milieu non concurrentiel. Dès lors, elle ne peut écarter des candidats en se fondant sur d'autres conditions que celles autorisées par le Code. Le principe prohibe l'exclusion des candidats qui rempliraient les conditions exigées par la réglementation »*[143]. La violation de l'obligation de respect de la concurrence dans les contrats publics est sanctionnée par le juge administratif[144].

---

[138] Gaudemet (Y.), « Concurrence et régulation ; entre liberté et contrainte », *RDP*, n°4, juillet 2022, p. 981.
[139] Beyegue Bouloumegue (E. Gh.), « La réforme des marchés publics », *op. cit.*, p. 264.
[140] *Ibid.*
[141] Hubrecht (H. G.), *Droit public économique*, Dalloz, Paris, 1997, p. 152, cité par Beyegue Bouloumegue (E. Gh.), « La réforme des marchés publics », *op. cit.*, p. 264.
[142] Richer (L.), *Droit des contrats administratifs*, *op.cit.*, p. 425.
[143] Messengue Avom (B.), *La gouvernance des marchés publics au Cameroun*, *op.cit.*, p. 75.
[144] Linotte (D.)., « Existe-t-il un principe général du droit de la libre concurrence » ?, *AJDA*, 2005, p. 1549 ; CS, 22/08/2013, Société SARRE-CONS c/ARMP, *in* Bulletin des arrêts de la Cour suprême du Sénégal 2013 ; CS, 25 avril 2006 État du Sénégal c/Société africaine Audit Cour suprême, Société Générale de Surveillance (SGS) contre Conseil exécutif des transports urbains de Dakar (CETUD)— Autorité de régulation des marchés publics, Arrêt n° 11 du 31/03/2011.

Manifesté dans l'appel d'offres, le principe de concurrence présente plusieurs avantages. D'abord, la concurrence *« est [un]incitateur d'autocritique, de remise en question et conduit généralement à l'amélioration et au perfectionnement, ce dans le but d'être toujours compétitif »*[145]. Ensuite, la passation concurrentielle a l'avantage de participer au développement en encourageant l'entrepreneuriat privé. Enfin, elle permet d'instaurer un climat de confiance entre les opérateurs économiques et l'administration[146].

Cependant, la mise en concurrence n'est pas uniformément appliquée. En effet, une distinction peut être faite, selon les marchés, entre les soumissionnaires totalement ou partiellement camerounais et les soumissionnaires étrangers. Quoi qu'il en soit, dans les deux situations, la concurrence est de mise, même si elle peut être différemment appliquée. Dans ce sens, Lombard affirme que :

> « le principe de libre concurrence n'impose nullement que toutes les entreprises soumissionnaires se trouvent dans une situation financière ou juridique identique et les différences peuvent être grandes entre la petite entreprise artisanale et la filiale d'un grand groupe international, soumissionnaires au même marché et dont les obligations sociales et fiscales peuvent être différentes »[147].

Lors de la passation d'un marché, la priorité est accordée aux offres équivalentes en fonction des critères d'évaluation fixés par le dossier de consultation. La préférence nationale ne peut être appliquée que lorsque le dossier d'appel d'offres le prévoit[148]. Ainsi, lors de la passation d'un marché dans le cadre d'une consultation internationale,

> « une marge de préférence est accordée, à offres équivalentes et dans l'ordre de priorité, aux soumissions présentées (…) par une personne physique de nationalité camerounaise ou une personne morale de droit camerounais ; une entreprise dont le capital est intégralement ou majoritairement détenu par des personnes de nationalité camerounaise ; une personne physique ou une personne morale justifiant d'une activité économique sur le territoire du Cameroun ; un groupement d'entreprises associant des entreprises camerounaises »[149].

---

[145] Bataki Wembou (M.), *La passation des marchés publics au Cameroun, entre stabilité et instabilité*, Mémoire de DEA, Université de Yaoundé 2, 2011, p. 93.
[146] *Ibid.*, p. 21.
[147] Lombard (M.), « A propos de la liberté de concurrence entre opérateurs publics et opérateurs privés », *Recueil* Dalloz, Paris, 1994, p. 163.
[148] Article 106.6 du Code.
[149] Article 106 alinéa 1 du Code des marchés publics.

Le problème est donc celui du respect, par l'administration publique contractuelle, des règles assurant une concurrence loyale[150]. La méconnaissance de ce principe de concurrence peut être source de contentieux. Ainsi, tout soumissionnaire qui, après attribution du marché, estime, avec des preuves à l'appui, que ce principe a été violé par l'administration dans l'attribution du marché, peut en solliciter l'annulation auprès de l'autorité compétente. L'interprétation qui est faite du principe de concurrence dans les marchés publics est qu'elle impose une égale concurrence, c'est-à-dire que les candidats aux marchés publics sont soumis à des situations comparables. L'on peut alors se demander si une telle égalité s'observe aussi en ce qui concerne le traitement relativement à l'attribution des marchés publics.

B. Le principe d'égalité de traitement

Prescrit par l'article 2 du Code des marchés publics[151], le principe d'égalité de traitement est avant tout une expression du principe général d'égalité[152] qui a un fondement constitutionnel[153]. En vertu de ce principe, les citoyens sont tous égaux devant le service public, qu'ils soient usagers, agents ou candidats aux emplois publics ou à un marché public. Appliqué aux marchés publics, le principe d'égalité constitue le fondement de la concurrence. Dans ce sens, Laurent Richer souligne que

> « l'égalité entretient avec la concurrence des relations complexes : l'égalité devant le service public exclut toute préférence dans l'attribution des marchés et peut, par conséquent, être considérée comme la source de la concurrence, mais l'égalité joue aussi dans la concurrence, dans la mesure où le respect de la concurrence oblige à un traitement semblable de tous les intéressés. De la sorte, l'égalité est à la fois à la base et au service de la concurrence »[154].

Le principe d'égalité de traitement s'applique principalement dans la phase de sélection des candidats par la personne responsable de celle-ci. Il impose la prise en compte de l'équité dans l'attribution des marchés et permet d'éviter des pratiques discriminatoires au niveau de l'administration contractante. Autrement dit, ce principe suppose la prohibition de toute discrimination

---

[150] Moulin (R), Brunet (P.), *Droit public des interventions économiques*, LGDJ, Paris, 2007, p. 10.

[151] Cet article dispose : *« Les règles fixées par le Présent Code des marchés publics reposent sur les principes de liberté d'accès à la commande publique, d'égalité de traitement des candidats et de transparence des procédures, d'efficience et d'intégrité ».*

[152] Kalfleche (G.), *Des marchés publics à la commande publique : l'évolution du droit des marchés publics*, thèse de Doctorat en droit, Université Panthéon-Assas (Paris II), 2004, p. 504.

[153] Voir le Préambule de la Constitution de la République du Cameroun, 18 janvier1996, qui dispose que, « la *République assure l'égalité de tous devant les lois* ».

[154] Richer (L.), *Droit des contrats administratifs*, *op.cit.*, p. 464.

basée sur la religion, la race, l'ethnie ou le sexe[155]. Il conduit donc à prouver que le choix du candidat n'a pas été effectué dans des conditions discriminatoires ; ce qui conduit nécessairement à la mise en place de procédures de passation afin de constituer ces preuves[156].

Cependant, le principe de l'égalité de traitement n'est pas d'application stricte. Les textes communautaires et nationaux prévoient la préférence nationale[157]. Ainsi, si dans certains cas, l'on peut admettre l'existence de discriminations, le principe d'égalité de traitement des candidats voudrait que toutes les discriminations qui peuvent être opérées par l'accès à un marché soient justifiées par l'objet du marché qui établit cette différence[158]. L'égalité de traitement amène aussi l'administration à s'interdire de se lier par une politique de répartition des marchés entre petites, moyennes et grandes entreprises, et par une politique d'attribution systématique des marchés aux entreprises locales[159]. De même, sur le fondement de ce principe, l'analyse des offres doit être effectuée à partir des critères préalablement définis et énoncés dans le document de la consultation. Ces critères ne peuvent pas être modifiés ou complétés en cours de procédure (sauf à la reprendre), notamment lors de l'analyse des offres. On peut y voir la volonté du pouvoir réglementaire de ne laisser aucun pan de la phase d'attribution des marchés publics qui ne soit marqué par l'égalité de traitement des candidats. Celle-ci est davantage garantie dans le cas où le cahier des charges est modifié par la personne publique pendant la procédure. Dans cette hypothèse, l'information doit être diffusée à tous les candidats ayant retiré le document initial[160]. Il en résulte que la rupture de cette égalité ne peut qu'être source de contentieux. Il en est de même du principe de transparence.

C. Le principe de transparence

Le principe de transparence désigne « *l'ensemble des procédés juridiques visant à permettre aux administrés de pénétrer dans le système administratif et aussi de faire échec au droit (et le plus souvent à l'obligation) de*

---

[155]CS/CA, jugement n°29/2005-2006 du 14 décembre 2005, MOUKON A EBONG Martin c/État du Cameroun : « *Attendu que le principe d'égalité que prévoit la Constitution du Cameroun emporte l'égalité de chance d'accès aux emplois publics ; (...) il en résulte qu'au moment de postuler à un emploi public tous les candidats doivent compétir au même pied d'égalité* ».

[156] Kalfleche (G.), *Des marchés publics à la commande publique : l'évolution du droit des marchés publics*, *op.cit.*, p. 503.

[157] Article 70 alinéa 1 et 106 alinéa 1 du Code des marchés publics de 2018.

[158] Ebanga (Ch. A), *La passation des marchés publics*, *op.cit.*, p. 169.

[159] Lebreton (G), *Droit administratif général*, 5e édition, Dalloz, Paris, 2009, p. 297.

[160] Ebanga (C. A), *La passation des marchés publics*, *op.cit.*, p. 170.

l'administration au secret »[161]. Il est une *« préoccupation récente de la doctrine juridique et de la pratique administrative »*[162].

Posé par l'article 3 du règlement n° 06/UEAC-201-CM-20 portant Procédures de passation, d'exécution et de règlement des marchés publics de la communauté, le principe de transparence est également consacré dans le Code des marchés publics camerounais[163]. À l'analyse, ce principe préside à la passation des marchés publics afin d'objectiver cette passation *« par la réduction au maximum des pratiques opaques ou peu avouables »*[164]. Ainsi, il est consubstantiel au principe de bonne gouvernance.

En effet, en matière de passation de marché public, les différents acteurs doivent respecter le principe de bonne gouvernance. Autrement dit, ils sont tenus de se conformer au principe de la transparence[165]. En effet, le régime de passation des marchés publics représente une garantie de transparence des processus contractuels des dépenses publiques. Aussi, le ministre des marchés publics peut, à l'initiative du ou des candidats qui estiment que le principe de transparence n'a pas été respecté par l'administration contractante dans l'attribution des marchés, solliciter et/ou obtenir de lui l'annulation des décisions d'attribution desdits marchés.

Sa traduction juridique réside dans les obligations de publicité et d'impartialité. Concernant la publicité, qui a déjà fait l'objet de développements précédents, on peut dire que la transparence dans les marchés publics peut se comprendre dans la définition préalable des critères de choix du cocontractant, de nature à lui permettre d'être informé des critères et modalités qui seront appliqués dans la sélection du ou des candidats. Quant à la transparence, Laurent Richer relève que *« l'impartialité garantit que le signataire du contrat exprime bien la volonté de la personne publique et la sienne »*[166]. Il en découle que l'autorité adjudicatrice ne doit pas se laisser guider par ses opinions et ses sentiments dans la passation du marché. Elle est tenue d'afficher une plus grande objectivité qui doit, en principe, le conduire à être au-dessus des considérations personnelles ou contingentes. Seul l'intérêt général doit constituer sa boussole.

Plusieurs obligations issues des textes sur les marchés publics sont guidées par ce souci de transparence. Il en est ainsi de l'obligation de publier un avis

---

[161] Jegouzo (Y.), « Le droit à la transparence administrative », *EDCE*, n° 43, 1991, p. 199.

[162] Kalfleche (G.), *Des marchés publics à la commande publique : l'évolution du droit des marchés publics*, *op.cit.*, p. 563.

[163] Article 2.

[164] Yonaba (S.), « La nouvelle réglementation des marchés publics au Burkina Faso », in *Revue burkinabè de droit*, n°31, 1er septembre 1997, pp. 55-69, spéc. p. 60, cité par Ebanga (Ch. A), *La passation des marchés publics*, *op. cit.*, p. 170.

[165] V art. 2 du Code des marchés publics du Cameroun.

[166] Richer (L.), *Droit des contrats administratifs*, *op.cit.*, p. 141.

d'attribution du marché ; la transmission et la notification du marché à l'autorité compétente ; la motivation de la décision déclarant un appel d'offres infructueux. C'est dire que la transparence favorise l'impartialité et la lutte contre les malversations et les mauvaises pratiques. Quid du régime de la passation des marchés publics ?

SECTION 2 : LES RÈGLES APPLICABLES A LA PASSATION DES MARCHÉS PUBLICS

Les mutations récentes du droit des marchés publics opérées par le décret n° 2018/366 du 20 juin 2018 portant Code des marchés publics touchent essentiellement la phase de passation. Celle-ci désigne l'acte juridique par lequel, après respect des règles en vigueur, l'administration attribue la réalisation d'un marché public au soumissionnaire qu'elle a retenu. Ainsi, comme l'affirme Evina, *« avant de passer un acte, une convention, un contrat, un marché, il faut se mettre d'accord sur les formalités de sa passation »*[167]. Étape importante dans le processus des marchés publics, la passation[168] met en avant deux aspects importants que sont, d'une part, la capacité à contracter (paragraphe 1) et, d'autre part, le choix du cocontractant de l'administration (paragraphe 2).

Paragraphe 1. La capacité à contracter en matière de marché public

La capacité à contracter pose, en filigrane, le problème de la qualité pour contracter. Être capable, c'est avoir la qualité pour contracter. Aux termes des articles 1123 et suivants du Code civil, la capacité est une condition de validité du contrat. Celle-ci *« se présente de manière différente selon qu'il s'agit d'une personne physique ou d'une personne morale »*[169]. La personne physique est davantage perçue comme une personne privée, considérée comme le cocontractant de l'administration. La personne morale, quant à elle, peut avoir une nature privée ou publique. La capacité de contracter concerne aussi bien les personnes privées que les personnes publiques.

---

[167] Evina (J. M.), *La passation des marchés publics en urgence*, Mémoire de Master 2, Université de Yaoundé 2, 2014, p. 4.

[168] Sur la conception des marchés publics comme contrat administratif, lire Richer (L.), *Droit des contrats administratifs*, *op. cit.*, p. 9.

[169] Bidja Nkotto (Th.), *Les contrats de l'administration au Cameroun,* Thèse de Doctorat en Droit public, Université Paris 1-Panthéon Sorbonne, p. 175.

A. La capacité des personnes privées à contracter

Selon Laurent Richer, « Pour être apte à contracter avec l'administration, la personne privée doit répondre aux conditions de capacité du droit privé »[170]. De manière générale, les conditions dont il s'agit sont celles qui tiennent au consentement, à la capacité, à l'objet et à la cause. Aux termes de l'article 51 du Code des marchés publics, les soumissionnaires sont des personnes physiques ou morales faisant acte de candidature. Il peut s'agir de toute personne physique ou morale, de ses représentants personnels, de ses successeurs et/ou de ses mandataires dûment désignés.

L'habilitation des personnes physiques à contracter est ainsi tirée de l'article 1123 du Code civil qui dispose que *« toute personne peut contracter si elle n'est pas déclarée incapable par la loi »*. Cette disposition laisse apparaître le problème des incapacités de droit civil. Celles-ci sont ordinairement de deux sortes : les incapacités de jouissance et les incapacités d'exercice. Dans le même sens, Terré, Simler, Lequetten, et Chénédé soulignent : *« poser que toute personne physique est, en principe, capable, c'est postuler à la fois sa capacité de jouissance, c'est-à-dire son aptitude à être titulaire de droits et sa capacité d'exercice, c'est-à-dire son aptitude à exercer elle-même les droits dont elle est titulaire »*[171].

Les incapacités de jouissance désignent la situation dans laquelle un individu est radicalement privé d'un droit : il ne peut pas l'exercer lui-même et personne ne peut l'exercer à sa place[172]. Les incapacités d'exercice, quant à elles, supposent qu'un individu, titulaire des mêmes droits que tout autre individu, ne peut pas les exercer sans l'intervention d'une autre personne qui agit en son nom et à sa place pour le représenter, ou à ses côtés pour l'assister[173]. Ces incapacités *« correspondent au souci du législateur de protéger l'un des contractants contre l'autre »*[174]. Au regard des dispositions législatives et réglementaires d'une part, et de la doctrine, d'autre part, il semble donc que les marchés publics soient ouverts à toutes les personnes physiques qui ne sont pas frappées d'une incapacité de jouissance et d'exercice.

Il n'est pas sans intérêt de relever que les personnes physiques parties aux contrats de l'administration peuvent être rangées en deux catégories. Sur ce point, Bidja Nkotto fait remarquer que la première catégorie est constituée des personnes liées à une administration. La seconde catégorie est constituée des personnes autres que celles liées à l'administration, à l'égard desquelles sont

---

[170] Richer (L.), *Droit des contrats administratifs*, *op.cit.*, p. 9.

[171]Terre (F.), Simler (P.), Lequetten (Y.), Chenede (F.), *Droit civil*, 12e édition, Dalloz, Paris, 2019, p. 186.

[172] *Ibid.*

[173]*Ibid.*

[174] Bidja Nkotto (Th.), *Les contrats de l'administration au Cameroun*, *op.cit.*, p. 176.

exigées les conditions de capacité prescrites par le Code civil. Quant aux personnes liées à l'administration, précisément les agents de l'État, l'auteur indique qu'ils *« peuvent être des partenaires contractuels de l'administration, à condition qu'ils ne puissent être à un moment juge et partie dans le processus conventionnel »*[175].

S'agissant des personnes morales de droit privé, elles aussi sont habilitées par la loi à soumissionner à la commande publique. Cependant, comme le relève Laurent Richer, leur *« capacité à contracter est limitée par l'objet de l'organisme et celui-ci n'est engagé que si le signataire est apte à représenter la personne morale »*[176]. Autrement dit, la participation des entreprises du secteur privé à la commande publique pose le problème de l'habilitation de l'autorité signataire du contrat. Dans ce sens, Bidja Nkotto note qu'« *en l'absence de l'habilitation de l'organe compétent de la personne morale, l'autorité signataire d'un contrat passé avec l'administration serait sans qualité et les contrats en cause seraient annulables »*[177]. Il s'ensuit que l'accès à la commande publique d'une entreprise du secteur privé ne peut être possible que si l'organe qui agit en son nom justifie d'une habilitation à contracter. Cette habilitation engage la société, et son défaut pourrait conduire à constater ou à prononcer la nullité du contrat.

Par ailleurs, l'article 51, alinéa 2 du CMP prévoit d'autres hypothèses dans lesquelles les personnes privées ne peuvent être admises à postuler à la commande publique. C'est notamment le cas lorsqu'elles sont en état de liquidation judiciaire ou en faillite, lorsqu'elles sont frappées de l'une des interdictions ou les déchéances prévues par les lois et règlements en vigueur aussi bien sur le plan national que sur le plan international, ou encore lorsqu'elles n'ont pas souscrit les déclarations prévues par les lois et règlements en vigueur.

Si l'habilitation de l'organe représentant la personne morale de droit privé est indispensable, il n'en demeure pas moins que l'accès à la commande publique des entreprises relevant du secteur des bâtiments et travaux publics est également conditionné par la catégorisation[178]. Au sens de l'arrêté n° 016/PM du 1er février 2016 fixant les modalités de catégorisation des prestataires dans le secteur du bâtiment et des travaux publics, la catégorisation est un processus consistant à qualifier et à classer chaque prestataire dans un ou plusieurs domaines d'activités du secteur des bâtiments et travaux publics et ses activités connexes. Les prestataires sont catégorisés

---

[175] *Ibid.*, p. 186.

[176] Richer (L.), *Droit des contrats administratifs*, *op.cit.*, p. 139.

[177] *Ibid.*, p. 187.

[178] Article 53 alinéa 1 du CMP dispose que « *Le Maître d'Ouvrage ou le Maître d'Ouvrage délégué peut réserver l'accès de certains marchés de travaux aux entreprises du secteur des bâtiments et des travaux publics d'une certaine catégorie* ».

suivant certaines caractéristiques : le ou les domaines d'intervention, la situation administrative, le chiffre d'affaires, le personnel technique permanent, les moyens techniques et logistiques et le montant maximum des marchés ou contrats auxquels le prestataire peut soumissionner. Ce mécanisme vise à ne retenir que les prestataires qualifiés, à même de bien exécuter ou réaliser les prestations.

B. La capacité de la personne publique à contracter

Une lecture attentive des dispositions du décret n° 2018/366 du 20 juin 2018 portant Code des marchés publics révèle que les personnes morales de droit public (État, collectivités territoriales décentralisées et établissements publics) peuvent contracter. Dans ce sens, Laurent Richer souligne que *« toute personne publique, même territoriale, a une compétence plus ou moins largement déterminée par les textes institutifs »*[179]. Ainsi, pour chaque personne morale publique, les textes désignent l'autorité compétente pour signer le contrat.

Avant le décret n° 2011/408 du 9 décembre 2011 portant organisation du gouvernement, des textes désignaient déjà les autorités compétentes pour signer le contrat au nom de la personne publique contractante (État ou collectivités territoriales décentralisées ou établissements publics). Il s'agit, pour l'État, du ministre, du gouverneur, du préfet, selon les cas ; pour les collectivités territoriales décentralisées, du maire pour le compte de la commune et du délégué du gouvernement pour le compte de la communauté urbaine ; et enfin, pour établissements publics, du recteur ou du directeur général. Ce décret apporte des innovations sur le plan organique relativement à la passation des marchés publics. C'est ainsi qu'il institue un ministère délégué à la Présidence de la République chargé des marchés publics, tout en précisant ses attributions en la matière[180].

À la lecture du décret n°2012/074 du 8 mars 2012 portant création, organisation et fonctionnement des commissions de passation des marchés

---

[179] Richer (L.), *Droit des contrats administratifs, op.cit.*, p. 140.

[180] En effet, ledit décret dispose, en son article 8, que le ministre délégué à la Présidence de la République chargé des Marchés publics *« est responsable de l'organisation et du bon fonctionnement des marchés publics »* ; à ce titre, *« il procède au lancement des appels d'offres des marchés publics en liaison avec les départements ministériels et les administrations concernées ; (...) procède à la passation des marchés publics et en contrôle l'exécution sur le terrain en liaison avec les départements ministériels et les administrations concernées ; (...) participe, le cas échéant, au montage financier des marchés publics en liaison avec les départements ministériels et les administrations concernés »*. Ces dispositions sont reprises par le décret n°2012/075 du 8 mars 2012 portant organisation du ministère des Marchés publics en son article 1er al. 1er et 2. Il précise, à l'alinéa 3 de l'article 1er, que « *les attributions du ministère des marchés publics (...) s'exercent conformément au décret n°2012/074 du 8 mars 2012* » portant création, organisation et fonctionnement des commissions de passation des marchés publics, modifié et complété par le *décret n°2013/271 du 05 août 2013.*

publics, modifié et complété par le décret n°2013/271 du 05 août 2013, et dont les dispositions ne sont pas tout à fait identiques à celles du décret portant organisation du gouvernement en ce qui concerne les attributions du ministre délégué chargé des marchés publics, ce dernier n'est plus la seule autorité administrative compétente pour lancer les marchés publics.

Le décret n° 2018/366 du 20 juin 2018 portant Code des marchés publics, en plus de la détermination des autorités habilitées à contracter pour le compte des personnes publiques, désigne le ministre des marchés publics comme l'autorité des marchés publics, statut antérieurement reconnu au Premier ministre sous l'égide du décret n° 2004/275 du 24 septembre 2004 portant Code des marchés publics[181]. Cette déconcentration participe d'un souci de célérité et d'efficacité.

In fine, la responsabilité contractuelle de l'Administration pourrait donc être engagée si le contrat est conclu par une autorité publique incompétente et donner droit à l'octroi des dommages et intérêts à la partie lésée ou retenue[182]

Par ailleurs, selon le règlement n° 06/09-UEAC-201-CM-20 portant procédures de passation, d'exécution et de règlement des marchés publics de la Communauté, le Président de la Commission de la CEMAC veille à ce que la participation d'un soumissionnaire ayant le statut d'organisme de droit public à une procédure de passation de marché public ne puisse causer de distorsion vis-à-vis de soumissionnaires privés. Autrement dit, la mise en concurrence des soumissionnaires ne doit pas être sabordée par le statut de l'organisme de droit public, en raison de ses missions de service public pour lesquelles il pourrait prétendre à un traitement de faveur, au détriment des autres soumissionnaires. De même, les agents publics relevant de ces organismes publics ne peuvent soumissionner à la commande publique lorsqu'ils ont contribué à l'élaboration d'un dossier de consultation. Il en est de même des organismes publics à caractère industriel ou commercial placé sous la tutelle d'une autorité contractante.

---

[181] V. Art. 50, décret n°2004/du 24 septembre 2004 portant Code des marchés publics.

[182] V. CS/CA, jugement n°63/99-2000, Les Établissements LE PAYSAN c/État du Cameroun : « (…) *les fax du ministre de l'Éducation nationale violent (...) les articles 78 et 79 du décret n°86/903 du 18 juillet 1986 ; (...) que le pouvoir de signer les marchés jusqu'à deux cents millions de francs appartient aux Gouverneurs des Provinces ; (...) le ministre de l'Éducation nationale est donc incompétent (...) à signer un marché dont le montant est inférieur à deux cent millions de francs, cette compétence étant dévolue aux Gouverneurs des Provinces conformément au décret susvisé ; (...) il est exact que les décisions administratives querellées ont été prises dans des conditions fort dommageables, surtout que les requérants avaient déjà été notifiés des ordres de service de commencer les travaux et avaient déjà pris toutes les dispositions nécessaires en vue du démarrage des travaux pour éviter de tomber sous le coup des pénalités prévues dans les ordres de service ; (...) ils sont donc fondés à demander la réparation des préjudices subis en raison de l'agissement fautif incriminé* ».

Paragraphe 2. Le choix du cocontractant de l'administration en matière de marché public

De manière générale, le choix du cocontractant de l'administration s'inscrit dans « *la recherche d'une gestion rationnelle des deniers publics et le désir pour l'administration de contracter avec un cocontractant efficace* »[183]. Ce choix pose cependant le problème de la limitation de la liberté contractuelle. C'est un choix qui est davantage lié[184], car, dans l'achat public, l'administration fixe presque souvent à l'avance les conditions auxquelles se fera le choix du soumissionnaire[185]. Il en est ainsi parce que :

« le régime caractéristique de la règle du droit administratif (...) c'est la vieille et simple constatation de l'inégalité qui, à la base du rapport de droit public, s'oppose à l'égalité juridique sur laquelle repose le droit privé »[186]. En droit privé, en effet, « toutes les volontés individuelles sont autonomes ; aucune d'elles n'est supérieure aux autres, quels que soient l'individu ou les individus qui la formulent »[187].

Une personne ne peut être soumise à d'autres lois que celles qu'elle se donne à elle-même[188]. Toutefois, cet état de choses ne doit pas éluder le fait que l'administration dispose de pouvoirs plus limités qu'une personne privée dans le choix de son cocontractant[189]. Quoi qu'il en soit, le choix du cocontractant de l'administration soulève la question de la fixation des règles de passation des marchés publics par l'administration (A), de la détermination des modes de passation desdits marchés (B) et, enfin, de l'expertise indépendante (C).

A. La fixation des règles de passation des marchés publics par l'administration

Dans la théorie des contrats de droit privé,

« la formation du contrat est entièrement abandonnée aux deux parties ; la liberté sera présente à chaque moment, à chaque phase de la formation du contrat : liberté de contracter ou de ne pas contracter, liberté de choisir le type

---

[183] Ebanga (Ch. A.), *L'Appel d'offres dans la passation des marchés public*, Mémoire de Master 2 en Droit public, Université de Yaoundé 2, 2014, p. 84.
[184] Chabanol (D.), « Le choix du contractant : pouvoir discrétionnaire ou lié ? », *in Contrats publics, Tome 1, Mélanges en l'honneur de Michel GUIBAL, op. cit.*, p. 84.
[185] Bidja Nkotto (Th.), *Les contrats de l'administration au Cameroun,* op.cit., p. 192.
[186] Rivero (J.), « Existe-t-il un critère du droit administratif ? », *RDP*, 59e année, 1953, p. 286.
[187] Duguit (L.), *Études de droit public*, tome 1, Paris, A. Fontemoing, 1901, p. 144.
[188] Kant (E.), *Doctrine du droit,* trad. Barni, Paris, 1853, p. 33, cité par Ranouil (V.), *L'autonomie de la volonté : naissance et évolution d'un concept*, PUF, Paris, 1980, p. 5.
[189] Debbasch (Ch.), *Institutions et Droit administratif,* Tome 2 : l'action et le contrôle de l'administration, 4e éd., PUF, Paris p. 310.

de contrat, liberté de choisir le cocontractant, liberté de déterminer le contenu du contrat, liberté de négocier avec le cocontractant pressenti et, surtout, liberté de s'engager par sa seule volonté, car c'est là l'objet du système contractuel »[190].

En d'autres termes, *« les seules obligations légitimes que le contrat fait naître sont celles qui ont été voulues »*[191]. Par contre, *« le droit public est un droit impératif, d'autorité et d'inégalité »*[192]. Le droit administratif, qui en est l'une des composantes essentielles, est « *un système juridique où il n'y a pas d'autonomie de la volonté* »[193]. Il *« ignore le principe d'autonomie de la volonté. Ceci est dit sous réserve précisément de ce qui en droit public correspond à l'autonomie de la volonté en droit privé : le pouvoir discrétionnaire »*[194].

Dans les marchés publics, en règle générale, l'administration fixe unilatéralement les clauses du contrat. Comme le note Marie-Christine Rouault, *« le particulier ne peut qu'accepter ou refuser les conditions que lui propose l'administration contenues dans le cahier des charges annexé au contrat, il ne manifeste son initiative que dans l'élaboration du prix »*[195]. Il s'agit donc des contrats d'adhésion qui se traduisent par l'existence de cahiers de charges qui déterminent les conditions dans lesquelles les marchés sont exécutés[196]. Ces cahiers sont de trois ordres : le cahier des clauses administratives générales qui fixent les dispositions relatives à l'exécution et au contrôle des marchés publics applicables à toute une catégorie de marchés, le cahier des clauses administratives particulières qui fixent les dispositions administratives et financières propres à chaque marché et tous les autres cahiers techniques qui définissent les caractéristiques des travaux, des fournitures ou des services.

Servant de boussole tant opérationnelle que juridique aux cocontractants, ces documents renferment les obligations des parties, n'empêche qu'il s'agisse des actes types qui participent à la manifestation du pouvoir administratif. Dans ce sens, la doctrine considère que « *les CCA, dans un premier temps, correspondent à des règlements édictés par l'autorité des*

---

[190] Brechon-Moulenes (Ch.), « Liberté contractuelle des personnes publiques », *AJDA*, 1998, p. 643. GROLEAU (Ch.), *Mesure de la liberté des collectivités publiques quant au choix du mode de conclusion du contrat et quant au choix du cocontractant*, Thèse Rennes, dactyl., 1959, p. 49. Mahouachi (M.), *La liberté contractuelle des collectivités territoriales*, Thèse, P.U. d'Aix-Marseille, 2001.

[191] Leveneur (L.), « La liberté contractuelle en droit privé », *AJDA*, 1998, p. 676.

[192] Schwartzenberg (R.-G.), *L'autorité de la chose décidée*, *op. cit.*, p. 12.

[193] Vedel (G.), *Essai sur la notion de cause en droit administratif français*, Thèse, Sirey, Paris, 1934, p. 192.

[194] *Ibid.*, p. 314.

[195] Rouault (M.-Ch.), *Droit administratif*, Gualino, Lextenso, Paris, 2011, p. 154.

[196] L'article 129.

marchés publics afin de permettre les opérations des marchés publics répétées au sein d'une catégorie déterminée de marchés que les divers services administratifs pourraient solliciter »[197]. Il en découle qu'il s'agit de documents qui sont la manifestation de l'unilatéralité, notamment le cahier des clauses administratives générales, en ce qu'ils constituent des règlements spécifiques. Ils ont pour fondement le pouvoir réglementaire dans la mesure où ils visent *« à imposer aux cocontractants de l'administration un cahier de charges, dans le même temps ces CCA sont aussi imposés par le gouvernement ou les ministres aux divers services sur lesquels ils exercent leur pouvoir hiérarchique »*[198].

Le Cahier des clauses administratives générales (CCAG) est un document approuvé par l'autorité compétente et destiné aux utilisateurs, en l'occurrence les cocontractants de l'administration et le maître d'ouvrage ou le maître d'ouvrage délégué. Faisant partie des documents généraux, les CCAG déterminent les clauses types et comprennent trois catégories d'actes types, soit le CCAG-travaux, le CCAG-fournitures et le CCAG services et prestations intellectuelles.

Il ressort de ce qui précède qu'en raison de l'importance des marchés publics dans le développement économique de l'État, ceux-ci sont strictement encadrés par le biais d'une réglementation spécifique et abondante[199]. Au-delà de la fixation des règles de passation des marchés publics par l'administration, leur passation ne peut être possible que dans le respect des préalables qui s'imposent aussi bien à l'administration contractante qu'aux cocontractants, car il s'agit d'abord de déterminer les besoins. Dans ce sens, l'article 54, alinéa 1 du CMP dispose que *« avant le lancement de tout appel à la concurrence ou consultation, le Maître d'ouvrage est tenu de réaliser une étude en vue de déterminer aussi exactement que possible, la nature et l'étendue des besoins à satisfaire »*.

Dans le même sens, l'article 23 du décret n° 2018/355 du 12 juin 2018 fixant les règles communes applicables aux marchés des entreprises publiques dispose que *« avant le lancement de tout appel à la concurrence ou à la consultation, le Maître d'ouvrage est tenu de s'assurer de l'existence des études préalables, ainsi que de la disponibilité du site, du financement et du plan de passation des marchés »*. Il ressort de ces dispositions réglementaires

---

[197] Elan Mfoula (B.), *Le cahier de clauses administratives en droit des marchés publics*, Mémoire de Master en Droit public, Université de Yaoundé 2, 2014, p. 27.

[198] *Ibid.*, p. 28.

[199] Bataki Wembo (Michael) souligne dans ce sens que « *Au Cameroun, les marchés publics ont toujours fait l'objet d'une abondante réglementation, comme en témoignent les textes de 1970 à 2004. En effet, presque tous les six ans, un texte est publié concernant la matière des marchés publics* », *in La passation des marchés publics au Cameroun, entre stabilité et instabilité*, Mémoire de DEA, Université de Yaoundé 2, 2011, p. 93.

que les études préalables[200] sont nécessaires et concourent à évaluer la faisabilité du projet[201]. Après la détermination des besoins, intervient la communication de l'intention de l'achat public qui s'opère au moyen de la publication de l'avis de consultation. C'est après ces phases que l'administration procède à la sélection de son cocontractant par le biais d'un des modes de passation des marchés publics.

B. Les modes de passation des marchés publics

La passation des marchés publics, selon Laurent Richer, est une opération à procédures, matérialisée par plusieurs phases qui doivent se succéder dans les conditions posées par les textes[202]. En règle générale, la sélection du cocontractant de l'administration met en évidence les modes de passation des marchés publics. En droit privé, le principe est que chacun choisit librement le partenaire ou la personne avec qui il va contracter. Tel n'est pas le cas en droit public, et plus précisément en droit administratif, dans la mesure où des sujétions sont imposées aux personnes publiques. En effet, des exigences s'imposent *« tant à l'administration exprimant un besoin particulier, qu'à celui qui souhaite devenir le cocontractant de l'administration »*[203]. Classiquement, l'administration choisit son cocontractant en fonction de modes concurrentiels (1) et non concurrentiels (2) institués par les textes.

1. Les modes concurrentiels de passation des marchés publics

À la lecture du décret de 2018 portant Code des marchés publics, l'administration procède à la passation des marchés publics selon trois modes concurrentiels à savoir l'appel d'offres (a), la demande de cotation (b) et le recrutement des consultants individuels (c).

---

[200] Concrètement, ces études renvoient à un certain nombre de travaux qui précèdent ou préparent l'exécution d'un projet. Elles doivent tenir compte des destructions de biens, de la nue-propriété, des déplacements des réseaux (eau, électricité, téléphone, etc.), de la libération du site retenu, de l'indemnisation des personnes évincées et des conditions d'accès lorsqu'il s'agit des marchés de travaux ; de l'approche handicap pour les projets d'infrastructures ; de la promotion de l'emploi à travers la valorisation des ressources locales, telles que la main-d'œuvre, le matériel et les matériaux locaux par l'approche technique de Haute Intensité de main-d'œuvre ; du respect des normes environnementales ; du dimensionnement ou de l'allotissement du projet de manière à ressortir les prestations devant être exécutées par les petites et moyennes entreprises nationales et les organisations communautaires à la base d'une part, et d'autre part, celles susceptibles d'être sous-traitées aux entreprises nationales (article 55, alinéa 2 du CMP).

[201] Ebanga (Ch. A.), *La passation des marchés publics au Cameroun*, *op.cit.*, p. 79.

[202] Richer (L.), *Droit des contrats administratifs*, *op.cit.*, p. 463.

[203] Bataki Wembou (M), *La passation des marchés publics au Cameroun, entre stabilité et instabilité*, *op. cit.*, p. 16.

a. L'appel d'offres

Aux termes de l'article 72 du CMP, les marchés publics sont passés par voie d'appel d'offres après mise en concurrence des cocontractants potentiels de l'administration. L'article 34, alinéa 1, du décret n° 2018/355 du 12 juin 2018 fixant les règles applicables aux marchés des entreprises publiques ne dit pas autre chose, lorsqu'il énonce que *« l'appel d'offres est la procédure par laquelle l'attribution d'un marché intervient après appel public à la concurrence »*.

Il se dégage de ces dispositions que l'appel d'offres repose sur l'idée de concurrence qui *« transcende le droit des marchés publics et c'est sa prégnance qui conduit en grande partie à ce que le champ d'application de la commande publique en soit étendu »*[204].

Au Cameroun, l'appel d'offres demeure le procédé le plus usité de passation des marchés publics. Comme sa devancière, le Code des marchés publics du 20 juin 2018 institue ce procédé comme le plus usité. Dans ce sens, Thomas Bidja Nkotto note qu'il *« a les faveurs du moment et a réussi au Cameroun à éclipser sa devancière, l'adjudication »*[205]. Dans cet ordre d'idées, l'article 72, alinéa 1, du Code dispose que *« les marchés publics sont passés par voie d'appel d'offres après mise en concurrence des cocontractants potentiels de l'Administration »*. Perçue par la doctrine comme *« une option fondamentale du système »*[206], la technique de l'appel d'offres s'inscrit dans la dynamique de *« la libéralisation des procédures de passation des marchés publics »*[207], laquelle se traduit par la systématisation de la concurrence[208]. En effet, la préoccupation qui domine ce mode de passation est justement de provoquer une concurrence pour éclairer l'administration sur les offres qui pourraient lui être les plus favorables[209].

Ce procédé s'adosse sur un certain nombre de critères présidant au choix du cocontractant et tenant compte de sa qualité et de sa capacité professionnelle, du prix des prestations et des variantes éventuelles proposées ou du coût de leur utilisation, du délai d'exécution ou de livraison de la prestation, et de la valeur technique et fonctionnelle des prestations, notamment les conditions d'exploitation et d'entretien, ainsi que de la durée de vie potentielle des ouvrages produits ou des fournitures et services concernés.

---

[204] Kalfleche (G.), *Des marchés publics à la commande publique : l'évolution du droit des marchés publics*, *op.cit.*, p. 516.
[205] Bidja Nkotto (Th.), *Les contrats de l'administration au Cameroun, op. cit.*, p. 192.
[206] Beyegue Bouloumegue (E. Gh.), « La réforme des marchés publics », *op. cit.*, p. 265.
[207] *Ibid*, p. 263.
[208] *Ibid.*
[209] De Laubadere (A), *Traité théorique et pratique des contrats administratifs*, Tome 1, LGDJ, Paris, 1956, p. 310.

Le Code des marchés publics donne des précisions sur les types d'appels d'offres, le contenu du dossier d'appel d'offres, l'avis d'appel d'offres, le règlement particulier d'appel d'offres, les règles qui s'appliquent aux offres et la procédure d'attribution du marché.

a.1-Les catégories d'appel d'offres

En droit camerounais des marchés publics, la réalisation d'une opération d'achat public s'effectue suivant divers modes. L'administration peut ainsi recourir pour le choix de son cocontractant à l'appel d'offres national ou international, à l'appel d'offres ouvert ou restreint, à l'appel d'offres sur concours et à l'appel d'offres en deux étapes.

-L'appel d'offres national ou international

Selon le Code des marchés publics, l'appel d'offres est national lorsqu'il s'adresse aux personnes physiques ou morales ayant leur domicile ou leur siège au Cameroun. Ce type d'appel d'offres laisse apparaître en filigrane le concept de préférence nationale dont la finalité est de *« protéger les intérêts économiques nationaux contre le flux de capitaux étrangers »*[210]. La réglementation nationale des marchés publics précise dans ce sens que lors de la passation d'un marché dans le cadre d'une consultation internationale, une marge de préférence est accordée, à offres équivalentes et dans l'ordre des priorités, aux soumissions présentées par une personne physique de nationalité camerounaise ou une personne morale de droit camerounais, une entreprise dont le capital est intégralement ou majoritairement détenu par des personnes de nationalité camerounaise, une personne physique ou une personne morale justifiant d'une activité économique sur le territoire du Cameroun et un groupement d'entreprises associant des entreprises camerounaises[211]. Selon la doctrine, les motivations qui sont à la base du recours à ce procédé sont, entre autres, la volonté de protéger les entreprises locales contre la concurrence étrangère ou lorsque, par leur nature ou leur ampleur, les marchés publics (travaux ou fournitures) ont peu de chances d'intéresser les candidats étrangers, la volonté des pouvoirs publics d'impliquer davantage les entreprises nationales, y compris des petites et moyennes entreprises (PME) ou industries (PMI) dans les marchés publics[212].

Quant à l'appel d'offres international, il désigne un procédé de passation des marchés d'un montant élevé destiné aux entreprises qui se déploient à l'international. Toutefois, les personnes morales ne sont pas les seules destinataires de l'appel d'offres international. Les personnes physiques le sont aussi. Pour être éligibles, toutes ces personnes doivent nécessairement avoir leur domicile ou leur siège social à l'intérieur ou à l'extérieur du territoire

---

[210] Messengue Avom (B.), *La gouvernance des marchés publics au Cameroun, op. cit.*, p. 378.
[211] Article 106 al. 1 du CMP.
[212] Ebanga (Ch. A.), *La passation des marchés publics au Cameroun, op. cit.*, p. 150.

national. Ces deux types d'appels d'offres peuvent être ouverts, restreints, avec concours ou en deux étapes.

-L'appel d'offres ouvert ou restreint

Aux termes de la réglementation nationale relative aux marchés publics, l'appel d'offres est dit ouvert lorsque l'avis public invite tous les candidats intéressés à remettre, dans un intervalle de temps donné, leurs offres. Il s'agit donc d'un procédé de passation des marchés publics *« qui prône et accorde une liberté d'accès des éventuels candidats à la commande publique »*[213]. Il n'y a pas, dans ce cas, de limitation du nombre de destinataires de l'appel d'offres. André De Laubadère parle d'ailleurs de concurrence illimitée[214]. Ainsi, toute personne apte à exécuter le marché peut se porter candidate[215]. La mise en concurrence des potentiels candidats se trouve ainsi pleinement remplie, sans restriction que celles qui tiennent à la qualité et la capacité professionnelle de ceux-ci. On observe que, contrairement à la réglementation antérieure, la réglementation nationale actuelle des marchés publics exclut la préqualification de la procédure d'appel d'offres ouvert. On ignore les raisons de cette exclusion. Quoi qu'il en soit, l'appel d'offres ouvert suppose que tout candidat intéressé est libre de soumettre son offre, le principe étant la large ouverture de la concurrence[216]. Il n'en est pas de même lorsque l'appel d'offres est restreint.

En règle générale, l'appel d'offres restreint désigne la procédure dans laquelle seuls peuvent postuler les candidats agréés par l'administration[217] à l'issue d'une procédure de préqualification participant d'une mise en concurrence restreinte[218]. À cet égard, le CMP précise que l'appel d'offres restreint est précédé d'une préqualification.

Première étape de cette procédure, la préqualification permet à l'administration de présélectionner des candidats sur la base de certains critères. Elle s'effectue pour des prestations de même nature et l'avis y relatif peut concerner un appel d'offres particulier ou un ensemble d'appels d'offres au cours d'une période n'excédant pas six mois[219]. Elle consiste donc à insérer

---

[213] *Ibid.*, p. 147.

[214] De Laubadere (A.), *Traité théorique et pratique des contrats administratifs*, tome 1, *op.cit.*, p. 269, cité par Ebanga (Ch. A.), *La passation des marchés publics au Cameroun, op. cit.*, p. 147.

[215] Lebreton (G.), *Droit administratif général*, 5ᵉ éd., Dalloz, Paris, 2009, p. 297.

[216] Bidja Nkotto (T.), *Les contrats de l'administration au Cameroun, op. cit.*, p. 194.

[217] Lebreton (G.), *Droit administratif général*, 5ᵉ éd., *op. cit.*, p. 297.

[218] Seuls peuvent soumettre une offre les candidats qui ont été autorisés après sélection à participer ultérieurement à la consultation, et qui seront donc destinataires du dossier de consultation des entreprises. V. Delauney (B*), Droit public de la concurrence*, 2ᵉ éd., LGDJ, Paris, 2018, p. 372, cité par Ebanga (Ch. A.), *La passation des marchés publics au Cameroun, op. cit.*, p. 147.

[219] Art. 76 alinéa 2, décret n°2018/366.

un avis d'appel public à manifestation d'intérêt dans des publications habilitées, et qui prévoit les conditions de participation ou les critères de présélection des candidats[220].

Conduite par le maître d'ouvrage ou le maître d'ouvrage délégué, elle débouche sur l'établissement d'une liste restreinte de candidats qui est rendue publique avant le lancement de la consultation. La seconde étape, quant à elle, consiste pour l'administration à adresser des lettres d'invitation à soumissionner aux candidats présélectionnés[221].

L'appel d'offres restreint est obligatoire pour les marchés de prestations intellectuelles, et peut être utilisé pour les travaux ou équipements spécifiques de grande importance ou complexes, ou pour les fournitures de matériels devant être fabriqués sur commande et les services spécialisés.

-L'appel d'offres avec concours

Suivant les dispositions pertinentes de la réglementation des marchés publics, l'appel d'offres avec concours peut être initié lorsque des motifs d'ordre technique, esthétique ou financier justifient des recherches particulières. Ce mode de passation des marchés publics exige de l'administration qu'elle respecte les règles de la mise en concurrence. C'est dans ce sens que certains auteurs, à l'instar de De Laubadère, relèvent que ce mode de passation « *est dominé par un principe fondamental tel que l'on retrouve du reste dans toute technique de concours administratif l'Administration est au moins lié par la stricte obligation de respecter le règlement même du concours* »[222].

Le concours peut ainsi porter sur la conception d'un projet, à la fois sur la conception d'un projet et la réalisation de l'étude y afférente, à la fois sur la conception d'un projet et la réalisation de l'étude y afférente, le suivi et le contrôle de sa réalisation, ou sur la conception et la réalisation du projet lorsqu'il s'agit d'un marché de conception-réalisation[223].

Les prestations pouvant faire l'objet de concours concernent les projets architecturaux, les œuvres artistiques, les domaines de l'aménagement du territoire, de l'urbanisme et les prestations qui font l'objet de marché de conception-réalisation. Le concours s'effectue sur la base d'un programme établi par le maître d'ouvrage qui indique les besoins auxquels doit répondre

---

220 Ebanga (Ch. A.), *La passation des marchés publics au Cameroun*, *op. cit.*, p. 148.

221 Il n'est pas sans intérêt de noter que ces deux phases de la procédure d'appel d'offres restreint sont aussi observées dans le cadre des marchés publics passés par les entreprises publiques.

222 De Laubadère (A), Moderne (F), Delvolvé (P), *Traité des contrats administratifs*, *op. cit.*, p. 643.

223 Pour les marchés des entreprises publiques, cette jonction n'est pas admise et les appels d'offres qu'elles peuvent initier, ne portent que sur la conception d'une œuvre ou d'un projet architectural.

la prestation et fixe le maximum de dépenses prévues pour la réalisation du projet.

Il convient de noter que ce type d'appel d'offres s'effectue essentiellement selon la procédure d'appel d'offres ouvert[224]. Les projets sont examinés par un jury dont les membres justifient de toutes les compétences artistiques et techniques nécessaires pour évaluer dans les meilleures conditions le projet soumis au concours. Le Code prévoit que, lorsque l'appel d'offres avec concours porte sur la conception d'un projet, des primes, des récompenses ou des avantages sont alloués pour les projets les mieux classés et jugés satisfaisants. Les projets primés peuvent devenir en tout ou partie la propriété du maître d'ouvrage, ou alors ce dernier se réserve le droit de faire exécuter tout ou partie des projets primés, moyennant le versement d'une indemnité compensatrice fixée dans le règlement particulier de l'appel d'offres. Ce règlement indique aussi les conditions dans lesquelles les concepteurs des œuvres artistiques seront appelés à coopérer à l'exécution de leur projet primé.

-L'appel d'offres en deux étapes

L'appel d'offres en deux étapes est un mode de passation des marchés publics nouvellement intégré dans la réglementation camerounaise des marchés publics. Cette réglementation s'est ainsi mise en conformité avec les dispositions du Règlement n° 06/09-UEAC-201-CM-2009 portant procédures de passation, d'exécution et règlement des marchés publics de la Communauté, qui a prévu ce mode de passation des marchés publics[225].

Le recours à ce procédé se justifie lorsque le maître d'ouvrage souhaite baser son choix sur les critères de performance, de contrainte d'exploitation et de coût économique en lieu et place de simples spécifications techniques détaillées. En outre, le maître d'ouvrage doit y recourir lorsqu'il peut justifier ne pas être en mesure de définir les moyens de satisfaire ses besoins ou d'évaluer les solutions techniques ou financières disponibles. Pour ce faire, l'autorisation préalable du ministre chargé des marchés publics est requise.

Dans une première étape, le maître d'ouvrage ou le maître d'ouvrage délégué invite, par appel public à candidatures, les candidats à remettre des propositions se rapportant aux caractéristiques techniques, qualitatives ou autres du projet sur la base des principes généraux de conception ou des normes de performance définies dans le dossier d'appel d'offres et sous réserve d'ajustement ultérieur d'ordre technique et/ou commercial. En outre, il est exigé des soumissionnaires de justifier leurs qualifications en fournissant les renseignements demandés. Au cours de cette étape, une discussion sur le

---

[224] Pour les entreprises publiques, il s'effectue selon la procédure d'appel d'offres ouvert ou restreint. V. Art. 59 al. 2, décret n°2018/355 du 12 juin 2018 fixant les règles applicables aux marchés des entreprises publiques.
[225] V. Art. 32.

programme de l'acheteur public peut être engagée entre celui-ci et les soumissionnaires. L'objectif de cette discussion est de recueillir les avis et observations de ces derniers, qui doivent se garder de proposer un prix au cours de cette étape. Par la suite, l'acheteur public transmet le procès-verbal de discussion aux commissions des marchés compétentes.

Au cours de la seconde étape, les candidats sont invités à présenter des propositions techniques définitives assorties de prix sur la base du dossier d'appel à la concurrence établi ou révisé par l'acheteur public, en fonction des informations recueillies au cours de la première étape.

La réglementation nationale des marchés publics indique qu'il est possible pour un soumissionnaire qui ne souhaite pas soumettre une offre définitive de se retirer de la procédure. Dès lors, le maître d'ouvrage ou le maître d'ouvrage délégué a l'obligation de libérer sa caution de soumission. Il lui est aussi reconnu la possibilité de prévoir une rémunération forfaitaire en direction des candidats dont les propositions ont été jugées meilleures.

a.2-Le contenu du dossier d'appel d'offres

Considéré comme une condition de tout appel à la concurrence[226], le dossier d'appel d'offres est un document comprenant divers renseignements nécessaires pour l'élaboration de la soumission, l'attribution du marché et son exécution. Il est élaboré selon le modèle type conçu par l'Agence de régulation des marchés publics (ARMP), et mis en vigueur par le ministre chargé des marchés publics. La teneur de ses éléments constitutifs atteste de la place centrale qu'il occupe dans la procédure de passation des marchés publics. Il comporte notamment l'avis d'appel d'offres, le règlement général de l'offre, le règlement particulier de l'offre, comprenant spécifiquement les critères, les sous-critères ou grilles d'évaluation des offres et les critères minima de qualification des soumissionnaires. Il y a également le cahier des clauses administratives particulières, le cahier des clauses techniques particulières pour les marchés de travaux, les termes de référence pour les marchés de prestation intellectuelle, le cahier des spécifications techniques pour les marchés de fournitures, le cadre du bordereau des prix unitaires, le cadre du détail estimatif comprenant les quantités à exécuter ou le cadre de devis lorsque, pour certains marchés d'études, les quantités doivent être fournies par le soumissionnaire en fonction de la méthodologie de travail envisagé. On relève aussi le cadre du sous-détail des prix ou de décomposition des prix, les formulaires types relatifs principalement à la soumission, aux cautions et, le cas échéant, aux fournitures et leur provenance, les documents techniques ou tout autre document jugé nécessaire par le maître d'ouvrage. À l'observation, ces éléments constitutifs sont non seulement stables, mais ils sont également

226 Messengue Avom (B.), *La gouvernance des marchés publics au Cameroun*, *op. cit.*, p. 78.

prévus dans les réglementations nationales des États, particulièrement ceux de l'Afrique, régissant les marchés publics[227].

S'agissant des consultations internationales, le dossier d'appel d'offres doit indiquer, en fonction de la nature et de la consistance des prestations à réaliser, les clauses fiscales applicables, la liste indicative des impôts, droits et taxes, ainsi que le mode opératoire de mise en œuvre et d'apurement.

a.3-L'avis d'appel d'offres

La procédure d'appel d'offres s'ouvre nécessairement par un avis d'appel public à la concurrence que l'on retrouve dans toutes les procédures comportant une publicité[228]. L'avis d'appel d'offres comporte un certain nombre de mentions. De manière générale, ces mentions, qui figuraient dans le décret de 2004 portant CMP, ont été reconduites dans le décret n° 2018/366. Le seul ajout est le montant de l'enveloppe budgétaire qui a été intégré dans la nomenclature des indications de l'appel d'offres.

Selon la réglementation, l'appel d'offres doit mentionner la référence de l'appel d'offres comprenant le numéro, le type d'appel d'offres, l'identification de la Commission de passation des marchés publics compétente, le cas échéant, du maître d'ouvrage ou du maître d'ouvrage délégué et de l'exercice budgétaire. Il doit également indiquer la date de signature et l'objet, le financement, le montant de l'enveloppe budgétaire, le type d'appel d'offres, le lieu où l'on peut consulter le dossier d'appel d'offres, les conditions d'acquisition du dossier d'appel d'offres, les conditions de rejet des offres, les principaux critères de qualification des soumissionnaires ou d'évaluation des offres, le lieu, la date et les heures limites de dépôt et d'ouverture des offres, le délai pendant lequel les candidats restent engagés par leurs offres, les conditions auxquelles doivent répondre les offres, notamment le montant de la caution de soumission et le nombre maximum de lots dont un soumissionnaire peut-être attributaire en cas d'allotissement.

a.4-Le règlement particulier de l'appel d'offres

Contrairement à l'avis d'appel d'offres qui comporte de nombreuses indications, le règlement particulier d'appel d'offres n'en contient que cinq. Il précise la présentation et la constitution des offres, les conditions de recevabilité ou de rejet des offres, les critères d'évaluation et de qualification, les modes d'attribution du marché, les modalités d'application de la préférence nationale. Il faut noter que, pour les marchés de travaux, de

---

[227] V. dans ce sens, le décret n°2014-1212 du 22 septembre 2014 portant Code des marchés publics au Sénégal ; décret n°2009-156 du 20 mai 2009 portant Code des marchés publics au Congo Brazzaville.

[228] Richer (L.), *Droit des contrats administratifs*, *op. cit.*, p. 468.

fournitures et de services quantifiables, les critères de qualification doivent être objectifs, vérifiables et quantifiables. Pour les marchés de services non quantifiables, à l'instar des prestations intellectuelles, les critères d'évaluation des offres sont basés sur la notation par points et détaillés par des sous-critères d'évaluation. Ceux-ci doivent être objectifs, vérifiables et quantifiables et, autant que possible, qualitatifs.

a.5-Les règles applicables aux offres

Ces règles sont précisées aux articles 88 à 98 du décret n° 2018/366. Elles portent essentiellement sur la publicité et le délai de remise des offres, la recevabilité et le dépouillement des offres et, enfin, sur l'évaluation des offres.

Le droit des marchés publics consacre le principe de transparence, qui *« est une exigence essentielle dans un marché concurrentiel »*[229], et qui participe du droit à l'information des citoyens. Parmi les déclinaisons de ce principe se trouve la publicité.

Aux termes de l'article 88, alinéa 1, du décret n° 2018/355, l'avis d'appel d'offres est publié dans le journal des marchés publics de l'organisme chargé de la régulation des marchés publics, qui dispose d'un délai de vingt-quatre heures, à compter de sa réception, pour le publier. Cependant, d'autres moyens de publicité de l'avis d'appel d'offres sont prévus par la réglementation. En effet, la publicité des avis peut être faite dans d'autres organes à grand tirage, ou à travers le communiqué radio, la presse disponible en kiosque, dans la presse spécialisée ou par voie d'affichage. Tous ces moyens qui devraient être utilisés en sus en principe sont autant sollicités que le Journal des marchés.

S'agissant du délai de remise des offres, ils ont été réduits par rapport aux délais prescrits dans l'ancien Code des marchés publics. Ainsi, les soumissionnaires sont tenus de remettre leurs offres suivant les délais qui varient entre vingt-cinq jours et cinquante jours[230]. L'ancien Code prévoyait des délais, variant entre trente et soixante jours[231]. Tel n'est pas le cas en matière d'urgence dont les délais de remise des offres par les soumissionnaires fixés dans l'ancienne réglementation ont été reconduits. Le délai est de vingt jours ouvrables pour les prestations de moindre envergure, en cas d'urgence manifeste ou pour les demandes de cotation. Pour les appels d'offres internationaux ou pour les projets complexes ou de grande envergure, le délai est de quatre-vingt-dix jours[232].

Face à l'aménagement de tous ces délais, Ebanga pense que *« le législateur de 2018 s'inscrit davantage dans une logique de rationalisation des délais de*

[229] Beyegue Bouloumegue (E. Gh.), « La réforme des marchés publics », *op. cit.*, p. 266.
[230] Art. 89 alinéa 1, décret n°2018/366.
[231] V. Art. 21 du décret n°2004/275 du 24 septembre 2004 portant Code des marchés publics.
[232] Art. 89 alinéa 2, décret n°2018/366.

principe de remise des offres, par rapport à son homologue de 2004 »[233]. Cette rationalisation participe de son souci de simplifier les procédures dans l'intérêt non seulement de l'administration contractante, mais aussi des soumissionnaires, dans un contexte marqué par la dématérialisation des procédures, qui s'impose de plus en plus dans les services publics[234].

Il convient aussi de souligner que tout soumissionnaire est tenu de produire, en accompagnement à son offre, un certain nombre de pièces. Il s'agit, entre autres, des documents fournissant les renseignements sur son identification, sa localisation et la preuve qu'il est en activité. Il devra aussi produire une copie de l'acte donnant pouvoir d'engager la société, l'attestation de non-faillite délivrée par une autorité compétente, l'attestation délivrée par l'organisme chargé de la régulation des marchés publics, certifiant que le soumissionnaire n'est pas frappé d'aucune interdiction. Il devra également produire un cautionnement de soumission, le quitus des autorités compétentes pour l'acquittement des impôts, taxes, droits, contributions, cotisation, redevance ou prélèvement de quelque nature que ce soit, le quitus social délivré par l'administration chargée de la prévoyance sociale et le certificat de catégorisation.

Il faut noter que si le délai de validité du cautionnement, qui doit excéder de trente jours celui des offres, a été reconduit dans le Code de 2018, dont l'une des originalités tient au fait qu'il indique que les offres sont restituées dès la publication des résultats, à l'exception des offres retenues ; celles-ci devant être remplacées par le cautionnement définitif. Ce cautionnement est celui qui est déposé par le titulaire du marché pour garantir sa solvabilité à l'occasion des responsabilités qu'il pourrait encourir du fait d'une mauvaise exécution du marché de sa part[235]. Le cautionnement de soumission peut être remplacé par la garantie d'une caution. Il s'agit là, selon De Laubadère, d'*« une formule de garantie plus souple que le cautionnement, permettant d'éviter l'immobilisme des capitaux et donnant en même temps satisfaction à l'État »*[236]. En outre, les petites et moyennes entreprises à capitaux, les dirigeants nationaux ainsi que les organisations de la société civile peuvent produire, à la place du cautionnement de soumission, soit un chèque certifié, soit un chèque de banque, soit une hypothèque légale, soit une caution d'un établissement bancaire ou d'un organisme financier agréé. Par ailleurs, le cautionnement de soumission peut être remplacé par les chèques certifiés ou les chèques-banques pour les prestations relevant des lettres de commande.

S'agissant de la recevabilité des offres, le Code de 2018 n'a pas innové fondamentalement sur ce point. Il a repris la procédure de recevabilité

---

233 Ebanga (Ch. A.), *La passation des marchés publics au Cameroun*, *op.cit.*, p. 211.
234 *Ibid.*
235 V. De Laubadere (A), *Traité des contrats administratifs*, Tome 1, LGDJ, Paris, 1955, p. 294.
236 *Ibid.*

prescrite par le Code de 2004. Ainsi, les pièces administratives, l'offre technique et l'offre financière doivent être placées dans des enveloppes différentes séparées et remises sous pli. Adressées au maître d'ouvrage, ces enveloppes doivent nécessairement porter le numéro et l'objet de l'appel d'offres et ne doivent donner aucune indication sur l'identité du soumissionnaire. Les plis contenant les offres doivent être déposés contre récépissé au lieu indiqué dans l'avis d'appel d'offres. Ils doivent, par ailleurs, être revêtus d'un numéro d'ordre, de l'indication de la date, de l'heure de remise et être enregistrés dans l'ordre d'arrivée sur un registre spécial édité par l'organisme chargé des marchés publics ; et ils doivent rester scellés jusqu'au moment de leur ouverture. L'irrecevabilité est formellement de mise à l'encontre des plis parvenus postérieurement aux dates et heures limites du dépôt.

Après la réception des offres à l'heure indiquée dans l'avis d'appel d'offres, celles-ci doivent être dépouillées. D'emblée, l'ouverture de la séance de dépouillement doit se faire au plus tard une heure après cette limite de réception des offres fixée dans le dossier d'appel d'offres. La réglementation impose au Président de la commission de passation des marchés de s'assurer que les plis sont fermés et cachetés. Il procède à leur ouverture, puis vérifie sommairement les pièces administratives produites par les soumissionnaires et paraphe les originaux des offres et les pièces administratives. Il donne ou fait donner publiquement lecture des pièces administratives et des principaux éléments des offres, notamment les délais, le montant des offres financières et les rabais consentis. La participation à la séance d'ouverture des plis est restreinte aux représentants des soumissionnaires dont le nombre est limité à un, même en cas de regroupement d'entreprises. Un procès-verbal d'ouverture des plis est établi séance tenante. Il mentionne la recevabilité des offres, leur régularité administrative, leurs prix, leurs rabais et leurs délais. Une copie de l'extrait dudit procès-verbal, à laquelle est annexée la liste de présence signée par tous les participants, est remise à chaque soumissionnaire à sa demande. Ledit procès-verbal de séance d'ouverture des plis par la commission de passation des marchés indique, le cas échéant, la composition de la sous-commission d'analyse.

Il faut noter que le président de commission de passation des marchés veille à la conservation de l'original de toutes les offres reçues. Il certifie une copie des offres des soumissionnaires qui seront mises à la disposition de l'organisme chargé de la régulation des marchés publics à la fin de la séance de dépouillement. Le Code précise, en outre, qu'une offre financière scellée est transmise audit organisme s'agissant des offres ouvertes en deux temps. Un délai de quarante-huit heures est accordé aux soumissionnaires dont le dossier administratif comporte une pièce non conforme ou absente pour la remplacer ou la produire. Toutefois, les soumissionnaires invités à remplacer ou à produire les pièces non conformes ou manquantes ne peuvent le faire que si, à l'ouverture, ils ont versé une caution de soumission. Dans le cas contraire, leurs offres seront rejetées. À l'issue du dépouillement, toutes les offres, y compris celles qui ont fait l'objet de rejet, sont confiées à une sous-commission d'analyse[237] mise en place par la commission des marchés.

En ce qui concerne l'évaluation des offres, il s'agit d'une analyse desdites offres afin de déterminer celle d'entre elles qui sera retenue par la commission compétente pour la passation du marché. Elle se fait sur la base de critères préalablement déterminés et portés à la connaissance des candidats à travers le document de la consultation ou le dossier d'appel public à candidature[238]. Cette évaluation est faite par la sous-commission d'analyse composée d'un président et de membres choisis, de préférence sur la liste des experts agréés par l'organisme chargé de la régulation des marchés publics, sur la base de leurs compétences et expériences dans le domaine concerné par l'appel d'offres, et compte tenu de leur disponibilité. Ils doivent être de bonne moralité, avoir une bonne maîtrise des procédures, de la réglementation des marchés publics et disposer de compétences techniques avérées dans le domaine concerné. Ils doivent s'abstenir de toute action de nature à compromettre leur objectivité et n'avoir aucun intérêt financier, personnel ou de toute autre, lié au marché concerné[239].

À la lecture du décret n° 2018/366, l'entame de la procédure d'évaluation des offres donne l'occasion à la sous-commission d'analyse de déterminer au préalable si les soumissionnaires sont éligibles et si leurs offres sont complètes et substantiellement conformes aux prescriptions du dossier d'appel d'offres. L'éligibilité est déterminée à partir d'une approche multicritère[240] permettant au *« Maître d'ouvrage de sélectionner l'offre qu'il estime la plus gratifiante ou favorable pour satisfaire son besoin »*[241]. Ainsi,

« le jugement des offres dans l'achat public est fait sur la base d'exigences ou des modalités prescrites par la personne publique, notamment : les critères. Ainsi, dans le cadre de la passation des marchés publics, le critère donne la possibilité à l'acheteur public en présence de plusieurs offres concurrentes d'analyser et de juger, celle économiquement la plus avantageuse. Ce qui ne consiste pas forcément de déterminer l'offre la moins chère. Car, quoique le critère prix soit l'unique critère de sélection des offres, il n'en demeure pas moins qu'il est parfois combiné à une multiplicité de critères »[242].

[237] Cette sous-commission comprend au moins trois membres, dont un représentant du maître d'ouvrage ou du maître d'ouvrage délégué. V art. 92 al. 9, du décret n°2018/366.
[238] Ebanga (Ch. A.), *La passation des marchés publics au Cameroun*, *op.cit.*, p. 290.
[239] Art. 94 al. 3, décret n°2018/366.
[240] V. Art. 73 al. 1, décret n°2018/366.
[241] Ebanga (Ch. A.), *La passation des marchés publics au Cameroun*, *op .cit.*, p. 290.
[242] *Ibid.*, p. 291.

Après la détermination de l'éligibilité des soumissionnaires, la sous-commission procède à une évaluation détaillée des offres jugées conformes ou répondant à toutes les stipulations et conditions du dossier de consultation, en appliquant exclusivement les critères portés à la connaissance des candidats dans le dossier d'appel d'offres ou par publication.

Le président de la commission de passation des marchés peut, sur proposition de la sous-commission d'analyse, demander aux soumissionnaires ou aux administrations ou organismes compétents, des éclaircissements sur les offres. Ces éclaircissements demandés et fournis par écrit ne peuvent, en aucune façon, avoir pour effet de modifier les éléments de l'offre en vue de la rendre plus compétitive. Le délai de réponse accordé à ces demandes ne peut excéder sept jours. Ces demandes ainsi que les réponses reçues font l'objet d'une note de synthèse qui est annexée au rapport d'analyse.

Lorsque surviennent des manœuvres frauduleuses, des falsifications des pièces ou de fausses déclarations dont se seront rendus coupables les soumissionnaires, celles-ci entraînent l'élimination de l'offre. Il est reconnu aux soumissionnaires la possibilité de proposer, en plus de l'offre de base, des variantes lorsqu'elles sont demandées ou lorsque la possibilité leur est offerte de manière explicite dans le dossier d'appel d'offres. Cet appel doit d'ailleurs préciser de manière claire la façon dont les variantes doivent être prises en considération pour le jugement des offres.

Au terme de ses travaux, la sous-commission d'analyse établit un rapport d'analyse qu'elle soumet à la commission de passation des marchés ; ledit rapport, qui fait l'objet d'un document unique, paraphé et signé de tous les membres de la sous-commission, est présenté à la commission de passation des marchés par le président de la sous-commission d'analyse ou un membre mandaté par lui. Une fois cette phase terminée, l'on procède à l'attribution du marché.

a.6-L'attribution des marchés publics sur appel d'offres

La procédure d'attribution des marchés publics est l'ultime phase de passation des marchés publics. Après la phase de sélection, l'administration, représentée par le maître d'ouvrage ou le maître d'ouvrage délégué, doit nécessairement attribuer le marché au soumissionnaire dont l'offre aura été jugée la plus avantageuse. Ce mécanisme, qui permet de garantir les intérêts financiers de l'administration[243], doit se faire dans le respect des principes de publicité et de transparence. En somme, le marché est attribué au terme d'une procédure comportant plusieurs étapes[244]. Selon le type de marché, le contrat

243 De Laubadere (A), *Traité des contrats administratifs*, Tome 1, *op. cit.*, p. 296.
244 Pouyaud (D.), La nullité des contrats administratifs, LGDJ, Paris, 1991, 598 p.

est attribué soit à l'offre évaluée la plus basse, soit à celle évaluée la plus haute.

Dans le premier cas, il s'agit des marchés de travaux, de fournitures et de services quantifiables. Ainsi, l'attribution de ces marchés se fait au soumissionnaire ayant présenté une offre remplissant certes les critères de qualification technique et financière, mais dont l'offre est évaluée la moins-disant[245]. À travers le critère du moins-disant, l'administration recherche le meilleur achat possible au moindre coût. Elle lui permet d'adjuger le marché au soumissionnaire qui a proposé une offre dont le prix est relativement bas, sans que la qualité en pâtisse pour autant. L'application de ce critère aux marchés des travaux constitue tout de même une sorte d'épée de Damoclès [246] sur la tête de l'administration attributrice et celle du soumissionnaire attributaire, en ce sens que bien qu'il permette à l'administration de contracter les marchés publics à un coût financier abordable, l'assurance d'un équipement ou d'un ouvrage durable et de qualité n'est pas garantie[247]. Et on le constate dans bien de cas.

Quant au critère du mieux-disant, il vise à permettre aux pouvoirs adjudicateurs de retenir une méthode d'achat qui encourage la sélection du meilleur rapport qualité/prix[248]. Cette méthode conduit à la promotion de l'offre économiquement la plus avantageuse[249]. Ainsi, selon Marc Deschamps et Patrice Reis, *« il s'agit pour l'acheteur de réaliser le meilleur achat et non pas de réaliser forcément l'achat le moins coûteux, susceptible parfois, de devenir à terme le plus disant »*[250]. L'offre la mieux-disante est donc celle qui correspond le mieux aux besoins exprimés par l'acheteur public dans son cahier de charges et dans l'avis d'appel public à la concurrence[251].

Le droit camerounais des marchés publics prévoit que ce critère du mieux-disant s'applique aux marchés de services non quantifiables, y compris les prestations intellectuelles et aux marchés passés à la suite d'un appel d'offres avec concours[252].

Il ressort de ce qui précède que le critère du moins-disant et celui du mieux-disant sont antinomiques dans leur conception et dans leur mise en œuvre. Il convient de noter que, lorsque l'objet d'un marché public porte sur des

---

[245] Art. 99 (a), décret n°2018/366.

[246] Ebanga (Ch. A), *La passation des marchés publics au Cameroun, op.cit.*, p. 339.

[247] *Ibid.*, p. 339.

[248] Deschamps (M.) et Reis (P.), « *Système d'enchères et marchés publics : du moins disant au mieux disant* », www.archives-ouvertes.fr, 28 octobre 2012, p.

[249] Sur cette notion voir Lajoye (C.), *Droit des marchés publics*, 6e édition, Paris, Gualino, Lextenso, 2017, p. 261.

[250] Deschamps (M.) et Reis (P.), « *Système d'enchères et marchés publics : du moins disant au mieux disant* », *op. cit.*, p. 8.

[251] *Ibid.*

[252] Art. 99 (b) du décret n° 2018/366.

prestations de différentes natures, la nature de ce marché est déterminée par celle des prestations dont le montant est prépondérant. Le Code précise que, pour les marchés de travaux de faible envergure, exécutables par les très petites entreprises et les petites et moyennes entreprises nationales, les critères d'attribution doivent prendre en compte la performance antérieure du soumissionnaire pour les prestations similaires et sa localisation. Le CMP précise le délai au cours duquel le maître d'ouvrage ou le maître d'ouvrage délégué est tenu de notifier à l'attributaire la décision matérialisant l'attribution du marché. Il est de soixante-douze heures[253] à compter de la signature du marché. L'imprécision d'un tel délai dans le Code antérieur était une source de lenteurs, car la notification était faite, assez souvent, plusieurs jours après la signature du marché. Le Code prescrit au maître d'ouvrage ou au maître d'ouvrage délégué un délai de cinq jours, à compter de la date de réception de la proposition d'attribution finale de la commission des marchés compétente, pour signer la décision d'attribution du marché et publier les résultats y relatifs dans le Journal des marchés publics de l'organisme en charge de la régulation des marchés publics, sauf si la procédure d'attribution est suspendue.

L'attributaire du marché dispose d'un délai de quinze jours ouvrables, à compter de sa réception, pour souscrire le marché ou la lettre commande. Lorsque le délai est passé, le maître d'ouvrage ou le maître d'ouvrage délégué se réserve le droit d'annuler la décision d'attribution, après mise en demeure de l'attributaire restée sans suite. Dans ce cas, la caution de soumission est saisie et le marché est attribué au candidat classé en seconde position[254]. Un délai de quinze jours est accordé aux soumissionnaires non retenus pour le retrait de leurs offres. Les offres non retirées dans ce délai peuvent être détruites sans qu'il y ait lieu à réclamation.

Il convient de relever qu'un appel d'offres peut être annulé par le maître d'ouvrage ou le maître d'ouvrage délégué sans qu'il y ait lieu à réclamation. Cependant, lorsque les offres sont déjà ouvertes, cette annulation est subordonnée à l'accord de l'autorité chargée des marchés publics. Le maître d'ouvrage ou le maître d'ouvrage délégué notifie sa décision d'annulation au président de la commission de passation des marchés, compétente, avec copie à l'organisme chargé de la régulation des marchés publics et au ministre chargé des marchés publics. Cette décision d'annulation fait l'objet d'une publication au Journal des marchés publics.

Le code précise aussi les conditions dans lesquelles un appel d'offres peut être déclaré infructueux. Il en est ainsi lorsqu'aucune offre n'a pas été enregistrée ou lorsqu'à l'issue du dépouillement, il n'est enregistré aucune

[253] Art. 101 al. 1, décret n°2018/366.
[254] Art. 101 al. 4, décret n°2018/366.

offre conforme aux prescriptions du dossier d'appel d'offres, ou encore si aucune offre financière n'est compatible avec les financements disponibles[255].

Après l'attribution du marché, celui-ci doit être signé et notifié : *« il prend effet à ce moment, sans qu'aucun commencement d'exécution soit possible avant »*[256]. Le maître d'ouvrage ou le maître d'ouvrage délégué dispose d'un délai de cinq jours[257] pour la signature du marché. Ce délai est désormais de cinq jours[258]. L'étroitesse de ce délai participe de la volonté de l'administration de lever des entraves à la procédure d'appel d'offres[259]. Enfin, le maître d'ouvrage ou le maître d'ouvrage délégué dispose d'un délai de cinq jours pour notifier le marché à l'attributaire. Qu'en est-il de la demande de cotation, cet autre procédé concurrentiel de passation des marchés publics ?

b. La demande de cotation

Il s'agit d'une procédure simplifiée de consultation d'entreprises ou d'organismes de la société civile pour la passation de certaines lettres-commandes ne nécessitant pas la proposition par le soumissionnaire d'une méthodologie d'exécution et dont la vérification de la conformité aux spécifications techniques ne requiert pas une évaluation en sous-commission d'analyse[260].

Les prestations susceptibles de faire l'objet de demande de cotation sont précisées par le CMP. Ces prestations sont les suivantes : les fournitures, les consommables et les matériels divers, le mobilier, l'outillage et le petit équipement, les matériels informatiques, le matériel roulant léger, l'entretien courant des édifices publics et des petits ouvrages, les travaux de cantonnage routier, notamment le débroussaillage, le désherbage, le curage des ouvrages et caniveaux et l'enlèvement des ordures, le traitement des points critiques des routes en terre ou revêtues, la fabrication des points critiques des routes, la fabrication et/ou la pose des pavés dans le cadre des travaux à haute intensité de main-d'œuvre, les services quantifiables, dont ceux de gardiennage, d'entretien des espaces verts[261]. Ce procédé simplifié ne concerne pas uniquement les matières sus-énumérées[262].

---

[255] Art. 106, décret n°2018/366.

[256] Richer (L.), *Droit des contrats administratifs*, *op.cit.*, p. 480.

[257] L'article 38 al. 1 du décret n° 2004/275 du 24 septembre 2004 portant Code des marchés publics fixait ce délai à 7 jours.

[258] L'article 38 al. 1 du décret n° 2004/275 du 24 septembre 2004 portant Code des marchés publics fixait ce délai à 7 jours.

[259] V. dans ce sens Messengue Avom (B.), *La gouvernance des marchés publics au Cameroun*, *op.cit.*, p. 78.

[260] Art. 112 al. 1 du décret n° 2018/366.

[261] Art. 112 al. 2 du décret n° 2018/366.

[262] Pour ce qui est des entreprises publiques, d'autres matières éligibles à la demande de cotation peuvent être précisées par le conseil d'administration. V. Art. 66 al. 2, décret n°2018/355, du 12 juin 2018 fixant les règles communes applicables aux marchés des entreprises publiques.

À la lecture de l'arrêté n° 023/CAB/PM du 2 février 2011 fixant les modalités d'application de la demande de cotation, il en ressort que cette procédure s'effectue par la mise en concurrence des candidats à travers l'avis public de candidatures d'entreprises[263].

La consultation est ouverte aux prestataires exerçant dans le secteur concerné et répondant aux critères de qualification indiqués dans le dossier de demande de cotation. Les demandes de cotation sont préparées par le maître d'ouvrage sur la base des documents types élaborés par l'ARMP. Les offres de prix sont établies sur la base du descriptif technique et du bordereau quantitatif prescrit par le maître d'ouvrage. Les offres sont reçues par le maître d'ouvrage et transmises à la Commission de passation des marchés pour dépouillement, vérification de la conformité des spécifications techniques et comparaison. La commission propose l'attribution au soumissionnaire dont l'offre est entièrement conforme aux exigences administratives et aux prescriptions du descriptif technique et celle qui est en même temps la moins-disante. Le maître d'ouvrage décide de l'attribution et publie le résultat.

Dans le registre des procédures concurrentielles simplifiées figure également le recrutement des consultants individuels.

c. Le recrutement des consultants individuels

Les consultants individuels sont des personnes physiques recrutées par un maître d'ouvrage ou un maître d'ouvrage délégué en raison de leurs compétences pour la réalisation des prestations intellectuelles ne nécessitant pas le recours à une équipe pluridisciplinaire[264]. Les consultants individuels sont dès lors choisis en fonction de leur qualification, eu égard à la nature de la mission[265]. Le Code ne précise pas le montant plafond des prestations du consultant individuel[266].

Les consultants individuels sont sélectionnés par comparaison des qualifications de ceux qui se sont déclarés intéressés par la mission à la suite de la sollicitation à manifestation d'intérêt définissant les conditions de recrutement. Il est exigé d'eux, pour être choisis, de posséder toutes les qualifications minima pertinentes. Ceux qui sont sélectionnés pour le recrutement doivent être les mieux qualifiés et capables de mener à bien la mission. L'évaluation de leurs capacités contenues dans les curricula vitae se fait sur la base de leurs diplômes, de leur expérience antérieure et, s'il y a lieu, de leur connaissance du contexte local. Le rapport de préqualification faisant

---

[263] V. Art. 32.

[264] Art. 117 al. 1 du décret n° 2018/366.

[265] Article 117 al. 2 du décret n° 2018/366.

[266] Par contre, pour ce qui est entreprises publiques, le montant des prestations du Consultant individuel ne peut excéder cinquante millions de francs, sauf dérogation du Conseil d'Administration. V. Art.70 al 2, décret n°2018/355 du 12 juin 2018.

ressortir le classement des candidats par ordre de mérite est rédigé par le maître d'ouvrage. Ce rapport et le projet de marché sont transmis à la Commission des marchés qui est compétente pour adoption. Dès l'adoption du rapport visé à l'alinéa 4 ci-dessus, le maître d'ouvrage transmet au candidat classé comme le meilleur, les termes de référence de la mission et sollicite sa proposition financière en vue d'engager les négociations sur la méthodologie de travail et éventuellement sur les prix unitaires. Au cas où les négociations se révèlent insatisfaisantes, le maître d'ouvrage invite le prochain candidat qualifié de la liste à la négociation. Le recrutement des consultants individuels relève du seuil des lettres de commandes. Une mission de consultation ne peut être confiée à un consultant susceptible de se trouver en situation de conflit d'intérêts[267]. Il existe également des modes non concurrentiels de passation des marchés publics.

2. Les modes non concurrentiels de passation des marchés publics

La mise en concurrence des candidats dans le cadre de la passation des marchés publics n'est pas l'unique moyen dont se sert l'administration pour choisir ses cocontractants. Elle peut aussi avoir recours, de façon dérogatoire ou exceptionnelle, aux procédés non concurrentiels ou négociés, car en matière d'appel d'offres, le principe est l'interdiction de négocier[268]. On parle de procédure négociée lorsque l'administration échange avec un ou plusieurs opérateurs économiques sur les conditions du marché à conclure. Au nombre de ces procédures non concurrentielles figurent le marché de gré à gré (a) et les marchés spéciaux (b).

a. Le marché de gré à gré

Le marché de gré à gré est celui dans lequel *« l'administration reste finalement libre de choisir son cocontractant »*[269]. C'est en effet un marché par entente directe[270] entre l'administration et son cocontractant. La première dispose ainsi de *« la pleine liberté dans le choix de l'entrepreneur ou du fournisseur »*[271]. Dans de nombreux marchés s'opérant par le biais de ce mécanisme, le candidat est connu à l'avance[272].

---

[267] V. article117 al 3 à 7 du décret n° 2018/366. Les règles de sélection des consultants individuels dans le cadre des marchés des entreprises publiques et ceux des personnes publiques sont sensiblement identiques.

[268] Richer (L.), *Droit des contrats administratifs*, *op.cit.*, p. 490.

[269] De Laubadere (A), *Traité des contrats administratifs*, Tome 1, *op. cit.*, p. 308.

[270] Owona (J.), *Droit administratif spécial de la République du Cameroun*, Edicef, Paris, 1985, p. 148, cité par Messengue Avom (B.), *La gouvernance des marchés publics au Cameroun*, *op. cit.*, p. 105.

[271] Owona (J), *Droit administratif spécial de la République du Cameroun*, *op. cit.*, p. 149.

[272] Messengue Avom (B.), *La gouvernance des marchés publics au Cameroun*, *op. cit.*, p. 106.

Selon la réglementation camerounaise des marchés publics, un marché est dit de gré à gré lorsqu'il est passé sans appel d'offres, après autorisation préalable de l'autorité chargée des marchés publics et selon la procédure décrite aux articles 110 et 111 du Code des marchés publics[273]. Ainsi, après l'autorisation préalable de l'autorité des marchés publics, le maître d'ouvrage procède à la consultation d'au moins trois sociétés, sans obligation de publicité, parmi lesquelles il en choisit une, selon des conditions déterminées, directement si le marché ne relève pas de la compétence de la commission des marchés publics ; et s'il en relève, il le fait sous le contrôle restreint de la commission des marchés compétente[274].

Comme ses devanciers, le Code des marchés publics précise les cas dans lesquels peut être passé un marché de gré à gré[275]. Il ressort des dispositions de l'article 109 dudit Code, qui énumère ces cas, que plusieurs justifications président à la mise en mouvement d'un marché de gré à gré : l'urgence, la spécialisation de la prestation, la défaillance des entrepreneurs ou encore des circonstances imprévue ou extérieure aux parties.

De façon détaillée, le processus est le suivant : le maître d'ouvrage ou le maître d'ouvrage délégué, dans une demande motivée, sollicite de l'autorité des marchés publics une autorisation de recourir au marché de gré à gré. Ladite demande est examinée par l'autorité qui notifie ensuite sa réponse[276]. En cas d'accord de l'autorité chargée des marchés, le maître d'ouvrage ou le maître d'ouvrage délégué procède à la consultation directe d'au moins trois sociétés, sans obligation de publicité. On s'accorde à reconnaître qu'il s'agit d'une méthode qui « *minimalise la concurrence du fait du nombre de candidats informé au préalable de la situation* »[277]. Après la consultation des

---

[273] Art. 108 du décret n°2018/366 du 20 juin 2018.

[274] Bidja Nkotto (T.), *Les contrats de l'administration au Cameroun, op. cit.*, p. 211.

[275] L'article 109 du Code des marchés publics énumère ces cas :

a) pour les besoins ne pouvant être satisfaits que par une prestation nécessitant l'emploi d'un brevet d'invention, d'un procédé, d'un savoir-faire, d'une licence ou de droits exclusifs détenus par un seul entrepreneur, un seul prestataire ou un seul fournisseur

b) pour le remplacement, en cas d'urgence, d'entrepreneurs ou de fournisseurs défaillants

c) pour les travaux de fournitures ou de services et de prestations intellectuelles qui, dans le cas d'urgence impérieuse motivée par un cas de force majeure, ne peuvent subir les délais d'une procédure d'appel d'offres

d) pour des fournitures, services ou travaux qui complètent ceux ayant fait l'objet d'un premier marché exécuté par le même titulaire, à la condition que le marché initial ait été passé selon la procédure d'appel d'offres et que le marché complémentaire qui en découle ne porte que sur des fournitures, services ou travaux qui ne figurent pas dans le marché initial conclu, mais qui sont rendus nécessaires, à la suite d'une circonstance imprévue et extérieure aux parties et que ces fournitures, services ou travaux ne peuvent être techniquement ou économiquement séparés du marché principal.

[276] Dans le cadre des marchés des entreprises publiques, le Maître d'Ouvrage doit solliciter l'autorisation du Conseil d'administration.

[277] Evina (J. M.), *La passation des marchés publics en urgence, op. cit.*, p. 95.

soumissionnaires, le maître d'ouvrage doit produire un dossier de consultation. Ce dossier ainsi que les offres des soumissionnaires et l'autorisation de gré à gré doivent être soumis à la commission de passation des marchés pour examen, si le marché relève de sa compétence. Celle-ci dispose d'un délai de 7 jours ouvrables pour formuler sa proposition d'attribution. Le maître d'ouvrage dispose de 30 ou 45 jours, selon le type de marché, pour signer et notifier le marché. Avant l'attribution définitive du marché, le candidat retenu doit impérativement fournir un dossier administratif.

Au demeurant, même s'il est soumis à une procédure distincte de celle de l'appel d'offres, le marché de gré à gré n'échappe pas au respect des règles *minima* de légalité et de responsabilité administratives. Aussi, le choix du marché de gré à gré en violation de ces deux principes est susceptible de recours pour excès de pouvoir ou en responsabilité ; et l'on ne peut exclure des poursuites pénales à l'encontre du maître d'ouvrage ou du maître d'ouvrage délégué, voire de l'attributaire, *« car, l'achat public est une matière pénalisée »*[278]. Le droit camerounais des marchés publics prévoit aussi les marchés spéciaux qui échappent en partie ou en totalité aux règles relatives à l'appel d'offres ou aux marchés de gré à gré.

b. Les marchés spéciaux

D'après le CMP, *« Les marchés spéciaux sont des marchés qui ne répondent pas, pour tout ou partie, aux dispositions relatives aux marchés sur appel d'offres ou aux marchés de gré à gré »*[279]. Cette conception des marchés publics n'est pas très éloignée de celle proposée par Joseph Owona pour qui *« les marchés dits spéciaux dérogent aux règles d'appel public à la concurrence et même à l'égalité des soumissionnaires des marchés publics »*[280].

Il se dégage de ce qui précède que les marchés spéciaux ne sont pas soumis, théoriquement, au principe de concurrence qui demeure encore aujourd'hui une règle essentielle de la commande publique. De même qu'ils ne sont pas non plus soumis au principe de transparence[281]. Ils concernent les acquisitions d'équipements, de fournitures ou de prestations directement liées à la défense nationale, à la sécurité et les marchés pour lesquels les intérêts stratégiques de l'État sont en jeu[282]. Ils sont en quelque sorte frappés du sceau du secret, en ce sens que certains d'entre eux, comme les marchés de la défense nationale ou

[278] Ebanga (Ch. A.), *La passation des marchés publics au Cameroun, op. cit.*, p. 189.
[279] Art. 71, al. 1, décret n°2018/366 du 20 juin 2018.
[280] Owona (J.), *Droit administratif spécial de la République du Cameroun, op. cit.*, p. 151.
[281] Dans ce sens, Thomas Bidja Nkotto souligne que *« la transparence n'est pas de mise dans les marchés spéciaux de la défense et de la sécurité nationale, mais on peut constater que certaines grandes fortunes au Cameroun se réclament des marchés de la défense nationale »*, Bidja Nkotto (Th.), *Les contrats de l'administration au Cameroun, op. cit.*, p. 215.
[282] Art. 71 al. 3, décret n°2018/366 du 20 juin 2018.

ceux relatifs à la sécurité de l'État, comportent des clauses secrètes pour des raisons de sécurité et d'intérêts stratégiques de l'État. Ils échappent, de ce fait, à l'examen de toute commission des marchés publics.

Il convient de relever que ces marchés sont conclus « *sous l'égide d'une procédure plus expéditive et accélérée (...)* »[283]. Leur passation déroge aux autres formalités de passation[284]. Ils sont conclus après l'autorisation préalable du Président de la République[285]. Hormis ces marchés spéciaux, qui ne font en principe l'objet d'aucun contrôle[286], les autres marchés publics sont, pour l'essentiel, soumis à une expertise indépendante.

C. L'expertise indépendante

Dans le but d'éviter ou de combattre le favoritisme et la corruption dans la conclusion, et aussi l'exécution des marchés publics, il a été institué deux organes indépendants de contrôle : l'un intervient avant et pendant la passation des marchés, tandis que l'autre intervient après la passation et l'exécution des marchés. Ces deux organes participent de ce que l'on peut appeler « l'expertise indépendante ». Ce sont, d'une part, l'observateur indépendant, et d'autre part, l'auditeur indépendant.

1. L'observateur indépendant

Considéré comme *« un acteur important du système des marchés publics »*[287], l'observateur indépendant est une personne physique ou morale recrutée par voie d'appel d'offres par l'organisme chargé de la régulation des marchés publics afin de veiller au respect de la réglementation, aux règles de transparence et aux principes d'équité dans le processus de passation des marchés publics[288]. Son instauration participe du *« souci d'équilibrer les relations entre l'autorité des marchés et l'organe de régulation »*[289].

Son recrutement par l'organisme chargé de la régulation des marchés publics n'est pas de nature à entamer son indépendance et son impartialité, même s'il est appelé à transmettre à ce dernier, ainsi qu'à l'autorité des marchés publics, au maître d'ouvrage ou maître d'ouvrage délégué et au président de la commission de passation des marchés, le résultat de son

---

[283] Owona (J.), *Droit administratif spécial de la République du Cameroun*, *op.cit.*, p. 151.
[284] *Ibid.*
[285] Article71 al. 4 du décret n°2018/366.
[286] Toutefois, des poursuites pénales peuvent être engagées contre le maître d'ouvrage et/ou toute personne ou autorité publique ou privée qui aurait, d'une façon ou d'une autre, détourné ou contribué au détournement des fonds publics destinés au règlement desdits marchés.
[287] Nola (B. Y.), « La hiérarchisation des acteurs publics des marchés publics en droit positif camerounais », *RADP*, Volume 3, n°13, juillet — décembre 2018, p. 98.
[288] Art. 42, al. 1, décret n°2018/366 du 20 juin 2018.
[289] Bataki Wembou (M.), *La passation des marchés publics au Cameroun, entre stabilité et instabilité*, *op. cit.*, p. 49.

observation à travers la production d'un rapport détaillé des travaux de la commission de passation des marchés ou ceux de la sous-commission d'analyse auxquels il a pris part.

L'observateur indépendant assiste aux séances desdites commissions pour les marchés relatifs aux appels d'offres dont le montant cumulé des lots est supérieur ou égal à cinquante millions de francs CFA[290]. Sa mission consiste à évaluer le processus de passation des marchés publics en signalant à chaque étape les manquements au respect de la réglementation, aux règles de transparence et aux principes d'équité. Il est aussi appelé à signaler les pratiques contraires à la bonne gouvernance dans ce processus, notamment dans les cas de trafic d'influence, de conflit d'intérêts ou de délit d'initié. Pour ce fait, il dispose d'un droit à l'information ou à la communication, qui s'apparente à un *« pouvoir d'investigation documentaire »*[291], lequel se traduit par la réception des copies de toute la documentation relative aux dossiers soumis à la commission de passation des marchés auprès de laquelle il est placé.

Les rapports détaillés sur les travaux de la commission de passation des marchés et sur ceux de la sous-commission d'analyse doivent être adressés aux organes et autorités dédiés dans les soixante-douze heures, à compter de la fin desdits travaux. Le président de la commission de passation des marchés et le maître d'ouvrage ou le maître d'ouvrage délégué peuvent notifier à l'organisme chargé de la régulation des marchés publics leurs observations dans un délai de soixante-douze heures, à compter de la réception du rapport de l'observateur indépendant.

Les révélations, constats ou informations contenues dans ce rapport ou dans celui de l'organisme chargé de la régulation des marchés publics sont susceptibles de conduire le ministre des marchés publics à annuler l'attribution d'un marché s'il est établi qu'elle s'est faite en violation de la réglementation ou en marge des règles de transparence et d'équité. Ce contrôle *a priori* effectué par l'observateur indépendant n'est pas sans efficacité dans la passation des marchés publics du fait, entre autres, de sa non-appartenance à l'administration[292]. C'est un contrôle qui est nécessaire, même si son efficacité est encore relative, voire limitée ou mitigée. Il est de même de celui effectué *a posteriori* par l'auditeur indépendant.

---

[290] Ce montant qui détermine la compétence de l'observateur indépendant a été revu à la hausse, par rapport à celui prévu par le Code des marchés publics de 2004, qui est de trente millions de FCFA, (Art 150, code de 2004)

[291] Bataki Wembou (M.), *La passation des marchés publics au Cameroun, entre stabilité et instabilité*, *op. cit.*, p. 50.

[292] *Ibid.*

2. L'auditeur indépendant

Les marchés publics, pas tous, sont également soumis à un contrôle *a posteriori,* confié à l'auditeur indépendant[293]. Il s'agit d'un cabinet de réputation établie, recruté par voie d'appel d'offres restreint par l'organisme en charge de la régulation des marchés, pour réaliser l'audit *a posteriori* des marchés signés au cours de l'année écoulée et exécutée ou en cours d'exécution[294].

L'institution d'un tel audit a pour finalité l'amélioration de la transparence et de l'équité dans l'attribution des marchés publics, la réduction du coût de la dépense publique, l'accroissement de son efficacité, la lutte contre la corruption et le renforcement de la bonne gouvernance[295]. La mission de l'auditeur indépendant consiste à examiner *« à la fois l'application des règles et principes régissant le processus opérationnel des marchés publics (négociation, passation, attribution, exécution et contrôle) ainsi que le rôle de chaque composante de la chaîne »*[296].

À l'observation, le champ d'action de l'auditeur indépendant est assez large. Il est appelé à faire des constats et à proposer des solutions[297]. Mais la formulation des solutions s'avère souvent difficile après le constat des *« malversations et dysfonctionnements déjà consommés »*[298]. Ce qui amène à peser que *« l'audit ne produit pas toujours la valeur ajoutée escomptée dans le système des marchés publics »*[299]. Il n'en demeure pas moins qu'en dépit des pesanteurs ou difficultés observées dans sa mise en œuvre, il s'agit d'un instrument de contrôle nécessaire des marchés publics, car il est dans l'intérêt de l'administration de savoir si les marchés ont été conclus et exécutés de façon idoine. D'où l'intérêt pour celle-ci de faire appel à des personnes susceptibles d'avoir une position neutre et objective sur son activité contractuelle.

En somme, l'architecture normative et institutionnelle de la passation des marchés publics atteste à suffisance de la volonté affichée des pouvoirs publics d'assurer une meilleure gouvernance des marchés publics[300]. Cela est perceptible au travers de l'articulation des principes qui sous-tendent cette passation. Qu'il s'agisse de la publicité, de la liberté d'accès, de la

---

[293] Art. 151 al. 1, décret n°2018/366 du 20 juin 2018.

[294] Art. 5 (c) du décret du 20 juin 2018.

[295] Ebanga (Ch. A.), *La passation des marchés publics au Cameroun, op. cit.*, p. 476.

[296] Nola (B. Y.), « La hiérarchisation des acteurs publics des marchés publics en droit positif camerounais », *op. cit.*, p. 98.

[297] *Ibid.*

[298] *Ibid.*

[299] Ebanga (Ch. A.), *La passation des marchés publics au Cameroun, op. cit.*, p. 477. .

[300] Lire dans ce sens Messengue Avom (B.), *La gouvernance des marchés publics au Cameroun, op. cit.*, 550 p.

concurrence, de l'égalité de traitement et de la transparence, qui encadrent pour certains la présentation des marchés et, pour d'autres, leur attribution, tous ces principes sont autant de « contreforts » garantissant la stabilité, la pérennité des marchés publics et une meilleure dépense de l'argent public[301]. En outre, la passation des marchés publics est soumise à un ensemble de règles qui régissent la capacité à contracter et le choix du cocontractant de l'administration. La capacité à contracter constitue une condition essentielle de validité des marchés publics, tandis que le choix du contractant laisse apparaître un certain nombre de prérogatives reconnues à de l'administration contractante, mais aussi des obligations mises à sa charge.

Il apparaît donc que la passation des marchés publics est, sans nul doute, l'une des phases les plus complexes dans le droit et le système des marchés publics, si l'on s'en tient à l'enchevêtrement des principes et règles qui déterminent sa mise en œuvre ainsi qu'à la multiplicité et au rôle des acteurs qui y interviennent. Cette complexité est également consubstantielle à leur exécution.

---

[301] Selon Grégory Kalfleche « *Les personnes publiques en tant qu'elles dépensent l'argent public, ont été les premières à être soumises à des procédures permettant de les inciter, puis de les contraindre, à mieux dépenser* », Kalfleche (G.), *Des marchés publics à la commande publique : l'évolution du droit des marchés publics*, *op. cit.*, p. 636.

CHAPITRE 2

L'EXÉCUTION DES MARCHÉS PUBLICS

Lorsqu'on parcourt certaines localités en Afrique, notamment dans les villes ou sur les grands axes routiers, on y voit souvent des panneaux comportant des mentions relatives à l'exécution en cours ou envisagée des marchés publics. Ce sont notamment des indications relatives aux travaux publics, et celles qui ont été passées entre l'État ou une collectivité territoriale, ou encore entre un établissement public et un tiers, précisément des entreprises. En effet, en règle générale, une fois qu'un marché public est conclu, l'étape qui suit est normalement son exécution.

Rentrant dans les trois grandes étapes de la concrétisation d'un marché public, l'exécution[302] constitue la phase la plus importante en ce qu'elle est la traduction concrète et effective des engagements des parties au contrat. Sur le plan notionnel, l'exécution d'une opération en droit traduit sa mise en œuvre. Elle est synonyme de passer à l'accomplissement d'une chose, passer de la conception d'un projet à son effectuation ou sa réalisation. Il en est ainsi de l'exécution des marchés publics. Celle-ci se fait selon un ensemble de prescriptions juridiques, techniques et administratives contenues dans divers documents, dont certains émanent de l'administration, d'autres des parties contractantes, voire du juge. Ce sont tous ces documents qui déterminent le régime de l'exécution des marchés publics. Il en est ainsi des différentes prérogatives reconnues à l'administration (Section 1) et des droits et obligations du cocontractant (Section 2) en matière de marché public.

SECTION 1 : LES PRÉROGATIVES DE L'ADMINISTRATION CONTRACTANTE

En matière contractuelle, l'administration dispose toujours des prérogatives de puissance publique lui permettant de s'assurer de la bonne réalisation du contrat[303].

---

302 Systématisé par Auguste Comte et modernisé par Émile Durkheim, le courant du positivisme sociologique tire son essence de la sociologie classique. Cette dernière fonde la conceptualisation des lois sur le fait social. Réceptionné dans le cadre du droit, ce courant reconnaît l'existence de la norme juridique à partir du moment où elle trouve une concrétisation sociale. Lire à ce sujet Defourny (M.), « Le rôle de la sociologie dans le positivisme », *Revue philosophique de Louvain*, Année 1902, n°36, p-p. 478-501, p. 480.

303 Jugement n°2019/TA-YDE du 5 novembre 2019, ÉTS PM MAYA c/État du Cameroun (MINSANTE).

Parmi les particularités des contrats de la commande publique, la reconnaissance de prérogatives à l'administration contractante occupe une place de choix. Elle crée la démarcation entre le contrat de droit commun et ceux qui relèvent du droit administratif. Elle pourrait se présenter comme une marque visible de caractère inégalitaire de ce type de contrat. Mais en réalité, l'administration contractante n'a pas que des pouvoirs administratifs, elle a aussi des obligations que sont notamment les droits du cocontractant. D'après la doctrine, ce sont des prérogatives qu'on ne retrouve pas dans un contrat de droit commun, car elles seraient contraires au principe de l'autonomie de la volonté et de l'égalité entre les parties contractantes. Dans ce sens, si on les insérait dans un contrat de droit privé, elles seraient frappées de nullité pour incompatibilité. Aussi, les agissements unilatéraux qui ont été autrefois fermement condamnés sont regardés sous un autre prisme, du fait d'un droit positif placé davantage en sa faveur[304].

L'administration contractante ou son mandataire, de par son titre de personne contractante, dispose des prérogatives particulières dans l'exécution d'un marché public[305]. À ce titre, la personne publique acheteuse doit veiller à la meilleure exécution possible de l'objet du contrat, en raison de l'impératif de protection de l'intérêt général qui lui incombe. Ainsi, elle ou son mandataire détient des pouvoirs de direction et de contrôle (paragraphe 1), le pouvoir de modification unilatérale (paragraphe 2) et le pouvoir de sanction (paragraphe 3).

Paragraphe 1. Les pouvoirs de direction et de contrôle

Les règles fondamentales des contrats civils et commerciaux selon lesquelles *« les conventions légalement formées tiennent lieu de loi à ceux qui les ont faites »*[306] ne sont pas applicables aux contrats de la commande publique. Ces derniers sont des documents préfabriqués par la personne publique auxquels les cocontractants sont obligés d'adhérer[307]. Les pouvoirs de direction (A) et de contrôle (B) ne sont que des suites logiques de la rédaction de ces contrats.

---

304 Berlin (D.), « Contrats d'État », *Répertoire international*, Dalloz, Paris, 1998, p. 10

305 De Laubadere (A.), Moderne (F.), Delvolve (P.), *Traité des contrats administratifs*, T.1, 2e éd., LGDJ, Paris, 1983, 1124 p.

306 Il s'agit de l'article 1134 du code civil. Ce qui signifie qu'une partie ne peut pas délier à son gré.

307 Voir CS/CA, 1er février 1985, TAMEGHI Boniface (AMSECOM/AMSECONCOM) c/État du Cameroun.

A. Le pouvoir de direction

Le pouvoir de direction de l'administration publique dans le cadre de l'exécution d'une commande publique est traduit par l'ordre de service[308]. Contrairement aux principes qui s'appliquent aux contrats de droit privé, à savoir leur force obligatoire[44], leur immutabilité[309] et l'égalité des contractants[310] ; le marché public confère à l'administration contractante un certain nombre de prérogatives en la matière. En effet, ces trois éléments sont écartés par la jurisprudence et la doctrine[311] en matière de commande publique. Aussi, le refus de l'obéissance de la part de l'entrepreneur constitue-t-il une faute contractuelle qui engage sa responsabilité[312].

Le pouvoir de direction reconnu à la personne publique ou à son maître d'œuvre leur permet non seulement de définir les besoins de la collectivité publique contractante, mais aussi, de suivre et d'évaluer la qualité des travaux ou des produits mis à la disposition de la personne publique. Par conséquent, le pouvoir de direction de l'administration en matière de marché public se manifeste à plusieurs étapes, à savoir la phase de définition du projet, la phase de désignation des prestataires et la phase de l'exécution de l'objet du marché public. C'est ainsi que le Laboratoire Labogénie a, pendant longtemps, assuré le pouvoir de direction et de contrôle sur les marchés publics de travaux pour le compte des personnes publiques dans les villes de Douala et de Yaoundé. De nos jours, on a observé un éclatement de ces organes dédiés avec une prolifération d'organes privés et internationaux. Cela s'explique par la technicité croissante des infrastructures réalisées dans les centres urbains.

Pendant la phase de définition de projet et de désignation des prestataires, le pouvoir de direction de la personne publique, particulièrement du maître d'ouvrage ou du maître d'ouvrage délégué, se manifeste par son rôle en matière de détermination de ses besoins. Ainsi, au Cameroun, « *avant le lancement de tout appel à la concurrence ou toute consultation, le Maître d'Ouvrage est tenu de réaliser une étude en vue de déterminer, aussi exactement que possible, la nature et l'étendue des besoins à satisfaire* »[313].

---

308 Il s'agit d'un acte écrit numéroté et daté qui émane de la personne publique ou du maître d'œuvre pour son compte. Il précise les modalités d'exécution de tout ou partie des prestations qui constituent l'objet du marché. Il est notifié à l'entrepreneur qui doit s'exécuter qu'il ait ou non des réserves.

309 Il est interdit à quiconque, sinon aux parties agissant d'un accord unanime, de modifier les clauses contractuelles

310 Dans l'exécution du contrat, aucun contractant ne pose de plus de prérogatives et de droits que l'autre.

311 Voir jugement N°72 du 29 juin 1989 de la CS/CA FOUDA ÉTAMA c/État du Cameroun, CS/CA du 27 juillet 2000 : les Établissements le Paysan c/État du Cameroun.

312 Voir CS/CA, 27 juillet : les Établissements Le Paysan c/État du Cameroun.

313 Article 54 du Décret n°2018/366 du 20 juin 2018 portant Code des Marchés publics au Cameroun.

Les maîtres d'ouvrage et les maîtres d'ouvrage délégués ont à leur disposition des

> « Structures internes de gestion administrative des marchés publics, pour une assistance dans l'exécution de leurs attributions, notamment au stade :
> a) De la maturation des projets ;
> b) De l'élaboration des plans de passation des marchés et de leur suivi ;
> c) De l'élaboration des projets de dossiers de consultation en relation avec les services techniques du Maître d'Ouvrage ou du Maître d'Ouvrage délégué concerné ;
> d) De la réception des offres ;
> e) De la finalisation des projets de marchés et d'avenants avant souscription ;
> f) De la préparation des notes de présentation des projets ;
> g) De l'archivage des documents ;
> h) De la transmission des documents générés lors de la passation et de l'exécution des marchés publics ;
> i) De la rédaction des rapports trimestriel, semestriel et annuel sur la passation et l'exécution des marchés »[314].

La phase de l'exécution de l'objet du marché public est marquée par un fort déséquilibre entre les parties, au profit de l'administration. Le cocontractant de l'administration publique est soumis au respect des cahiers des charges. C'est ainsi que « *les cahiers des charges déterminent les conditions dans lesquelles les marchés sont exécutés* »[315]. Alors que certaines clauses sont définies par les cahiers des clauses administratives générales, d'autres sont fixées par les cahiers des clauses administratives particulières et les cahiers techniques, les documents généraux et les documents particuliers[316].

Le pouvoir de direction reconnu à l'administration contractante peut traduire deux idées. La première est que la personne publique qui collabore avec le cocontractant n'est pas inhabile. Elle est juste dans l'idée d'association des particuliers dans les politiques de développement. Il existe bien plusieurs travaux et prestations que l'administration exécute en régie. C'est donc dire qu'elle possède l'expertise nécessaire pour contrôler la qualité des ouvrages et prestations réalisés. La seconde idée est que la mise en œuvre du pouvoir de direction dans un marché public manifeste la souveraineté et l'indépendance administrative de la personne publique dans la détermination de la qualité de la prestation voulue. Son indépendance va plus loin lorsque le maître d'œuvre est une tierce personne. Cette plateforme de collaboration

---

[314] Article 8 alinéa 1 du Décret n°2018/366 du 20 juin 2018 portant Code des Marchés publics au Cameroun.
[315] Article 129 du Décret n°2018/366 du 20 juin 2018 portant Code des Marchés publics au Cameroun.
[316] Ngango Youmbi (E.), *Les prérogatives de puissance publique au Cameroun. La part respective du droit et des perceptions psychologiques*, L'Harmattan, Paris, 2014, 591 p.

entre l'administration et les structures de contrôle de la qualité des prestations matérialise le large réseau et la pluralité d'acteurs qui entourent celle-ci.

Le pouvoir de direction traduit l'idée que le cocontractant de l'administration n'est pas dans une relation de pleine autonomie. Il se trouverait comme dans une sorte de contrat de travail à durée déterminée qui prendra fin lorsqu'il aura exécuté la prestation. L'existence d'ordres de service crée une sorte de subordination hiérarchique du cocontractant à l'égard de l'administration. Mais techniquement, il ne s'agit que d'une comparaison qui serait loin de constituer une assimilation des deux situations.

B. Le pouvoir de contrôle

Le pouvoir de contrôle de l'administration publique peut être prévu légalement ou contractuellement, mais il existe même en l'absence de texte[317]. L'usage de ce pouvoir doit être adapté aux fins poursuivies. Il s'exerce, en outre, au travers du pouvoir de surveillance. Il vise la protection des deniers publics et la recherche de la meilleure exécution possible de l'objet de la commande publique[318]. Il permet à la personne publique acheteuse de veiller au respect par le titulaire du marché de ses obligations (contractuelles, légales et réglementaires), par la mise en œuvre de contrôles internes ou externes au contrat.

Le Code des marchés publics détermine les organes et autorités chargées du contrôle de l'exécution des marchés publics et définit leurs prérogatives. À ce titre, son article 151, alinéa 1 énonce que :

> « L'exécution des marchés publics fait l'objet d'un suivi et d'un contrôle par :
> a) Le Maître d'Ouvrage, ou le Maître d'ouvrage délégué à travers le chef de service, l'ingénieur du marché et le Maître d'œuvre, le cas échéant ;
> b) Le ministère chargé des Marchés Publics à travers des contrôles inopinés ;
> c) L'auditeur indépendant à travers des audits a posteriori des marchés publics ;
> d) Les autres corps de contrôle de l'État prévus par les lois et règlements en vigueur ».

Le Code fixe également la finalité ou le but du contrôle institué. À ce sujet, son article 151, alinéa 2 dispose : « *Le contrôle de l'exécution des marchés publics vise à veiller au respect des normes de qualité, de confort, de sécurité et de pérennité de l'ouvrage* »[319]. Ce contrôle s'exerce aussi dans la gestion des ressources du co-contractant de la personne publique. C'est dans ce sens que l'article 162, alinéa 4 du Code énonce clairement que : « *En cas de non-paiement d'un sous-traitant pour des prestations déjà rémunérées par le*

---

[317] CE, 22 février 1952, Société pour l'exploitation des procédés Ingrand, Rec. p. 130

[318] Allaire (F.), *L'essentiel du droit des marchés publics*, LGDJ, Gualino Éditeur, Paris, p. 13.

[319] Article 151 du Décret n°2018/366 du 20 juin 2018 portant Code des Marchés publics au Cameroun.

Maître d'Ouvrage, ce dernier peut prendre à l'encontre du titulaire du marché des mesures coercitives, notamment le paiement direct du sous-traitant. ». Le Code autorise d'ailleurs le maître d'ouvrage à effectuer directement les paiements des prestations des sous-traitants, lorsque les prestations sous-traitées par une seule entreprise sont supérieures ou égales à dix pour cent (10 %) du montant total du marché et ses éventuels avenants ou lorsque l'entreprise principale se livre à des manœuvres dolosives vis-à-vis du sous-traitant[320].

Le pouvoir de contrôle est exercé concurremment par plusieurs entités : administrative et technique. On pourra ainsi parler du contrôle sur pièces et du contrôle technique. Ces contrôles sont exercés pendant toute la durée du contrat, en fonction du séquençage des travaux et/ou des livraisons. Pour faciliter l'exercice des contrôles et leur harmonisation, la personne publique a conçu des cahiers des charges administratives générales (CCAG) et des cahiers des clauses techniques générales (CCTG) qui constituent, selon l'activité qu'ils couvrent, autant de mode de contrôles de la réalisation des contrats publics.

D'un autre côté, la personne publique contraint le candidat à un marché public à produire l'acte d'engagement, qui est le document par lequel le candidat à l'attribution d'un marché public manifeste son accord pour exécuter les stipulations contractuelles formalisées préalablement dans les cahiers des charges. Ce document qui est signé par le soumissionnaire comporte la mention de la rémunération qu'il exige en contrepartie de l'exécution du marché. Le pouvoir de contrôle permet à l'administration contractante d'exercer une sorte de police des marchés publics. On peut tout de suite comprendre que le cadre contractuel ne prive pas l'administration contractante de son pouvoir de police habituel.

Paragraphe 2. Le pouvoir de modification unilatérale

Le pouvoir de modification unilatérale a survécu, malgré son vieil âge, aux mutations qu'a connues le contrat administratif, comme en témoignent quelques-unes de ses applications jurisprudentielles récentes. Mais selon les avis les plus autorisés, il constituerait – avec le pouvoir de résiliation unilatérale – la seule prérogative commune à l'ensemble des contrats

[320] Article 163 du Décret n°2018/366 du 20 juin 2018 portant Code des Marchés publics au Cameroun.

administratifs[321]. C'est prérogative encadrée, car la personne publique ne peut pas l'utiliser abusivement[322].

La personne publique doit veiller à la meilleure exécution possible de l'objet du contrat en raison de l'impératif de protection de l'intérêt général qui fait partie des devoirs de l'administration publique. Le pouvoir de modification unilatérale[323] est actionné sur le couvert des prérogatives exorbitantes de droit commun reconnu à la personne publique. Bien qu'exorbitant (A), ce pouvoir est limité (B).

A. L'étendue du pouvoir de modification unilatérale

Dans un arrêt du 02 février 1983, le Conseil d'État français a estimé que l'existence du pouvoir de modification unilatérale de l'administration contractante est « *une règle générale applicable aux contrats administratifs* ». Ce pouvoir existe même en l'absence des stipulations contractuelles[324].

Aussi ancien qu'il soit, le pouvoir de modification unilatérale se veut évolutif et s'adapte aux nouvelles réalités contractuelles. Le juge administratif assure le renforcement. Il a récemment admis, dans le cadre d'une délégation de service public, que la personne publique puisse unilatéralement modifier la clause de rémunération du délégataire, même s'il s'agit de circonstances quelque peu particulières[325]. Le juge administratif a également rappelé très clairement que le cocontractant de l'administration commet une faute qui peut justifier la résiliation du contrat lorsqu'il refuse d'exécuter la convention

---

[321] Llorens (F.), « Des nouvelles du pouvoir de modification unilatérale dans les contrats administratifs », *Contrats et marchés publics*, n° 11, novembre 2014, repère 10.

[322] Jugement n°07/TA/BFM/2016 du 16 mars 2016, Établissements ENACAM c/État du Cameroun (MINADER). *« Attendu que l'Administration après la modification unilatérale et substantielle des sites des ouvrages, est restée silencieuse, rendant impossible toutes autres négociations avec le cocontractant ; que ce comportement a rendu la mise en œuvre d'un avenant difficultueuse et elle ne peut donc pas se prévaloir de sa propre turpitude ; qu'au surplus, elle ne peut pas nier qu'il y a eu bouleversement de l'équilibre initial du contrat par sa faute » ;* Jugement n°2019/TA-YDE du 05 novembre 2019, ÉTS PM MAYA c/État du Cameroun (MINSANTE), *« (...)C'est en connaissance des clauses contractuelles notamment de l'article 24 du marché considéré qui stipule que les prix dudit marché sont fermes et non révisables que le maître d'ouvrage a acquiescé de la modification desdits prix eu égard de la hausse des prix de matériaux de construction induite par la notification tardive du marché pour défaut de provision sur la ligne PPTE et l'enclavement de certaines localités ; considérant que les conventions légalement formées et révoquées par le consentement mutuel tiennent lieu de loi à ceux qui les ont faites ».*

[323] Limouzin-Lamothe (Ph.), « Les avenants : observations complémentaires », *AJDA*, 1998, p. 767. Fantôme (E.), « Les avenants », *AJDA*, 1998, p. 760.

[324] CE, 2 février 1983, union transports publics urbains et régionaux, Rec. n° 34027. p. 33.

[325] CAA Nancy 20 décembre 2007, Sté Vivendi c./Commune de Saint Dizier, req. n° 05NC00897.

unilatéralement modifiée, dès lors que la modification n'a pas bouleversé l'économie du contrat[326].

Le pouvoir de modification unilatérale de l'administration contractante est ainsi vu comme la capacité qui est donnée à la personne publique de modifier ses choix, de rectifier ce qui n'avait pas été bien pensé lors de l'attribution du contrat ou encore d'adapter l'objet du contrat aux exigences du service public.

B. Les limites au pouvoir de modification unilatérale

Traditionnellement, l'exercice du pouvoir de modification unilatérale d'un contrat public n'est pas sans limites[327]. Si ce pouvoir peut porter sur (presque) tout le contrat, c'est à condition toutefois de ne pas imposer au cocontractant de nouvelles prestations qui « *par leur nature, sont étrangères* » au contrat ou qui entraînent une « *modification profonde de l'objet* » du contrat. Dans ce cas, effectivement, le cocontractant se voit imposer un nouveau contrat, et non pas seulement une modification du contrat qu'il avait signé. L'administration contractante ne peut donc pas modifier substantiellement l'objet du contrat, faute de faire disparaître le consentement du cocontractant à l'exécution du contrat initial[328].

Aujourd'hui, on peut se demander s'il n'existe pas une interdiction pour les personnes publiques de modifier unilatéralement certains contrats, en deçà même de l'interdiction de modifier substantiellement l'objet de tout contrat public. À l'heure où la passation d'une grande partie des contrats administratifs est soumise à des règles de publicité et de mise en concurrence plus négociée que par le passé, il n'est pas absurde de penser que le pouvoir de modification unilatérale connaît de plus en plus de limites, notamment avec l'arrivée des nouvelles technologies et l'utilisation des brevets qui rendent difficilement modifiables les marchés de technologie.

Le pouvoir de modification unilatérale connaît aussi des limites sur le plan financier. Il ne devrait pas porter sur les clauses financières du contrat[329] parce qu'il s'agit évidemment de clauses essentielles pour le partenaire de la collectivité publique. Si l'on se réfère au contexte européen, l'on peut noter que le juge de l'Union européenne[330] et le juge administratif français[331] ont

[326] CE 27 octobre 2010, Syndicat intercommunal des transports publics de Cannes, Le Cannet, Mandelieula Napoule, req. n° 318617.
[327] Saroit Badaoui, *Le fait du prince dans les contrats administratifs*, LGDJ, Paris, 1955, 239 p.
[328] Voir RAPP (I.), « Stabilité du contrat et mutabilité de son objet », *Contrats et Marchés publics*, 2008.
[329] CE, 11 juillet 1941, Pitalospice de Caun, req. n° 60158.
[330] CJCE 19 juin 2008, PressetextNachrichtenagenturGmbH c/République d'Autriche, aff. C454/06.
[331] CE, 11 juillet 2008, Ville de Paris, req. n° 312354.

ainsi substantiellement limité la possibilité, pour les parties, de faire évoluer leurs relations contractuelles par voie d'avenants. Enfin, il n'est pas interdit de penser que le pouvoir de modification unilatérale est aujourd'hui grandement limité en raison de la nature même du contrat. À tout le moins, il faut relever que le législateur européen semble s'inscrire dans cette perspective au sujet des contrats de partenariat. On sait, en effet, que les modes de financement de ces contrats sont bien souvent sensibles à toute modification, même minime, des obligations contractuelles parce que toute modification est susceptible d'impliquer une renégociation des conditions de financement avec les préteurs.

On aurait pu penser que le pouvoir de modification unilatérale des contrats publics avait fatalement vocation à disparaître du paysage juridique, car il ne serait plus aujourd'hui compatible avec le monde économique moderne ; tel n'est pas encore le cas. Il est, au contraire, renouvelé, pour s'adapter aux nouvelles formes de contractualisation et aux nouvelles exigences auxquelles sont aujourd'hui soumises les personnes publiques.

Paragraphe 3. Le pouvoir de sanction

Dès lors que le cocontractant refuse d'exécuter ses obligations contractuelles, ou qu'il les exécute mal (relativement au cahier de charge), « *la doctrine et la jurisprudence s'accordent à reconnaître que l'administration dispose des prérogatives exorbitantes de droit commun [...]* »[332] à son encontre. Ainsi, l'administration peut lui infliger, après mise en demeure, diverses sanctions de nature pécuniaire, coercitive ou administrative, telle la résiliation du contrat, en cas d'une faute grave du cocontractant[333]. On distingue ainsi les sanctions non résolutoires (A) et les sanctions résolutoires (B).

A. Les sanctions non résolutoires

Le pouvoir de sanction, à l'instar des autres pouvoirs de l'administration contractante, s'exerce dans un cadre précis et de façon méthodique. Avant de sanctionner son cocontractant, l'administration contractante ou l'acheteur public doit en principe le mettre en demeure, en l'informant de ce qui lui est reproché et le mettre en mesure de se justifier et/ou de changer de comportement. Les sanctions pécuniaires sont prises soit sous forme de pénalités destinées à sanctionner les retards d'exécution, soit sous forme d'amende ou de pénalité fixée par l'administration lorsque les sanctions

[332] CS/CA jugement n° 49/2009 du 28 janvier 2009 société Cameroun plaques internationales (CPJ) C/État du Cameroun (MINTRANSPORTS).

[333] Voir Jugement FOUDA ÉTAMA c/État du Cameroun, CS/CA N°59/04-05 du 23 mars 2005, Établissement LIPA-SPORTS BTP c/État du Cameroun (ministère des travaux publics), CS/CA, N°50/84-85, 1er février 1985 TAMEGNI Boniface (AMSECOM/AMSECONCOM c/État du Cameroun [ministère de la Défense].

prévues par le contrat ne sont pas adaptées à cause, par exemple, de leur sévérité par rapport à certains comportements non gravement fautifs du cocontractant.

Les sanctions pécuniaires, telles que les dommages-intérêts et les pénalités de retard sont destinés à combattre l'inexécution du contrat. Ils sont calculés en fonction du préjudice effectivement subi par l'administration contractante. Cette dernière ne peut pas demander à son cocontractant des pénalités et des dommages et intérêts pour le même préjudice. Soit le marché prévoit des pénalités et l'acheteur public peut exiger le versement de ces pénalités, soit le marché ne prévoit pas de pénalités et l'acheteur public peut alors lui demander des dommages et intérêts. Pour que l'acheteur public puisse demander à son cocontractant le versement de pénalités, il faut qu'il soit à l'origine du manquement. Si l'administration contractante, l'acheteur public, est à l'origine des carences, et notamment des retards, l'application des pénalités est irrégulière. Les pénalités ont donc un double objectif : indemniser l'acheteur public et dissuader le cocontractant de l'administration à ne pas satisfaire ses obligations. Les plus courantes sont les pénalités de retard, celles qui sanctionnent le cocontractant s'il n'exécute pas le marché dans les délais.

En général, les pénalités sanctionnent les retards dans l'exécution du marché, mais elles peuvent également sanctionner d'autres obligations. Par exemple, dans certains marchés d'informatique, un taux de panne ou de défaillance est certes considéré comme normal, mais le dépassement de ce taux par le titulaire du marché peut entraîner des pénalités. Les pénalités sont fixées à l'avance et forfaitairement par le contrat[334]. Mais pour les pénalités de retard, certains cahiers des clauses administratives générales (CCAG travaux et CCAG fournitures courantes et services notamment) dispensent de mise en demeure. Si ces CCAG font partie du marché (des documents contractuels), une mise en demeure n'est donc pas nécessaire pour l'application des pénalités de retard.

Les sanctions coercitives tendent autant à punir qu'à surmonter la défaillance ou le comportement grave du cocontractant sans que le contrat soit pour autant rompu. Dans ce cas, l'administration se substitue au cocontractant ou désigne une autre personne qui va poursuivre l'exécution du contrat au risque et aux frais du cocontractant défaillant. C'est l'exemple de la mise en régie d'un marché ou la mise sous séquestre d'une mission du service public.

---

[334] Voir Jugement FOUDA ÉTAMA c/État du Cameroun, *op.cit.*

B. La sanction résolutoire

L'administration dispose de prérogatives de puissance publique en matière de contrats administratifs, comme la résiliation unilatérale d'un contrat[335] qui trouve son origine dans l'intérêt du service public[336]. Le Code des marchés publics détermine les différents cas de résiliation d'un marché public :

> « Le marché est résilié de plein droit par le Maître d'Ouvrage dans l'un des cas suivants :
>
> a) Décès du titulaire du marché. Dans ce cas, le maître d'ouvrage peut, s'il y a lieu, autoriser que soient acceptées les propositions présentées par les ayants droit pour la continuation des prestations ;
> b) Faillite du titulaire du marché. Dans ce cas, le Maître d'Ouvrage peut accepter s'il y a lieu, des propositions qui peuvent être présentées par les créanciers pour la continuation des prestations ;
> c) Liquidation judiciaire, si le co-contractant de l'Administration n'est pas autorisé par le tribunal à continuer l'exploitation de son entreprise ;
> d) En cas de sous-traitance, de co-traitance ou sous-commande, sans autorisation préalable du Maître d'Ouvrage ou du Maître d'Ouvrage délégué ;
> e) Défaillance du co-contractant de l'Administration dûment constatée et notifiée à ce dernier par le Maître d'Ouvrage ou le Maître d'Ouvrage délégué ;
> f) Non-respect de la législation ou de la réglementation du travail ;
> g) Variation importante des prix dans les conditions définies par le cahier des clauses administratives générales, suite à la modification des conditions économiques ou des quantités initiales du marché ;
>
> Manœuvres frauduleuses et corruption dûment constatées ».

Il peut s'agir de la résiliation-remède ou de la résiliation-sanction[337]. Le juge administratif à son propos déclare que :

---

335 CS/CA, jugement n° 41/1996 du 5 décembre 1996, DZONGANG Albert c/État du Cameroun. Jugement n° 84-85 du 1er février 1985, affaire TAMEGHI Boniface (AMSECOM – AMSECONCOM) c/État du Cameroun. Le juge administratif affirma clairement que : « *Attendu que le pouvoir de résiliation dont dispose l'Administration, en matière de marché public, est généralement considérée comme une prérogative exorbitante* ». « *Que conformément à la jurisprudence établie, le juge des contestations relatives aux marchés des travaux publics n'a pas le pouvoir de prononcer l'annulation des mesures prises par le maître d'ouvrage* » « *… qu'il lui appartient seulement de rechercher si ces actes sont intervenus dans les conditions de nature à ouvrir au profit de celui-ci une indemnité* ».

336 CS/CA, 30 mars 1995, NYEMB Jean Calvin c/État du Cameroun.

337 CS/CA, jugement n° 72 du 29 juin 1989 FOUDA ÉTAMA c/État du Cameroun. Le Code des marchés publics détermine les différents cas de résiliation d'un marché public :
« *Le marché est résilié de plein droit par le Maître d'Ouvrage dans l'un des cas suivants :*
a) Décès du titulaire du marché. Dans ce cas, le Maître d'Ouvrage peut, s'il a lieu, d'autoriser que soient acceptées les propositions présentées par les ayants droit pour la continuation des prestations ;

« attendu qu'il résulte de l'objet et du contenu de la correspondance ci-dessus que l'État du Cameroun en procédant à la résiliation de plein droit de la convention qui le liait à la société recourante n'a fait qu'exercer une prérogative prévue dans les clauses contractuelles susvisées, et même s'il y avait eu faute de sa part dans sa prise de position, celle-ci ne saurait constituer un excès de pouvoir, sujet à annulation… Qu'au demeurant, la doctrine et la jurisprudence s'accordent à reconnaître que l'administration dispose de prérogatives exorbitantes de droit commun inhérentes au régime de sanction appropriée soit de plein droit, si elles sont prévues par le cahier de charges, soit même dès l'instant où elles sont indispensables pour assurer l'intérêt du service »[338].

Relativement à la résiliation-sanction, l'acheteur public peut résilier le marché si son cocontractant commet une faute d'une particulière gravité. La résiliation consiste alors à arrêter l'exécution du contrat pour l'avenir : les relations contractuelles cessent avec l'acheteur public à compter du jour où ce dernier, après avoir mis en demeure son cocontractant, résilie le marché[339]. Ce dernier n'a droit à aucune indemnité et les éventuelles conséquences onéreuses de la résiliation sont à sa charge. La résiliation-sanction peut intervenir pour plusieurs raisons : le retard accusé dans la réalisation du marché, l'abandon du marché, le non-respect du cahier de charge, etc.

Les sanctions résolutoires consistent pour l'administration à mettre fin au contrat. Ainsi, l'administration peut être amenée, en cas de faute grave ou lourde commise par le cocontractant (défaillance ou indélicatesse) à résilier le contrat. Cette résiliation constitue donc une sanction infligée au cocontractant fautif. Il en est ainsi lorsque le cocontractant a abandonné le chantier et n'a même pas cru devoir réagir après une mise en demeure à lui adressée par l'administration[340]. Ces sanctions ne peuvent être prononcées que dans le

---

b) Faillite du titulaire du marché. Dans ce cas, le Maître d'Ouvrage peut accepter s'il y a lieu, des propositions qui peuvent être présentées par les créanciers pour la continuation des prestations ;

c) Liquidation judiciaire, si le co-contractant de l'Administration n'est pas autorisé par le tribunal à continuer l'exploitation de son entreprise ;

d) En cas de sous-traitance, de co-traitance ou sous-commande, sans autorisation préalable du Maître d'Ouvrage ou du Maître d'Ouvrage délégué ;

e) Défaillance du co-contractant de l'Administration dûment constatée et notifiée à ce dernier par le Maître d'Ouvrage ou le Maître d'Ouvrage délégué ;

f) Non-respect de la législation ou de la réglementation du travail ;

g) Variation importante des prix dans les conditions définies par le cahier des clauses administratives générales, suite à la modification des conditions économiques ou des quantités initiales du marché ;

h) *Manœuvres frauduleuses et corruption dûment constatées* ».

[338] CS/CA, jugement n° 49/2009 du 28 janvier 2009, affaire Société Cameroun plaques internationales (CPI) c/État du Cameroun (MINTRANSPORT).

[339] Jugement n° 55/2001-2002 du 19 août 2002, CA/CS, affaire Établissement le Paysan c/État du Cameroun (MINEDUC).

[340] CS/CA, jugement n° 72 / 88 - 89 du 29 juin 1989 Fouda Etama c / État du Cameroun.

respect des droits de la défense et doivent être motivées[341]. Si les motifs de résiliation s'avèrent par suite inexistants, le juge administratif saisi ne peut prononcer l'annulation des mesures prises par l'administration envers l'entrepreneur. En effet, le pouvoir de résiliation unilatérale dont dispose l'administration en matière de marchés publics est généralement considéré par la jurisprudence comme une prérogative exorbitante[342].

Par ailleurs, si la faute de l'administration est établie, le cocontractant reste tenu d'exécuter le contrat, mais il a droit à une indemnité, même lorsque les pièces du contrat sont muettes à ce sujet[343]. Toutefois, il peut demander la résiliation du contrat au juge administratif en cas de faute grave commise par l'administration. De même, il a droit, en cas de « rupture abusive » du contrat par l'administration, d'obtenir du juge administratif réparation par le versement d'une indemnité compensatrice, d'une indemnité pour préjudice matériel et d'une indemnité pour préjudice moral[344], ou alors des dommages et intérêts[345].

Compte tenu de l'importance des prérogatives de l'administration dans l'exécution du marché public, la question qui se pose est celle de savoir si l'acte ou les actes par lesquels elles s'expriment ne sont pas en réalité des actes unilatéraux. Pour Jean L'Huillier, si l'administration possède le pouvoir de modification unilatérale, on pourrait en déduire que les contrats administratifs ne tiennent pas « lieu de loi » à l'une des parties. Pour Georges Péquignot, « *la théorie de la mutabilité suggère un doute envers le contrat administratif* ». Ce dernier relève dans sa thèse que « *si le contrat administratif est un acte volontaire [...] la volonté dont il est issu n'a pas entièrement le caractère de la volonté contractuelle* ». Pour l'auteur, le contrat administratif, qui est la base juridique des marchés publics, donne naissance à

---

341 V.CS/CA, jugement n°63/99-2000 du 27 juillet 2000, Les Établissements LE PAYSAN c/ État du Cameroun.

342 V.CS/CA, jugement n° 50 / 84-85 du 1er février 1985, Affaire *Tameghi Joseph c/ l'État de Cameroun* dit affaire Amsecom – Amseconcom.

343 V. jugement *Tameghi Joseph.* Suscité, et CS/CA, jugement n° 44 / 89-90 du 28 juin 1990, entreprise Amsecom c/ l'État du Cameroun.

344 V. CS/CA, jugement n°59/04-05 du 23 mars 2005, Établissements LIPA-SPORTS *B.T.P c/ État du Cameroun.*

345 V. CS/CA, jugement n°80/06-07 du 04 juillet 2007, Établissement Le « PAYSAN » c/ État du Cameroun : *« (...) comme relevé dans leur requête, les Etablissements « Le Paysan » avaient successivement reçu du ministère de la Santé publique une lettre du 11 juillet et une autre du 17 septembre 2001 allant toutes dans le sens de l'arrangement amiable de leur différend ; (...) il ressort de ces correspondances que, contrairement aux indications de son représentant, l'État du Cameroun n'a pas contesté la validité du marché à l'origine du litige dans la mesure où il a accepté de payer les frais de son enregistrement ; (...) à cet égard (...), la position de l'administration est sans rapport avec le préjudice subi par l'entreprise poursuivante, laquelle non seulement a engagé des dépenses pour démarrer les travaux, mais encore a subi un manque à gagner par la remise en cause de l'opération concernée ».[citation trop longue pour une note de bas de page].*

une situation intermédiaire entre la situation purement contractuelle et la situation statutaire.

La qualité contractante de l'État ne peut ni effacer ni remplacer l'éventuel exercice de ses doses d'autorité[346]. Certainement, la personne publique peut exiger de son cocontractant qu'il emploie certains procédés d'exécution de ses prestations, ou encore lui imposer l'ordre dans lequel les travaux doivent être réalisés. Il échoit également à celle-ci le pouvoir de contrôler les prestations effectuées par son cocontractant. Ce dernier, qui a donc des obligations, a aussi des droits.

SECTION 2 : LES DROITS ET OBLIGATIONS DU COCONTRACTANT

Dans le cadre d'un marché public, on identifie généralement deux parties : l'administration et la personne privée cocontractante. Il s'agit d'une configuration synallagmatique qui rapproche le marché public de la logique contractuelle civiliste. En effet, il s'agit de mettre à la charge de chaque partie des droits et des obligations. Mais à la différence des contrats de droit commun, le marché public, comme tous les contrats administratifs, ne constitue pas un champ de bataille dans lequel s'affrontent les intérêts des parties. Il se structure davantage autour de la collaboration, la recherche de l'intérêt général étant sa finalité ultime. C'est en poursuivant cet *affectio contractus* que chaque partie trouve son compte[347]. Relativement au cocontractant, autant il est soumis à des obligations (Paragraphe 1), autant il a aussi des droits (Paragraphe 2).

Paragraphe 1. Les obligations du cocontractant de l'administration

Dans le droit civil des obligations, l'obligation traduit « *les devoirs imposés par l'ordre juridique et assortis d'une sanction. (...) C'est le lien de droit en vertu duquel une personne (le créancier) peut exiger quelque chose d'une autre personne (le débiteur)* ». Il s'agit d'un certain nombre de prestations que la personne publique peut exiger du particulier dans le cadre d'une relation contractuelle. Ainsi, « *les obligations du cocontractant de l'administration doivent être interprétées en fonction de ce qui est nécessaire pour assurer le fonctionnement du service public* »[348] et, surtout, pour « *ne pas paralyser le fonctionnement* » dudit service public[349]. Relativement à

[346] Jacquet (J. M.), « Contrat d'État », *JurisClasseur, Dr. Int.*, 1998, p. 33.
[347] Batoum-Ba-Ngoue (S. Th.), « Contrat et Commande publique : les cas des marchés publics au Cameroun », *Civil Procedure Review*, Vol 8, n°2, may-aug, 2017, pp 151–172, p. 165.
[348] Jeze (G.), *Les contrats administratifs*, *op. cit.*, p. 14.
[349] CS/CA jugement n° 49/2009 du 28 janvier 2009 société Cameroun plaques internationales (CPJ) c/État du Cameroun (MINTRANSPORTS).

l'exécution d'un marché public, les charges qui pèsent sur le cocontractant sont de plusieurs ordres : l'obligation d'exécution personnelle (A), le respect des délais (B), l'obéissance aux ordres (C) et les obligations comptables (D).

A. L'obligation d'exécution personnelle

La première obligation qui est mise à la charge des cocontractants est celle d'exécution personnelle du marché. Sur le plan définitionnel, l'obligation d'exécution personnelle signifie que le cocontractant de l'administration doit exécuter le marché public lui-même. Il s'agit d'une obligation résultant du droit civil des contrats, et qui découlerait de la place accordée à l'*intuitu personae* dans les conventions. Elle s'assimile, dans une autre mesure, au principe de l'effet relatif du contrat consacré par le Code civil de 1804, applicable au Cameroun.

En ce qui concerne l'*intuitu personae*, elle s'utilise dans les contrats lorsque la personnalité de l'un est déterminante pour la formation de la convention. Cela suppose que le marché public soit passé entre deux parties, l'exécutant étant une personne physique bien précise. Au cas où il s'agirait d'une personne morale, des caractéristiques spécifiques liées à sa qualité ou son capital et ses capacités techniques seront mentionnées dans le contrat[350]. Sur le fondement de cette règle empruntée au droit civil, le décès du cocontractant personne physique entraînerait la fin du contrat[351]. La règle de l'intuitu personae est également utile, car elle permet d'engager la responsabilité de l'exécutant du marché en cas de faute.

Au final, l'*intuitu personae* est le garant de la solvabilité et de la confiance du cocontractant de l'administration[352]. L'accent qui est mis sur lui démontre que le marché public, bien qu'étant considéré comme un contrat de la commande publique, suppose l'établissement d'un lien de confiance entre l'administration contractante et le particulier cocontractant. C'est parfois en considération de la confiance qu'une administration a placé à un tiers qu'elle pourrait décider de la conclusion d'un contrat de marché public avec lui. Cette place importante de l'*intuitu personae* se matérialise par le recours régulier des administrations publiques aux marchés publics de gré à gré. Le cocontractant dans ce cadre a certainement réussi à gagner l'estime de l'administration à travers les preuves apportées dans la réalisation d'ouvrages antérieurs. Toutefois, il arrive que le marché public soit exécuté par une personne autre que le cocontractant. Cette possibilité est rendue possible sous

---

350 Nabih (M.), *Droit des Marchés publics : aspects juridiques, financiers et contentieux, op. cit.*, p. 34.
351 *Ibid.* p. 35.
352 Krajeski (D.), Le Tourneau (Ph.), « Contrat "intuitu personae", *Jurisclasseur contrats-distribution FASC 200*, 59 p.

la forme de la sous-traitance[353]. Il s'agit d'une opération à travers laquelle le cocontractant de l'administration délègue l'exécution de tout ou partie d'un marché public à un autre partenaire qui est un tiers au contrat. Dans l'exécution du marché, la sous-traitance obéit au principe du mandat. Comme en droit civil, il est envisagé dans les contrats de marchés publics les mécanismes de transfert des obligations. Cela peut faire intervenir un ou plusieurs sous-traitants. Ainsi, l'administration contractante n'est pas concernée par la relation qui unit le cocontractant à son partenaire sous-traitant, mais elle doit en être informée. En cas de faute, c'est la responsabilité du cocontractant qui sera engagée.

Le Code de 2018 a fixé des seuils en ce qui concerne l'exécution du marché par sous-traitance[354], évitant de ce fait qu'une autre personne, totalement étrangère à la prestation, l'exécute, en violation flagrante des règles de la concurrence. En ce sens, il instruit que l'exécution en sous-traitance ne doive pas excéder 50 % du marché global[355]. La cotraitance constitue également une dérogation à l'exécution personnelle[356]. Quoi qu'il en soit, il faut que le marché soit exécuté dans les délais prescrits.

B. Le respect des délais

Comme dans la plupart des contrats, le marché public prend en compte la donnée temporelle pour son exécution. Inscrite dans la grande préoccupation relative à la coexistence entre le droit et le temps, le respect des délais signifie que le cocontractant de l'administration doit exécuter le marché dans le respect des délais convenus. Il s'agit de la traduction de l'obligation classique d'exécution de bonne foi du contrat qui pèse sur les parties, et plus précisément sur le cocontractant de l'administration.

Contrairement à d'autres types de contrats, l'exécution prématurée des marchés publics n'est pas sanctionnée. C'est l'exécution tardive qui pose problème parce qu'elle dénote que le cocontractant n'a pas honoré à la parole donnée. En cas de non-respect des délais, on suppose, sauf preuve du contraire ou survenance de faits qui ne lui sont pas imputables, que le cocontractant a fait preuve de mauvaise foi ; d'où la mise en mouvement des pénalités de retard[357]. Pour être valablement appliquées, les pénalités doivent avoir été préalablement prévues par le contrat. Elles peuvent s'exécuter pendant le règlement définitif du marché. Toutefois, il arrive que dans certains marchés, l'exécution prématurée cause des préjudices à l'administration contractante. Il s'agit généralement des marchés publics autres que ceux de travaux. La

[353] cf. Article 86 du CMP.
[354] Cf. art 132 et suiv. du CMP.
[355] Cf. art 134 du CMP.
[356] Cf. Art 135 du CMP.
[357] Cf. Articles 166, 167 et 168 du Code des Marchés publics.

facturation s'effectue généralement sur la base de 1/2000e du montant TTC du marché par jour de retard[358]. La computation des délais en matière de marchés publics est ancrée dans le régime prévu par le Code de procédure civile et commerciale[359].

En termes d'observation, il faut relever que la plupart des cocontractants des personnes publiques respectent difficilement les délais prescrits dans le contrat. C'est notamment le cas des marchés de travaux publics. Les causes sont multiples et variées. Certaines sont imputables aux cocontractants (défaut ou déficit de matériels adéquats, défaut ou faiblesse de moyens humains adéquats ou qualifiés pour la mission[360].), d'autres à l'administration (non-paiement des prestations ou paiement tardif), d'autres, enfin, extérieures aux deux parties (survenance d'un fait naturel ou économique ou d'un conflit). L'obéissance aux ordres est une autre obligation à la charge du cocontractant.

C. Le devoir d'obéissance aux ordres de service et la bonne exécution technique des travaux

Le devoir d'obéissance aux ordres de service se met en mouvement en rapport avec l'objet même du marché public et les différentes prérogatives de l'administration contractante. En effet, à cause de la finalité d'intérêt général poursuivie par l'administration, la personne doit coordonner par elle-même par son représentant le bon déroulement des travaux.

La bonne exécution des travaux s'inscrit dans la rationalisation budgétaire et l'implémentation du budget-programme initiée depuis la loi de 2007 portant régime financier de l'État. Il s'agit en effet pour les administrations contractantes de faire effectuer des travaux de qualité en utilisant un faible budget. Parce qu'elle permet aux personnes publiques d'effectuer des économies en matière de ressources financières, le devoir de bonne exécution technique des travaux s'inscrit également dans la justification du principe de qualité des prestations de service public. Étant donné que ce sont des usagers qui utiliseront les différents équipements réalisés dans le cadre des marchés publics, le cocontractant a l'obligation d'effectuer des prestations de qualité qui matérialisent sa crédibilité et son expertise technique[361]. C'est dans ce sens que Paul René Jouonang estime que les administrations et les opérateurs économiques devraient s'entourer d'experts en marchés publics pour les accompagner dans ce périple de l'exécution de la commande publique. Il

---

[358] Cf. Article 169 du Code des Marchés publics.

[359] Il s'agit de tenir compte de l'incidence des jours fériés et des jours non ouvrables. Le premier jour et le dernier ne sont pas comptabilisés dans les délais. On prend en compte les délais francs.

[360] Jouonang (P-R.), *Introduction au droit des marchés publics du Cameroun*, L'Harmattan, Collection Études africaines, Paris, 2022, 326 p.

[361] Elbeherry (I.), *Théorie des contrats administratifs et marchés publics internationaux*, Thèse de Droit public, Université de Nice Sophia-Antipolis, 2004, 564 p.

faudrait également que ce cocontractant présente les garanties techniques nécessaires en plus des obligations comptables auxquelles il est astreint.

D. Les obligations comptables et les garanties d'exécution du marché

Il s'agit d'un ensemble de garanties financières que doit fournir le cocontractant pour rassurer l'administration qu'il pourra exécuter jusqu'à son terme les travaux ou les prestations sollicitées. Pour ce faire, les cocontractants sollicitent le concours d'une banque pour les accompagner dans le financement[362].

Comme il est de tradition dans les rapports entre l'État et les particuliers en matière de finances publiques, la règle appliquée est celle du service fait, certes avec un peu de souplesse pour ce qui est des marchés publics, avec le système des avances de démarrage et des acomptes, c'est-à-dire qu'on rémunère le cocontractant lorsqu'il a déjà effectué les prestations. Il peut ainsi arriver que les banques accordent aux cocontractants des facilités financières pour gérer les dépenses ponctuelles. En l'état actuel, l'accélération du processus de décentralisation provoque nécessairement une densification de travaux publics en vue d'améliorer les conditions de vie des populations. C'est dans ce sens que les banques deviennent utiles dans le financement. Il paraît donc recommandable pour les CTD de multiplier les plates-formes de collaboration avec les établissements de financement. Le mécanisme le plus utilisé est le nantissement.

Le nantissement [363] (de créance) est « *le contrat par lequel le titulaire du marché public donne en gage à un établissement bancaire la créance qui résultera de l'exécution du marché public, en échange de quoi l'établissement bancaire le financera* »[364]. Cette opération permet au cocontractant de couvrir certaines dépenses préalables sans nécessairement attendre le paiement. Ils peuvent dans d'autres cas recourir à la cession de créances, qui « *est la convention par laquelle le titulaire du marché public transmet sa créance résultant de l'exécution du marché à un tiers, qui est l'organisme prêteur par le biais du comptable public* »[365].

Ces différents mécanismes permettent au cocontractant de couvrir suffisamment de dépenses sans nécessairement solliciter une quelconque avance auprès de l'administration. Cette opération fait intervenir des acteurs bien précis. Il s'agit du *cédant*, c'est-à-dire le débiteur cédé qui n'est que le

---

[362] Nabih (M.), *Droit des Marchés publics : aspects juridiques, financiers et contentieux*, *op. cit.*, p. 212.
[363] Cf. Art 150 du Code des MP.
[364] *Ibid.*, p. 212
[365] *Ibid.*

titulaire du marché, le *cessionnaire* qui est l'organisme financier, et enfin le *comptable assignataire* qui prend en charge le versement des montants ordonnancés par l'ordonnateur à la banque[366].

Le Code des marchés publics prescrit que le titulaire du marché doive fournir une garantie appelée « cautionnement », qui sert à garantir la bonne exécution du marché et le recouvrement des sommes dont il serait débiteur[367]. Il ne doit pas être inférieur à 2 % ni doit être supérieur à 5 %. Au demeurant, l'absence de garantie peut expliquer l'existence de plusieurs marchés publics à l'abandon, qui elle-même peut s'expliquer par l'absence de maturation des projets. Et pourtant, le Code des marchés publics a prévu des structures internes de gestion administrative des marchés publics qui assistent le maître d'ouvrage dans la maturation des projets[368] avant la passation des marchés. Le cocontractant n'a pas seulement des obligations. Il a également des droits.

Paragraphe 2. Les droits du cocontractant de l'administration

Comme dans les contrats de droit privé, le cocontractant de la personne publique bénéficie des droits qui limitent le caractère autoritaire des prérogatives de l'administration dans la relation contractuelle. S'il est reconnu à la personne publique le droit d'utiliser le pouvoir de direction et de contrôle de l'exécution du contrat par le canal des ordres de service, ce droit est contrebalancé par celui qui est reconnu au cocontractant d'être indemnisé en cas de préjudice subi du fait des dépenses supplémentaires. La doctrine s'accorde pour dire que le cocontractant a droit au maintien de *« l'équilibre financier »* du contrat. Elle est clairement suivie par le juge administratif[369]. Ce qui permet de réparer le préjudice contractuel[370].

En s'appuyant sur le caractère synallagmatique du contrat, on peut en déduire que le cocontractant de l'administration en matière de marché public possède également des droits[371]. Considérés comme des droits subjectifs reconnus au cocontractant, ils visent à équilibrer le contrat administratif qui semble osciller entre la préservation des intérêts des personnes publiques et la

---

366 *Ibid.*, p. 213. cf. Art. 140 du Code des MP.
367 Cf. art 137 et s. du Code des MP.
368 Cf. Article 8 al. 1 du Code des MP.
369 CS/CA, jugement n°145/2012 du 12 septembre 2012, affaire Société CARMCO C/État du Cameroun.
370 CS/CA, jugement n°140/2009, du 22 juillet 2009, Ets OPTIMA c/État du Cameroun ; Arrêt n°273 du 27 janvier 1954, affaire Société SOTRACOME c/Administration du territoire ; CS/CA, jugement n° 139/2004-2005 du 27 juillet 2005, affaire entreprise SOTRACOME c/État du Cameroun ; CS/CA, jugement n°59/2004-2005 du 23 mars 2005, Établissement LIPA-SPORT B.T.P c/État du Cameroun (M.T.P).
371 Brenet (François.), « La théorie du contrat administratif. Évolutions récentes », *AJDA*, 2003, pp. 919-928.

protection des particuliers[372]. Tout contrat peut s'exécuter de manière autonome si chaque partie respecte les droits de l'autre partie. Les droits du cocontractant de l'administration dans le domaine du marché public se résument en deux éléments : le droit au règlement du prix du marché (A) et le droit à l'indemnité éventuelle (B).

A. Le droit au règlement du prix

C'est à travers le mode de rémunération qu'on distingue le marché public des autres contrats de la commande publique. C'est dans ce sens que la doctrine relève : « *le cocontractant est rémunéré par un prix, c'est-à-dire une somme que lui verse elle-même l'administration contractante* »[373]. Le prix est aussi utilisé pour distinguer plusieurs catégories de marchés publics[374].

Si la rémunération dans un contrat de la commande publique est substantiellement liée au résultat de l'exploitation ou à une redevance, alors il ne s'agit pas d'un marché public, mais plutôt d'un contrat de délégation de service public[375]. Considéré comme des contrats conclus à titre onéreux, le marché public implique au niveau de sa formation un arrangement préalable sur le prix. Ce dernier n'est pas fixé comme dans un simple marché, de nombreux paramètres sont pris en compte. Le prix peut s'appréhender comme « *la valeur, exprimée en termes monétaires, attribuée à une prestation pour un ouvrage, un produit ou un service* »[376]. Le prix prend en compte le coût et la marge. Le coût se compose des charges directes et indirectes et les différents aléas liés à l'exécution du marché. La marge comprend le bénéfice et les provisions non prises en charge par les aléas[377]. En principe, le prix est

---

[372] D'après d'autres courants, dans une relation contractuelle, chaque partie n'a à sa charge que des obligations. Ainsi, l'idée de droits subjectifs est inexistante dès lors que chacun respecte ses obligations. Lire Favoreu (L.), Gaia (P.), Ghevontian (R.), Melin-Soucramanien (F.), Pena-Soler (A.), Pfersmann (O.), Pini (J.), Roux (A.), Scoffoni (G.), Tremeau (J.), *Droit des libertés fondamentales*, 4e édition, Dalloz, Paris, 2007, p. 47.

[373] Bidja Nkotto (Th.), *Les contrats de l'administration au Cameroun, op.cit.*, p. 30.

[374] À cet effet, l'ancienne réglementation de 1995 distingue les marchés à commandes et les marchés à programme. Dans le premier cas, l'administration ne fixe que le minimum et le maximum des prestations arrêtées en valeurs sur la base d'un bordereau de prix, et susceptibles d'être commandées au cours d'une période déterminée n'excédant pas celle d'utilisation des crédits de paiement. Dans le second cas, l'administration peut contracter pour plusieurs années à la condition que les engagements de dépenses et les règlements qui en découlent demeurent dans la limite des autorisations de programmes et des crédits de paiement disponibles dans le budget annuel. Bidja Nkotto (Th.), *Les contrats de l'administration au Cameroun, op.cit.*, p. 36.

[375] La jurisprudence française avait étendu le critère du prix en estimant que le régime des marchés publics s'applique « *en tout ou partie des contrats dans lesquels la rémunération du cocontractant n'est pas substantiellement assurée par les résultats de l'exploitation* ». *CE, 6 mai 1996, Préfet des Bouches-du-Rhône c/Commune de Lambesc*, AJDA, 1996, p. 806. *Ibid.* p.31.

[376] Guide Le prix dans les marchés publics-avril 2013— Version 1.1, p. 8.

[377] *Ibid.* p.8.

définitif, même si, dans certains cas, on admet des prix provisoires, notamment dans le cadre des marchés publics spéciaux. Il peut être unitaire (comme dans les marchés de fournitures) ou forfaitaire (comme dans les marchés de travaux)[378].

Le prix du marché public est unitaire lorsqu'il s'applique à une prestation élémentaire, à une nature ou à un élément d'ouvrage dont les quantités sont indiquées au marché à titre prévisionnel. La conséquence dans ce cas est que les parties ne peuvent modifier les prix unitaires et on appliquera aux quantités exécutées les prix portés au bordereau, car il n'indique que les quantités prévisionnelles[379]. Le prix est forfaitaire lorsque le prix rémunère le titulaire du marché pour un ensemble de prestations, un ouvrage ou une partie d'ouvrage tel que défini dans le marché. Le prix forfaitaire est imposé dès lors que les prestations sont bien définies au moment de la conclusion du marché. En conséquence, le prix fixé et l'importance du travail à exécuter sont invariables. L'avantage du prix forfaitaire est que l'administration, dès la conclusion du contrat, sait à quel montant elle est liée. L'inconvénient est qu'en cas de modification ou d'aggravation du prix lors de l'exécution, le cocontractant risque sacrifier la qualité du travail pour éviter de se ruiner[380]. Le droit au règlement du prix convenu signifie que l'administration doit payer le prix convenu[381] et au moment convenu. Ce droit au paiement implique également les avances et les acomptes.

Contrairement au prix qui obéit à la règle du service fait et se règle après l'exercice des travaux, les avances[382] se règlent avant, c'est-à-dire pour un service à faire. Elles ne peuvent pas excéder 20 % pour les marchés de travaux et 40 % pour les marchés de fournitures. Les acomptes[383] sont déboursés pour des services faits ou à faire. Ils sont partiels et dépendent du type de marché[384]. En cas de non-paiement du prix convenu ou paiement tardif, le cocontractant peut engager un contentieux devant la juridiction administrative. Il s'agira là d'un plein contentieux. Au demeurant, le retard de paiement fait courir de plein droit des pénalités[385]. Toutefois, il faut préciser que le prix fait l'objet d'une régulation par l'organisme dédié, à savoir l'Agence de régulation des marchés publics. Il est à préciser aussi que les mercuriales de prix aident grandement dans la négociation des marchés publics. Dans certaines circonstances, il arrive que des évènements imprévus bouleversent le bon

---

[378]*Ibid.* p. 16.
[379] Bidja Nkotto (Th.), *Les contrats de l'administration au Cameroun, op.cit.*, p. 38.
[380]*Ibid.* p. 39.
[381] Cf. art 144 du CMP.
[382] Cf. Art 159 du CMP.
[383] Cf. Art 162 du CMP.
[384] NABIH (M.), *Droit des Marchés publics : aspects juridiques, financiers et contentieux, op. cit.*, p. 235.
[385] Cf. art 166 du CMP.

déroulement de l'exécution d'un marché public ; ce qui pose le problème du droit au versement d'indemnités au cocontractant.

B. Le droit à des indemnités éventuelles

Une fois que le marché public est réalisé, le cocontractant a droit au paiement complet du prix convenu et au moment convenu. À côté du paiement du prix, le cocontractant a également le droit à l'indemnité ou le droit à l'équilibre financier du contrat. Il s'agit pour l'administration contractante d'indemniser son cocontractant pour des dépenses supplémentaires nées de l'accroissement des charges lors de l'exécution du marché. Le droit aux indemnités éventuelles tire son fondement de la volonté d'équilibre et de justice en matière contractuelle[386], la personne publique ne devant pas s'enrichir aux dépens de cocontractant. La prise en compte de telles indemnités relativement à la commande publique traduit l'idée que la commande n'a donc pas pour seule particularité la recherche de l'intérêt général. Il y a aussi les intérêts des parties en cause à protéger. Il est également question que l'administration vole au secours du cocontractant, surtout si celui-ci court un grave risque de se ruiner en poursuivant l'exécution du marché. Dans des circonstances précises, le cocontractant peut obtenir une possibilité d'équilibre financier. Ce droit s'ouvre dans trois circonstances : en cas de fait du prince[387], d'imprévision et de sujétion imprévue.

Considéré comme un aléa administratif, le fait du prince traduit des mesures prises par l'administration sous une autre casquette que celle de partie au contrat ; ce qui rend difficile l'exécution du marché public[388]. Ainsi, sous sa casquette d'autorité réglementaire, elle peut prendre des mesures de portée générale qui touchent spécifiquement le cocontractant. Il est important de faire cette précision dans la mesure où, lorsqu'elle prend des mesures en tant que partie au contrat, il s'agit de l'utilisation du pouvoir de modification unilatérale, qui est l'une des prérogatives de l'administration contractante dans l'exécution des marchés publics. Dans le même sens, si la mesure est prise par une personne publique autre que celle qui a passé le marché, alors le fait du prince ne s'appliquera pas non plus[389]. En effet, le pouvoir pour l'administration de modifier unilatéralement le contrat, de le résilier ou de

---

386 Jugement n°84-85 du 1er février 1985, affaire TAMEGHI Boniface (AMSECOM-AMSECONCOM) c/État du Cameroun. *« Attendu que la faute et le fait de l'Administration sont, en matière d'exécution des marchés publics, considérés comme des motifs ouvrant droit à indemnité, même lorsque les pièces du contrat sont muettes à ce sujet »*. CS/CA, Jugement Société Équatoriale Business and marketing Sarl c\Etat du Cameroun (MINREST). CS/CA jugement n° 150/2008 du 19 novembre 2008 Entreprise TAGAH Joseph c/État du Cameroun.

387 Saroit Badaoui, *Le fait du prince dans les contrats administratifs*, LGDJ, Paris, 1955, 239 p.

388 *Ibid.*

389 Samb (S.), *Le droit de la commande publique en Afrique noire francophone : contribution à l'étude des mutations des contrats administratifs au Sénégal, au Burkina Faso, en Côte d'Ivoire et au Cameroun*, Thèse de Doctorat, Université de Bordeaux, 2015, p. 295.

changer de manière générale les modalités de son exécution, sans que cela constitue une faute pour le cocontractant, est un fondement du droit à l'équilibre financier[390].

En somme, pour qu'il y ait fait du prince, il faut une mesure émanant de l'administration contractante qui affecte particulièrement le cocontractant. Une fois que le fait du prince est avéré, il y a réparation intégrale du préjudice par l'administration contractante[391]. Cette indemnisation compensatrice, qui est intégrale, c'est-à-dire égale au préjudice subi, est fondée sur la nécessité de conserver la balance des charges et des avantages tels que les contractants l'ont préalablement envisagé. Elle n'est donc possible qu'à trois conditions :

- la mesure aggravante des charges du cocontractant doit provenir de la personne publique contractante et non d'autres personnes publiques ;
- il doit s'agir d'une mesure spéciale qui frappe particulièrement le cocontractant ;
- la mesure doit avoir une répercussion directe sur l'un des éléments essentiels du contrat (exemple : création d'une taxe frappant des matières premières nécessaires à l'exécution du contrat).

Quant à l'imprévision ou aléa économique, elle a lieu lorsqu'un évènement imprévisible et extérieur à la volonté des parties se produit et rend difficile l'exécution du marché par le cocontractant sans risque de se ruiner[392]. Lorsqu'elle est avérée, les indemnités sont réparties entre les deux parties contractantes[393]. Les avenants peuvent aussi modifier les dispositions d'un marché[394]. En pleine exécution donc du contrat, des bouleversements économiques étrangers à la volonté des parties au contrat peuvent imposer une charge ruineuse aux cocontractants. Certes, l'exécution du contrat est encore matériellement possible, mais elle devient économiquement désastreuse, en particulier pour le cocontractant. C'est cet état de fait qui justifie la théorie de l'imprévision. Cette théorie a été formulée par le Conseil d'État français dans son arrêt rendu le 30 mars 1916 dans une affaire relative aux difficultés d'application d'une concession de fourniture de gaz de ville produit à partir du charbon dont le prix s'était accru de façon extrême à la suite de la Première Guerre mondiale, de telle sorte que les concessionnaires de gaz ne pouvaient poursuivre leur exploitation aux tarifs prévus au contrat sans courir à la ruine.

---

[390] Voir CS/CA, Jugement n° 139/04-05 du 27 juillet 2005, Société SOTRACOMEC c/État du Cameroun (METPS).

[391] Cf. CE, Sect. 22 oct. 1937, Cie générale des iles ; CE, 28 avril 1939, Cie des chemins de fer de l'Ouest ; CE, 19 novembre 1909, Cie générale transatlantique.

[392] cf. CE, 30 mars 1916, Cie générale d'éclairage de Bordeaux.

[393] Preux (L.), *Le traitement de l'imprévision en droit des contrats publics et privés : l'exemple des marchés de travaux*, Mémoire de Master II en Droit et Contentieux publics, 2013-2014, p. 51.

[394] Cf. Article 130 du Code des MP.

La faillite de l'entreprise contractante et, par suite l'interruption du service public, a été évitée grâce à une participation de la commune concessionnaire[395]. Le juge administratif camerounais a, lui aussi, dans une espèce en date du 27 janvier 1954, fait application de cette théorie dans le cadre d'un marché de gré à gré[396]. L'imprévision pose trois types de problèmes relatifs à ses conditions, à ses effets et à sa fin. Ses conditions sont au nombre de trois :

- les contractants n'ont pu raisonnablement prévoir les faits qui bouleversent la situation, étant donné leur caractère exceptionnel (par exemple, une guerre ou une crise économique grave) ;
- les faits doivent être indépendants de la volonté des contractants ;
- ces faits doivent provoquer un bouleversement dans les conditions d'exécution du contrat.

Ainsi, la disparition du bénéfice du cocontractant et l'existence d'un déficit ne sont pas suffisantes, il faut que la gravité et la persistance du déficit excèdent ce que le cocontractant a raisonnablement pu et dû envisager. Ces trois conditions sont les seules requises.

Pour ce qui des effets de l'imprévision, ils sont, pour l'essentiel, au nombre de deux : d'une part, le cocontractant reste tenu d'exécuter ses obligations contractuelles ; d'autre part, à l'égard de l'administration, la théorie de l'imprévision ne fait que mettre en œuvre son obligation d'assurer l'équilibre financier du contrat. Cette obligation se concrétise dans l'indemnité d'imprévision versée par l'administration à son cocontractant. Mais elle n'est jamais égale à la totalité des pertes subies ou des charges extracontractuelles. Elle est donc différente de celle octroyée au contractant en cas de fait de prince. Quant à sa fin, la théorie de l'imprévision est conçue comme un moyen permettant de franchir une passe difficile. De ce fait, elle revêt un caractère provisoire et temporaire. C'est ainsi que la jurisprudence la conçoit. C'est dire que, si les conditions économiques qui l'ont provoqué en viennent à se consolider de telle sorte que le déficit prenne un caractère définitif, les parties contractantes ont la possibilité soit de conclure un nouveau contrat sur des bases nouvelles inspirées de la situation créée, soit, s'il s'avère impossible de redresser la situation, de demander au juge de prononcer la résiliation du contrat[397].

En ce qui concerne les sujétions imprévues ou l'aléa technique, à la base de la théorie y relative, il y a l'idée que la rémunération du cocontractant, au

---

[395] Cf. CE, 30 mars 1916, Compagnie générale d'éclairage de Bordeaux sus-cité.
[396] V. CCA, arrêt n°273 du 27 janvier 1954, Société des Batignolles contre Administration du Territoire.
[397] CE, 9 décembre 1932, Compagnie des Tramways de Cherbourg.

lieu d'être fixée *ne varietur* par le contrat, doit se modeler sur les charges qui lui incombent réellement de telle sorte que l'aléa inhérent à toute entreprise se trouve sérieusement limité. On peut citer comme sujétion imprévue une roche qui constitue un obstacle dans l'exécution du marché, en particulier la construction d'une route, une nappe d'eau insoupçonnée rencontrée par le cocontractant dans le creusement d'un tunnel. Bref, tout fait naturel qui complique l'exécution du contrat et accroît les charges du cocontractant[398]. En cas de sujétion imprévue, le cocontractant a droit à une indemnité dans la même proportion que celle qui lui est accordée dans le cadre de l'imprévision. En cas de refus de la part de l'administration contractante, le juge administratif peut en déterminer le montant[399]. Si l'aléa technique s'avère insurmontable, il peut mettre fin au contrat.

En somme, le marché public est un contrat synallagmatique en ce que chacune des parties a des droits et des obligations. Les droits de l'administration contractante s'analysent en termes de prérogatives. Cette différence de qualification crée une sorte de déséquilibre entre l'administration contractante et le cocontractant. Mais elles permettent à l'administration de protéger le patrimoine commun et, par ricochet, son cocontractant de tout risque de défaillance de la part de l'État[400].

---

[398] CS/CA, jugement du 31 mars 1988, Groupement d'entreprises Dragages-Satom c/ État du Cameroun.
[399] Cf. jugement groupement d'entreprises Dragages-Satom c/ État du Cameroun sus-cité.
[400] Voir Ghestin (J.), « L'utile et le juste dans le contrat », *D, chro* n° 1, 1982.

CHAPITRE 3

L'EXTINCTION DES MARCHÉS PUBLICS

L'attribution des marchés publics est le déclenchement d'un long processus qui, au-delà des considérations d'ordre financier et technique, connaît d'une manière ou d'une autre une fin. En réalité, la réalisation des marchés publics postule la matérialisation des prestations exigées par l'administration, puis la constatation desdites prestations par les organes compétents et enfin leur livraison/réception. Il s'agit là du cheminement que l'on pourrait qualifier de normal, pour arriver à l'extinction des marchés publics[401]. Cependant, la fin des marchés publics n'est pas toujours celle qui était envisagée à la base. Il peut arriver que l'exécution d'un marché public soit bouleversée au point où l'entreprise qui en a la charge se trouve dans une position d'incapacité à le poursuivre. En pareille situation, l'extinction du marché est provoquée ou anticipée. Par contre, lorsque le marché public est livré et réceptionné, il prend ainsi fin.

Autant le Code des marchés publics prévoit de manière précise la fin normale des marchés publics, qu'ils soient de travaux ou de fournitures ou encore de prestations intellectuelles, autant il envisage leur fin anticipée. De même, la pratique des marchés publics révèle au final que chaque contrat de marché public contient des dispositions qui instaurent les conditions de son extinction. On a d'une part l'extinction normale qui est le principe (section 1), et d'autre part, l'extinction anticipée (section 2) qui en est l'exception.

SECTION 1 : L'EXTINCTION NORMALE DES MARCHÉS PUBLICS

Les marchés publics ne sont pas faits pour durer éternellement. Ils sont limités dans le temps, et ce, en rapport avec l'objet pour lequel ils ont été convenus. Normalement, les clauses du marché indiquent clairement à quel moment et dans quelles conditions le marché prend fin, le cocontractant devant uniquement s'en tenir à ces prescriptions, d'autant plus que le marché public est un contrat d'adhésion[402]. L'analyse de l'extinction normale du marché public commande que l'on s'intéresse d'une part à la consistance de l'arrivée du terme (paragraphe 1) et, d'autre part, aux effets de cette arrivée du terme (paragraphe 2).

---

[401]Allaire (F.), *L'essentiel du droit des marchés publics*, LGDJ, Gualino Éditeur, Paris, p. 13.

[402] Il s'agit d'un « *contrat rédigé à l'avance par l'une des parties, plus puissante économiquement ou socialement, qui le propose à l'adhésion de ses multiples contractants* ». Lire Guinchard (S) et Debard (T.), *Lexique des termes juridiques*, *op. cit.*, p. 264.

Paragraphe 1. La consistance de l'arrivée du terme du marché

Il faut dire qu'en règle générale, un marché de travaux arrive à terme à l'expiration du délai accordé au contractant pour exécuter ledit marché. Quant au marché de fournitures, il arrive, en principe, à terme avec la livraison de la prestation dont le contractant avait la charge. Il en est de même du marché de prestations intellectuelles.

Si l'on se situe dans la perspective des contrats de travaux ou encore des contrats de fourniture ou de prestations intellectuelles, il va de soi que la périodicité de livraison desdits contrats sera précisée lors de leur signature. De la même façon, quand bien même ils sont signés pour une durée plus longue, les contrats de délégation de service public, tels que les contrats d'affermage, de concession ou autre, prévoient bel et bien la durée de vie desdites activités.

Le droit positif camerounais a consacré des délais dans le cadre des procédures d'exécution des marchés publics. Mais l'estimation de la fin de ces délais dépend de la détermination de la date effective de démarrage du marché. En règle générale, les marchés publics sont fondés à prendre fin lorsque le cocontractant de l'administration livre l'objet du marché dans les délais à lui impartis[403]. Il faut noter que, pareillement aux délais impartis par l'administration à son cocontractant, les délais de livraison ne sont pas communs à tous les contrats ; ces derniers variant en fonction des opérations relatives à l'exécution du marché public. Ainsi, plus l'objet à livrer est réputé difficile, plus le délai est long.

Il faut distinguer la livraison des prestations dans les délais de la livraison des prestations hors délai. Si la première permet effectivement d'éteindre la relation contractuelle entre l'État et son cocontractant,[404] la seconde est plutôt celle qui conduit potentiellement vers un contentieux. Pour étayer ces propos, il est important de comprendre que, dans le cadre des marchés de fournitures courantes et de services, les marchés industriels ou les marchés de prestations intellectuelles, c'est l'acceptation des prestations ou des fournitures par la personne responsable du marché qui fait cesser les relations contractuelles avec l'acheteur public[405]. La matérialisation de l'acceptation passe par la vérification des prestations[406] pour qu'à l'issue des opérations de vérification, la personne responsable du marché accepte les prestations ou les fournitures.

En France, le CCAG-Travaux semble exclure la réception tacite, notamment par prise de possession : toute prise de possession des ouvrages

---

[403] Même si la livraison ou l'exécution complète des prestations peut intervenir avant l'expiration du délai.

[404] En ayant bien en vue l'ouverture de la voie à la rémunération.

[405] Nabih (M.), *Droit des Marchés publics : aspects juridiques, financiers et contentieux*, *op. cit.*, p. 284.

[406] La qualité et la quantité des prestations sont conformes aux spécifications du marché.

par le maître de l'ouvrage doit être précédée de leur réception. Les dispositions de l'article 1792-6 du Code civil, dans leur rédaction issue de la loi no 78-12 du 4 janvier 1978, précisent que la réception est l'acte par lequel le maître d'ouvrage déclare accepter l'ouvrage. Cependant, en matière de marchés privés, la Cour de cassation avait déjà reconnu l'hypothèse d'une réception tacite. Le Conseil d'État a admis l'existence d'une réception définitive tacite lorsque le régime de double réception s'appliquait. De plus, le CCAG-Travaux prévoit aussi une hypothèse de réception tacite. En effet, l'article alinéa 2 du CCAG prévoit qu'au vu du procès-verbal des opérations préalables de réception, le maître d'ouvrage ou son représentant décide si la réception est ou non prononcée [...][407].

Par ailleurs, que le cocontractant de l'administration peut bénéficier d'une prolongation des délais ou d'un sursis de livraison, ceci dans le cadre des marchés de travaux publics ou dans le cadre des marchés de fournitures. Dans un tel cas de figure, l'on évoque la survenance d'un évènement imprévisible, d'un acte fautif de l'administration ou encore de tout type d'acte ou fait dont la survenue empêche l'exécution des travaux dans les délais impartis. Le cocontractant de l'administration est donc fondé à obtenir une prolongation des délais par l'administration. L'opération permettant cette prolongation débute avec le dépôt d'une demande au plus tard trente (30) jours après le démarrage des travaux[408] ou la fin contractuelle desdits travaux. La prolongation est accordée par voie d'avenant[409] par le chef de l'administration contractante ; cet avenant, signé par ce dernier, est notifié par le chef de service du marché à l'entreprise titulaire du marché.

La constatation du service fait est une règle fondamentale de la comptabilité publique qui gouverne et conditionne le règlement des sommes dues. Effectuée par la personne habilitée qui doit vérifier la réalité de la dette, elle sert comme référence pour la liquidation (le calcul) des pénalités de retard, les intérêts moratoires ou l'achèvement des travaux[410].

---

[407] Lire à ce sujet La fin des marchés publics.

[408] L'article 39 al 2 du Code des marchés publics dispose à ce sujet que *« l'entrepreneur doit formuler sa demande par écrit au Maître d'Ouvrage en y joignant un mémoire justificatif complet et détaillé, dans un délai de trente (30) jours calendaires à compter du démarrage des prestations ou de l'apparition desdites circonstances et en tout état de cause au plus tard vingt un (21) jours avant la fin contractuelle des travaux »*.

[409] L'article 39 al 1 du Code des marchés publics précise que « *Si par suite de travaux supplémentaires, ou de circonstance quelconque, l'entreprise s'estimait raisonnablement fondée à présenter une demande de prolongation de délai, la durée de prolongation fixée par le Maître d'Ouvrage ferait l'objet d'un avenant* ».

[410] Nabih (M.), *Droit des Marchés publics : aspects juridiques, financiers et contentieux*, *op. cit.*, p. 284.

Paragraphe 2. Les effets de l'arrivée du terme du marché

Comme tout contrat de droit commun, les contrats administratifs emportent des conséquences pour les différentes parties. En droit privé, l'extinction des contrats entraîne nécessairement la fin de la relation contractuelle entre les parties prenantes. De même, l'arrivée à terme du contrat privé, dans le cas où cette extinction est contentieuse, ouvre la voie à des actions en justice qui peuvent se terminer par le paiement d'une indemnisation. En ce qui concerne les marchés publics, contrat administratif par nature, l'on peut recenser deux effets fondamentaux caractérisant leur extinction. Ainsi, l'extinction du marché public entraîne le paiement de la contrepartie des prestations effectuées par le cocontractant (A), sans oublier la vérification de la qualité desdites prestations par l'administration (B).

A. L'exigence du paiement comme contrepartie des prestations effectuées

Il est communément admis que *« tout travail mérite un salaire »*. En d'autres termes, l'accomplissement d'une tâche mérite une rétribution à sa juste valeur. Cette règle coutumière a été adoptée et codifiée dans le cadre des marchés publics où les prestataires des attributions desdits marchés, au cas où ils remplissent leurs obligations dans les règles de l'art, pourront prétendre au paiement du prix du marché. Comme l'écrit Mohamed Nabih,

> « les marchés publics sont des contrats administratifs conclus à titre onéreux entre une personne publique et un attributaire du marché en vue de la réalisation de travaux, de fournitures ou de services, moyennant paiement d'une somme d'argent, ce qui renvoie à la notion de prix. Il s'agit en fait de l'une des mentions substantielles du marché prévues par l'article 13-B-6 du C.M.P. dont l'absence entraînerait la nullité du contrat. Le prix dans les marchés publics conditionne en effet le succès même d'une procédure de passation, le montant des offres présentées, la bonne exécution du marché et le sort des éventuels contentieux »[411].

En clair, le prix est l'élément fondamental et motivant du marché public pour tout soumissionnaire. Il permet de régler les impôts, les taxes, les frais généraux, ainsi que tout autre type de frais qui incombent au cocontractant de l'administration. C'est pourquoi l'absence du prix permet de constater la nullité du marché public[412].

En droit français, le paiement sanctionne aussi la livraison de travaux dans le cadre d'un marché de travaux ou la livraison des fournitures dans le cadre d'un marché de fournitures. Pour cela, et en vertu des généralités, quel que soit le montant du marché, le délai global maximal de paiement est de 45 jours

[411] *Ibid.*, p. 240.
[412] *Ibid.*

(50 jours pour les établissements publics de santé et service de santé des armées). Si un marché public ne prévoit aucun délai de paiement, ce sera le délai global maximal de paiement de 45 jours qui s'appliquera automatiquement. Ce sont des délais maximaux de paiement. L'administration peut toujours prévoir des délais de paiement plus courts et l'annoncer dans le CCAP[413].

Le cas gabonais n'est pas fondamentalement différent des cas précités. En effet, le paiement du cocontractant apparaît comme la contrepartie juste du service fait. Dans ce sens, le droit gabonais prévoit que « *le titulaire d'un marché entièrement exécuté reçoit l'intégralité du montant du marché sur présentation du décompte général et définitif, du procès-verbal de réception définitive établi par le maître de l'ouvrage et visé par la DG* »[414]. De même, si le titulaire du marché reçoit le paiement intégral de sa prestation après la livraison, il est tout de même prévu le paiement des acomptes durant l'exécution du marché public. À ce titre, l'article 151 du décret portant Code des marchés publics au Gabon dispose que « *les opérations effectuées par le titulaire du marché et susceptibles de donner lieu à versement d'avances, d'acomptes ou à paiement pour solde, sont constatées par écrit par la PRM ou son mandataire, suivant les modalités prévues par le cahier des clauses administratives générales* ».

Les droits du cocontractant ont trait aux avantages réels ou éventuels qui lui sont reconnus ou attribués. C'est la contrepartie de ses obligations contractuelles. Il est fréquent que l'administration mette à la disposition de son cocontractant certaines prérogatives de puissance publique en vue de faciliter l'exécution de ses engagements (par exemple, la perception sur les usagers des taxes ou le bénéfice d'un monopole de droit). Par ailleurs, le contrat fixe les bases et les modalités de la rémunération du cocontractant. Cette rémunération peut être fixée de façon définitive (on parle de « prix ferme ») ou être modifiable en fonction d'une référence déterminée (on parle de « prix ajustable »), ou affectée pour les contrats de longue durée, de clause de variation (il s'agit de « prix révisable »)[415].

Du point de vue de ses effets, l'extinction normale des marchés publics entraîne de fait la réception des marchés. C'est à la suite de cette réception que le cocontractant peut prétendre au règlement du prix du marché. Le paiement du prix est donc l'un des effets directs de la fin du marché public, car comme le précise le CCAG,

---

[413] Lire Grelier Wyckoff (P.), *Le mémento des marchés publics de travaux intervenants, passation & exécution*, Paris, 3e édition, Eyrolles, 2007, p. 189.

[414] Lire l'article 152 du décret n°0254/PR/MEEDD portant Code des marchés publics au Gabon.

[415] Voir notamment, Guimdo Dongmo (B-R.), *Cours de droit et contentieux des marchés publics, op.cit.*, p. 29.

« tout marché doit préciser les conditions dans lesquelles il sera payé et désigner le comptable chargé du paiement »[416]. In fine, « le paiement unique ou le paiement pour solde, ne peut intervenir qu'après que le fournisseur ait reconnu avoir satisfait à l'ensemble de ses obligations. Un Procès-verbal de réception en est dressé au plus tard quinze (15) jours après réception de la demande du fournisseur »[417].

Il faut dire que, si « l'entrepreneur est tenu d'élire domicile à proximité du lieu des travaux et de faire connaître l'adresse de ce domicile au Chef de service du marché »[418], cette obligation est levée avec la réception provisoire des prestations. De ce fait, « l'entrepreneur est libéré de l'obligation indiquée [...] »[419]. La réception provisoire libère donc l'entrepreneur titulaire du marché public de l'obligation de résider à proximité du lieu des travaux. Au fond, ce que l'on peut retenir ici est l'obligation pour l'administration de procéder au règlement du marché une fois celui-ci livré. Seulement, il faut aussi reconnaître que, si pour le cocontractant de l'administration, c'est le prix qui importe après la livraison du marché. Pour l'administration elle-même, il est question de procéder à la vérification de la qualité des prestations effectuées.

B. La vérification par l'administration de la qualité des prestations effectuées

En vertu des dispositions du Code des marchés publics camerounais,

> « les prestations exécutées dans le cadre des marchés publics font systématiquement l'objet de réception par une Commission dont la composition est indiquée dans le cahier des clauses administratives particulières du marché et selon les modalités définies par les cahiers des clauses administratives générales de travaux, fournitures, services et prestations intellectuelles »[420]. Ce qu'il convient de relever dans cette disposition, c'est le caractère solennel de la réception des prestations dans le cadre des marchés publics.

Pour cela, des commissions spéciales sont formées conformément au droit y relatif[421] et se rapportant au type de marché.

Concrètement, en matière de réception des marchés de travaux publics, la vérification comporte un certain nombre d'éléments qu'il convient de présenter : la reconnaissance des ouvrages exécutés, les épreuves prévues, notamment par le marché, la constatation éventuelle de la non-exécution de

---

[416] Lire l'article 19 du CCAG du Cameroun.
[417] *Ibid.*
[418] C'est ce que précise l'article 6 al 1 du CCAG.
[419] Comme en dispose l'article 6 al 2 du CCAG.
[420] Lire l'article 156 al 1 du code des marchés publics.
[421] L'article 67 des CCAG applicables aux marchés de travaux précise que « *la réception provisoire est réalisée lors de l'achèvement des travaux* [...] ».

prestations prévues dans le marché, d'imperfections ou de malfaçons et, enfin, les constatations relatives à l'achèvement des travaux et au repliement éventuel des installations de chantier. Lorsqu'il s'agit des marchés de travaux et de fournitures, la commission de réception est compétente pour les réceptions partielle, provisoire et définitive[422]. Dans le cas des marchés d'études et d'audit, la réception est faite par une commission de suivi et de recette technique.

La vérification par l'administration de la qualité des prestations est une opération qui consiste à examiner la qualité de la prestation et sa conformité aux normes prédéfinies pour ce marché public. La signature du marché entraîne *de facto* des obligations pour le cocontractant de l'administration. Ces obligations doivent être réalisées selon les règles de l'art[423]. Cependant, il peut arriver que les prestations ne correspondent pas à ce qui était attendu. Le processus de vérification permet donc de confronter les réalisations et ensuite de recevoir le marché. Cette double finalité de la vérification est cruciale en matière de marchés publics. On peut, dès lors, légitimement penser qu'en cas de mauvaise réalisation de la prestation, le paiement du prix connaîtra des difficultés ou ne sera pas effectif. En réalité, s'il y a paiement du prix, cela signifie qu'il y a eu de la part du cocontractant de l'administration l'accomplissement de ses obligations. Inversement, en cas de défaillance de sa part, et celle-ci étant constatée par l'administration contractante, le paiement du prix devient, sinon hypothétique, du moins problématique.

Le droit français, comme le droit des marchés publics de la plupart des États du monde, impose la constatation du service fait comme étant « *une règle fondamentale de la comptabilité publique qui gouverne et conditionne le règlement des sommes dues. Le service fait est constaté par la personne habilitée qui doit vérifier la réalité de la dette. Il sert comme référence pour la liquidation (le calcul) des pénalités de retard, les intérêts moratoires ou l'achèvement des travaux* »[424]. La constatation du service fait implique notamment la vérification de la réalisation et ensuite la vérification de sa conformité[425]. Elle permet de régler la dette de l'administration envers son

---

[422] Article 156 al 2 du code des marchés publics camerounais.

[423] « *Les règles de l'art ne font l'objet d'aucune codification : elles constituent le savoir-faire habituel que le maître de l'ouvrage peut attendre des professions considérées, qui sont réputées investies d'une qualification particulière en matière de construction. Les règles de l'art peuvent sur certains points être contenues dans des DTU qui sont des documents de référence applicables aux marchés de travaux de bâtiment et édités par le Centre scientifique et technique du bâtiment* ». Cf. Grelier Wyckoff (P.), *Le mémento des marchés publics de travaux. Intervenants, passation & exécution*, *op. cit.*, p. 146.

[424] Voir Nabih (M.), *Droit des Marchés publics : aspects juridiques, financiers et contentieux*, *op. cit.*, p. 284.

[425] En principe, « L'entrepreneur doit non seulement exécuter l'ouvrage tel que décrit dans le CCAP et dans le CCTP, mais il doit le réaliser en conformité avec les règles de l'art. Il est tenu d'une obligation de résultat. À ce titre, il doit également conseiller le maître d'ouvrage ». Lire

cocontractant. Au demeurant, les marchés publics prennent donc fin, en principe, avec l'arrivée à terme du délai imparti pour leur exécution. Cette fin entraîne à la fois l'obligation de régler le prix et l'obligation de vérifier les prestations. Quid de l'extinction anticipée des marchés publics ?

SECTION 2 : L'EXTINCTION ANTICIPÉE DES MARCHÉS PUBLICS

Les contrats, et notamment les marchés publics, ne se terminent pas toujours comme prévus ou souhaités par les parties. Il y a parfois des imprévus qui surviennent et contraignent irrémédiablement l'administration ou son cocontractant à demander la résiliation du marché. De toute façon, un marché public connaît une fin anticipée lorsqu'il est mis fin aux obligations des parties avant l'arrivée de son terme normal. L'extinction entraîne *de facto* la fin d'une situation juridique, à savoir le lien contractuel entre l'administration et l'attributaire du marché public. Cette fin anticipée peut avoir été prévue ou pas.

Paragraphe 1. Les motifs d'extinction anticipée des marchés publics

La fin anticipée d'un marché résulte de différents motifs énumérés soit dans une loi ou un règlement communautaire ou administratif, soit elle provient du marché lui-même. Il en est ainsi de la quasi-totalité des marchés publics dont la passation et l'exécution sont avant tout conditionnées par la disponibilité de la trésorerie[426], ainsi que l'opportunité[427] même de l'exécution du marché public. La fin provoquée du contrat peut être causée par les parties ou leur être extérieure[428].

Le règlement CEMAC relatif à la passation des marchés publics précise, au sujet de la résiliation, que « les marchés publics peuvent faire l'objet d'une résiliation dans les conditions stipulées aux cahiers des charges, à l'initiative de la personne responsable du marché (...) »[429]. La personne publique peut donc résilier le marché pour des raisons évoquées au même alinéa a, notamment en cas de manquement grave du titulaire du marché à ses obligations ou en raison de la liquidation de son entreprise ; ou lorsque la réalisation du marché est devenue inutile ou inadaptée, compte tenu des

---

à ce sujet Grelier Wyckoff (P.), *Le mémento des marchés publics de travaux intervenants, passation & exécution*, *op. cit.*, p. 146.

426 Cela signifie que la signature ou la validation du projet de contrat doit être effectuée après vérification de la disponibilité des finances qui serviront à régler le prix global du coût d'exécution du marché public.

427 Il peut arriver pendant l'exécution d'un marché public que la réalisation de l'objet dudit marché ne soit plus opportune. Dans ce cas, l'autorité compétente prononcera purement et simplement la résiliation.

428 Lire Guimdo Dongmo (B-R.), *Cours de droit administratif*, *op. cit.*, p. 139.

429 Lire l'article 87 du règlement CEMAC.

nécessités du service public. Ensuite, le contrat peut aussi être résilié par l'attributaire du marché tel qu'en dispose l'alinéa b de l'article 87 précité, notamment en cas de défaut de paiement suite à une mise en demeure restée sans effet pendant trois mois. Le cas de force majeure permet aussi de mettre un terme de façon anticipée au marché public. En ce qui concerne la personne publique, elle peut provoquer la fin du contrat soit dans l'intérêt général, soit pour sanctionner une faute de son titulaire[430].

Pour sa part, le Code des marchés publics camerounais prévoit plusieurs cas dans lesquels la résiliation d'un marché peut être prononcée. Ainsi,

> « le marché est résilié de plein droit par le Maître d'Ouvrage dans l'un des cas suivants :
>
> a) décès du titulaire du marché, dans ce cas, le Maître d'Ouvrage peut, s'il y a lieu, autoriser que soient acceptées les propositions présentées par les ayants droit pour la continuation des prestations ; b) faillite du titulaire du marché. Dans ce cas, le Maître d'Ouvrage peut accepter s'il y a lieu, des propositions qui peuvent être présentées par les créanciers pour la continuation des prestations ; c) liquidation judiciaire, si le co-contractant de l'Administration n'est pas autorisé par le tribunal à continuer l'exploitation de son entreprise ; d) en cas de sous-traitance, de cotraitance ou de sous-commande, sans autorisation préalable du Maître d'Ouvrage ou du Maître d'Ouvrage délégué ; e) défaillance du co-contractant de l'administration dûment constatée et notifiée à ce dernier par le Maître d'Ouvrage ou le Maître d'Ouvrage délégué ; f) non-respect de la législation ou de la réglementation du travail ; g) variation importante des prix dans les conditions définies par le cahier des clauses administratives générales, suite à la modification des conditions économiques

---

[430] Ceci en vertu de ses pouvoirs exorbitants de puissance publique. Cette résiliation est un mode d'extinction des marchés publics qu'on retrouve aussi dans le Code gabonais des marchés publics, qui énonce, à ce sujet, que : « *Les marchés publics peuvent faire l'objet d'une résiliation dans les conditions suivantes : à la demande du titulaire du marché : en cas de faute grave de l'autorité contractante. Dans ce cas, la résiliation est prononcée par le juge compétent en la matière. Le titulaire du marché peut réclamer des dommages et intérêts à l'autorité contractante ; dans le cas où la puissance publique, par son action, remet en cause l'équilibre financier du contrat. Dans ce cas, la résiliation est prononcée par le juge compétent en la matière. Le titulaire du marché peut réclamer des dommages et intérêts à l'autorité contractante. À l'initiative de l'autorité contractante : — en cas de faute grave du titulaire du marché. Dans ce cas, l'autorité contractante peut réclamer des dommages et intérêts ; — pour toute violation des dispositions techniques du marché ayant entraîné la suspension des travaux et la non-reprise de ceux-ci dans un délai de trois mois, après avis de l'Autorité de Régulation des marchés publics. Pour un motif d'intérêt général reconnu par l'Agence de Régulation des Marchés Publics, même sans faute du titulaire du marché. La résiliation est alors prononcée par l'autorité contractante. Le titulaire du marché a droit, dans ce cas, à une indemnité couvrant ses charges et son manque à gagner. Tout marché public peut également être résilié lorsqu'un cas de force majeure en rend l'exécution impossible. En dehors des cas où la résiliation est prononcée après constat de la faute commise par le titulaire du marché, celui-ci a droit à une indemnité de résiliation calculée forfaitairement sur la base des prestations qui restent à exécuter. Ce pourcentage est fixé dans les cahiers des clauses administratives générales pour chaque catégorie de marché* ».

ou des quantités initiales du marché ; h) manœuvres frauduleuses et corruption dûment constatées »[431].

Il va de soi que la disparition du cocontractant de l'administration est fortement susceptible de mettre un terme au marché public[432]. Le marché public ne pouvant plus être matériellement exécuté du fait de l'absence de son titulaire. Seulement, une exception demeure. Il s'agit du cas où les ayants droit du défunt titulaire s'engagent à poursuivre ledit marché d'un commun accord avec l'administration qui en a la charge. C'est du moins ce qui ressort de l'article 47 al 1 du CCAG[433]. Il s'agit là bien évidemment d'une liste non exhaustive des cas de résiliation d'un contrat administratif. D'ailleurs, l'article 183 du CMP en rajoute un autre, à savoir le cas de force majeure[434].

À côté de ces cas de résiliation prévus par le Code des marchés publics et les CCAG, d'autres peuvent résulter de l'avenant au marché initial. En réalité, c'est l'administration qui provoque ces cas, étant donné que c'est elle qui assure également la direction et le contrôle de l'exécution de cet avenant. Par avenant, l'on entend un « *accord modifiant une convention, en l'adaptant ou en la complétant par de nouvelles clauses* »[435]. Il est généralement assimilé à un « *acte contractuel modifiant ou complétant certaines clauses du marché de base pour l'adapter à des évènements survenus après sa conclusion ou signature* »[436]. Il peut également être défini comme « *l'acte par lequel le*

---

431 Lire l'article 182 du code des marchés publics camerounais.

432 L'article 57 al 1 du CCAG du Cameroun précise que « *en cas de décès, ou de disparition, lorsque l'exécution intégrale des prestations était liée à la capacité personnelle du fournisseur du contrat. Sauf dans les deux derniers cas, la résiliation n'intervient qu'après présentation par le fournisseur de ses observations* ».

433 « *En cas de décès ou d'incapacité civile du prestataire, la résiliation du marché est prononcée, sauf si le Chef de service du marché accepte la continuation du marché par les ayants droit, le tuteur ou le curateur* ».

434 En termes de droit comparé, en Algérie, les marchés publics peuvent prendre fin par la résiliation prononcée par l'administration publique en charge dudit marché. En réalité, « *en cas d'inexécution de ses obligations, le cocontractant est mis en demeure, par le service contractant, d'avoir à remplir ses engagements contractuels dans un délai déterminé. Faute par le cocontractant de remédier à la carence qui lui est imputable dans le délai fixé par la mise en demeure prévue ci-dessus, le service contractant peut, unilatéralement, procéder à la résiliation du marché* ». Il est aussi prévu une résiliation du contrat en cas de non-exécution de ses obligations par le cocontractant de l'administration » (Lire l'article 112 du Décret présidentiel n° 10-236 du 28 Chaoual 1431 correspondant au 7 octobre 2010 portant réglementation des marchés publics, modifié et complété). En outre, lorsque la résiliation n'est pas unilatérale, elle est consensuelle c'est-à-dire qu'elle est prise d'un commun accord entre les parties au contrat. Dans ce cas, « *il peut être également procédé à la résiliation contractuelle du marché dans les conditions expressément prévues à cet effet. En cas de résiliation, d'un commun accord, d'un marché en cours d'exécution, le document de résiliation signé des deux parties doit prévoir la reddition des comptes établis en fonction des travaux exécutés, des travaux restant à effectuer, et de la mise en œuvre, d'une manière générale, de l'ensemble des clauses du marché* » (cf. art. 113 du texte précité).

435 Lire Cornu (G.), *Vocabulaire juridique*, *op. cit.*, p. 111.

436 Guimdo Dongmo (B.-R.), *Cours de droit administratif*, *op. cit.*, p. 121.

maître d'ouvrage et le titulaire du marché conviennent de procéder à une révision qui tend à réajuster le minimum ou le maximum des prestations à réaliser »[437].

L'avenant est donc considéré comme cet acte contractuel modifiant certaines clauses du marché de base avec pour but de l'adapter à des évènements survenus après son approbation et qui perturbent sa réalisation. Normalement, il intervient lorsqu'il y a des imprévus au cours de l'exécution d'un marché et apparaît alors comme une tentative de résolution du problème posé par ces imprévus. Comme le rappelle Hélène Hopffner, « *la modification n'est pas le signe d'une maladie du contrat. Au contraire, elle est un élément de sa vie, voire de sa survie* »[438]. En d'autres termes, une simple modification d'un contrat a pour but de l'adapter aux nouvelles exigences qui peuvent être de nature conjoncturelle ou juridique. De là, on peut en déduire que la modification du contrat par le fait de l'avenant contribue à renforcer sa viabilité ou alors sa faisabilité, c'est en quelque sorte une mesure d'adaptation des termes du contrat aux imprévus qui sont survenus. Ce qui implique que, lorsque la solution trouvée par l'administration à travers l'avenant ne sied pas à son cocontractant, le marché peut être résilié.

Les avenants peuvent remplir plusieurs fonctions. D'une part, ils peuvent être de simples correctifs des clauses de départ du marché public. Dans ce cas, ils modifient les termes du contrat initial et permettent de poursuivre l'exécution dudit marché. D'autre part, ils peuvent modifier le marché initial de façon à le rendre irréalisable par le cocontractant de l'administration. Dans ce cas, ils contribuent à l'extinction du marché initial. Lorsque les motifs d'extinction du marché sont établis ou s'avèrent suffisants dans un cas donné, il n'y a que l'administration[439] et/ou le juge pour la prononcer.

Paragraphe 2. Les modes d'extinction anticipée des marchés publics

Lorsque les motifs d'extinction du marché sont établis ou s'avèrent suffisants dans un cas donné, il n'y a que l'administration (A)[440] et/ou le juge (B) pour la prononcer.

---

[437] Nabih (M.), *Droit des Marchés publics : aspects juridiques, financiers et contentieux, op. cit.*, p. 77.
[438] Hopffner (H.), « La modification des contrats de la commande publique à l'épreuve du droit communautaire », *RFDA*, janvier-février 2011, p. 98.
[439] Il s'agit ici du maître d'ouvrage.
[440] Il s'agit ici du maître d'ouvrage.

A. L'extinction prononcée par l'administration contractante

Comme l'écrit Bernard-Raymond Guimdo Dongmo, « *l'administration peut prononcer de façon unilatérale la résiliation d'un contrat administratif, et ce, même, en dehors des cas où le contrat lui reconnaît ce pouvoir. Cette résiliation peut être prononcée, soit à titre de sanction, le cocontractant ayant commis une faute, soit à titre de remède, pour des motifs d'intérêt général* »[441]. Il s'agit là d'une manifestation des prérogatives exorbitantes de puissance publique dans laquelle est moulée l'administration publique et qui est l'une de ses plus vieilles prérogatives en matière de marchés publics[442] : « *Le pouvoir de résiliation du contrat reconnu à l'administration n'est qu'un aspect du pouvoir général de modification unilatérale du contrat consacré par le juge au profit de cette dernière* »[443]. D'ailleurs, la jurisprudence française a consacré ce pouvoir dans tous les types de contrats administratifs. Ainsi, pour le Conseil d'État, l'administration « *peut en tout état de cause et en vertu des règles générales applicables aux contrats administratifs, mettre fin avant terme aux marchés publics sous réserve des droits à indemnités des intéressés* »[444]. Toutefois, cette résiliation unilatérale par l'administration impose des règles à respecter pour être valable. À ce sujet, Jacques Biakan rappelle que « *la décision de résiliation doit être motivée, de la même façon qu'elle doit être accompagnée d'un décompte de liquidation qui récapitule les débits et crédits du titulaire du marché après inventaire contradictoire de prestations réalisées* »[445].

La personne publique peut donc alléguer un motif d'intérêt général pour mettre prématurément un terme à un marché et sa décision s'impose à son cocontractant. Toutefois, l'usage de cette faculté nécessite une grande prudence de la part des acheteurs publics. Ceux-ci doivent, d'un côté, veiller à ce que les conditions de légalité soient réunies ; et de l'autre, anticiper lors de la rédaction des clauses contractuelles sur les demandes indemnitaires qui peuvent être conséquentes, voire insurmontables pour la personne publique. C'est ainsi que la personne publique pourra être contrainte de respecter

---

[441] Cf. Guimdo Dongmo (B.-R.), *Cours de droit administratif*, L2, SS-GRH, *op.cit.*, p. 139.

[442] D'abord à travers CS/CA, jugement n°41/1996 du 5 décembre 1996, DZONGANG Albert c/État du Cameroun ; ensuite dans CS/CA, jugement n°49/2009 du 28 janvier 2009, affaire Société Cameroun Plaques Internationales (CPI) c/État du Cameroun (MINTRANSPORT).

[443] Lire Gnimpieba Tonnang (E.), *Marché public-Exécution-Résiliation unilatérale du contrat-Non-respect des obligations contractuelles-Faute de l'administration-Oui-Droit à une indemnisation compensatrice du cocontractant* : oui, CS/CA, jugement n°96-97 du 05 décembre 1996, DZONGANG Albert contre État du Cameroun (MTPT), *in* Keutcha Tchapnga (C.), *Les grandes décisions annotées de la juridiction administrative du Cameroun*, 1re éd, Yaoundé, L'Harmattan, 2017, p. 677.

[444] Lire Biakan (J.), *Droit des marchés publics au Cameroun. Contribution à l'étude des contrats publics*, *op.cit.*, p. 110.

[445] *Ibid.*

l'équilibre financier du contrat avant sa résiliation, tel que le prévoit le juge administratif camerounais[446].

En France, le Conseil d'État en fait un véritable principe propre aux contrats publics, en affirmant que l'administration ne peut renoncer par avance à exercer son droit de résiliation unilatérale si un motif d'intérêt public le commande[447]. Le Code des marchés publics camerounais reconnaît à la personne publique, le droit de résiliation pour force majeure en ces termes :

> « Nonobstant les dispositions de l'article 182 du présent code, le Maître d'Ouvrage ou le Maître d'Ouvrage délégué peut, en cas de force majeure et après avis de l'autorité chargée des marchés publics, prononcer la résiliation d'un marché en l'absence de toute responsabilité du co-contractant de l'Administration, sans préjudice des indemnités auxquelles ce dernier peut prétendre »[448].

Par ailleurs, cette faculté de résiliation n'est pas uniquement l'illustration d'un déséquilibre entre l'administration et la personne privée puisque le juge administratif admet également l'application du principe dans une convention où toutes les parties sont des personnes publiques[449]. La décision du juge administratif français, Commune de Béziers, rendue le 27 février 2015, a d'ailleurs confirmé que l'administration peut résilier une convention la liant à une autre personne publique[450]. Néanmoins, la personne publique doit mettre un accent particulier sur la motivation de sa décision, car « *en l'absence de tout motif d'intérêt général, la résiliation unilatérale est constitutive d'une faute de nature à engager la responsabilité contractuelle de l'administration* »[451]. Elle ne peut donc prononcer la résiliation sans motif valable[452]. Dans cette hypothèse, le cocontractant lésé peut réclamer la réparation des préjudices issus du comportement fautif de l'administration. Cette idée est exprimée par le juge de la Cour administrative d'appel de Paris en ces termes :

> « Considérant, enfin, que, outre les préjudices résultant de la non-exécution du contrat, le comportement fautif de l'administration a contraint la société requérante à de multiples démarches qu'elle n'aurait pas eu à engager si le contrat s'était exécuté normalement jusqu'à son terme ; qu'il y a lieu, dans les

[446] CS/CA, Jugement N° N°96-97 du 05 décembre 1996, affaire DZONGANG Albert c/État du Cameroun (MTPT).

[447] CE 6 mai 1985, Association Eurolat, req. n° 41589 41699.

[448] Article 185 du Décretn°2018/366 du 20 juin 2018 portant Code des Marchés publics au Cameroun.

[449] CE 21 décembre 2007, Région du Limousin, req. n° 293260.

[450] CE 27 février 2015, Commune de Béziers, req. n° 357028.

[451] CAA Paris 17 octobre 2011, Société LEA, req. n° 10PA00598.

[452] CS/CA, jugement n°59/04-05, du 23 mars 2005, Ets LIPA-SPORT B.T.P c/État du Cameroun, précité. CS/CA jugement n°150/2008 du 19 novembre 2008, Entreprise TAGAH Joseph c/État du Cameroun

circonstances de l'espèce, de condamner l'État à lui verser à ce titre une indemnité de 1 500 euros ».

Le juge administratif camerounais s'est inscrit dans la même logique dans l'affaire opposant *The Big Brothers Trading Company* à l'État du Cameroun[453].

Le cocontractant n'étant pas fautif a droit à la réparation intégrale du préjudice, c'est-à-dire à l'indemnisation des pertes subies *damnum emergens*, comme à celle des gains manqués que le cocontractant doit déterminer et dont il doit démontrer le caractère certain – *Lucrum cessans*[454]. Le juge administratif camerounais est suffisamment précis à ce propos lorsqu'il qu'il affirme d'une part que,

> « considérant (…) que si dans le cas des marchés de travaux publics, le juge n'a pas le droit d'annuler la décision de résiliation prise par l'Administration lorsque celle-ci a prononcé illégalement et irrégulièrement la résiliation, l'entrepreneur peut obtenir la condamnation de l'État à une indemnité de résiliation pouvant être élevée et se trouver plus onéreuse pour la personne publique que la continuation du contrat »[455], et, d'autre part, que, « attendu qu'il ressort de ces énonciations non d'ailleurs contestées par l'État que les contrôleurs du ministère des Travaux publics dont il s'agit avaient rendu compte à leur hiérarchie des difficultés ci-dessus signalées résultant des pluies abondantes et fréquentes intervenues pendant la petite saison sèche, évènements imprévisibles tant de l'entrepreneur que l'administration cocontractante ; En résiliant dès lors le marché dans ces conditions, le ministre des Travaux publics a commis un excès de pouvoir et sa décision encourt annulation… »[456].

Pour ce qui est de la résiliation sanction, elle est, comme son nom l'indique, due à une faute du cocontractant de l'administration. Comme dans tout régime de responsabilité, le fait de son cocontractant qui cause un dommage à l'administration oblige ledit cocontractant à le réparer. La responsabilité civile étant *ipso facto* transposée dans le cadre de la responsabilité contractuelle en matière de marchés publics. À ce sujet, l'article 180 al 1 du Code des marchés publics dispose que « *lorsque le cocontractant de l'administration ne se conforme pas aux stipulations du marché ou aux ordres de service s'y rapportant, suivant le cas, le maître d'ouvrage ou le maître d'ouvrage délégué le met en demeure de s'exécuter dans un délai déterminé* ». Ce délai ne peut

---

[453] Jugement N°62/94-95 du 29 juin 1995, The Big Brothers Trading Company c/État du Cameroun.

[454] Jugement N°62/94-95 du 29 juin 1995, The Big Brothers Trading Company c/État du Cameroun.

[455] CS/AP, arrêt N°6/A du 11 décembre 1997, État du Cameroun (MINDIC) c/Ets GORTZOUNIAN.

[456] CS/CA, jugement 145/2012 du 12 septembre 2012, affaire Société CARMCO c/État du Cameroun (MINDAF). « *En soutenant que le maître d'ouvrage avait apprécié qu'il n'y avait pas force majeure et que celui-ci était seul, habilité à le faire, le conseil de l'État a non seulement manifesté sa mauvaise foi, mais fait une mauvaise interprétation de l'article 57 du cahier de charge. En résiliant le marché dans ces conditions, le ministre (…) a commis un excès de pouvoir* ».

être inférieur à vingt et un (21) jours calendaires, sauf dérogation prévue dans le cahier des clauses administratives particulières.

C'est donc à la suite de la mise en demeure de l'administration restée lettre morte que cette dernière peut prendre les mesures qu'elle juge utiles : soit prescrire une régie totale ou partielle aux frais et risques dudit cocontractant, soit alors prononcer la résiliation pure et simple du marché aux torts frais et risques dudit cocontractant. C'est ce qui ressort de l'article 181 al 1-a et b du Code des marchés publics camerounais. Il faut cependant reconnaître que le pouvoir de résiliation unilatérale du contrat reconnu à l'administration n'est pas arbitraire ; c'est ainsi qu'il est susceptible de faire l'objet du contrôle du juge administratif pour en vérifier la régularité. À ce titre, l'on observe que *« l'administration dispose du pouvoir de résilier unilatéralement le contrat, mais lorsque cette résiliation est faite de manière abusive, elle entraîne l'obligation de réparation des dommages subis par le cocontractant »*[457]. La juridiction administrative peut aussi procéder à l'annulation de l'acte de résiliation d'un marché tel dans l'affaire CARMCO[458].

---

[457] C'est ce qui ressort de l'affaire Établissement LIPA-SPORTS ». En effet, à la suite d'un appel d'offres restreint, l'entreprise LIPA-SPORT est déclarée adjudicataire du marché d'entretien de deux tronçons routiers Faro- Tignère et Tignère-Kontcha. L'ordre de service de démarrage des travaux est certes notifié le 23 mars 1999, mais le marché n'est signé que le 10 mai 1999. Le marché initial est substantiellement modifié par le maître d'ouvrage le 11 mai 1999. Du fait de cette modification, le chantier ne démarrera véritablement qu'après le 14 juin 1999. Le ministre des Travaux publics procèdera le 27 septembre 1999 à la résiliation du contrat, acte de résiliation qu'il abrogera le 2 décembre 1999. Cette décision d'abrogation du marché procèdera au règlement du solde du marché, suivant un protocole d'accord de règlement, au lieu d'accorder au requérant le délai supplémentaire de deux mois qu'il sollicitait pour achever les travaux, ou tout simplement de laisser expirer le contrat jusqu'à l'épuisement du délai de 6 mois prévu pour sa réalisation. Dans cette affaire, le juge estime qu'en se fondant sur le retard accusé sur l'exécution du contrat pour le résilier, l'administration a imputé au cocontractant une faute qui n'existe pas. De plus, cette résiliation est faite en violation de l'article 39 du contrat qui prévoit une tentative de conciliation par entente directe entre les parties. Partant de ces deux violations, le juge estime que l'administration a commis une faute. Le considérant de la juridiction administrative est ainsi libellé : « attendu d'une part, que les faits de résilier le marché le 27 septembre 1999, sans attendre le rapport de la mission de contrôle envoyé au chantier du 19 au 25 septembre 1999 et, en attendant le 02 décembre pour abroger sa résiliation, mais solder ledit marché… » ; 736 CS/CA, jugement n° 59/04-05, du 23 mars 2005, Ets LIPA-SPORT B.T.P c/État du Cameroun 200 « Attendu d'autre part, que l'inexécution normale de ce marché étant davantage provoqué par l'État qui a notifié l'ordre de commencer les travaux le 23 mars 1999, mais n'a signé ledit marché que le 10 mai 1999, l'a modifié substantiellement le 11 mai 1999 pour ne notifier que le 14 juin 1999 l'ordre d'exécuter les travaux n° 2 et, finalement solder ce marché lorsque tout était rassemblé au chantier pour achever les travaux dans un délai de deux mois sollicités, l'État doit être tenu pour seul responsable de la résiliation dudit marché ». V. Ottou Mebenga Pie (Cl. Th.), *Le juge des contrats publics au Cameroun, op. cit.*, pp. 199-200.

[458] Lire CS/CA, jugement n°145/2012 du 12 septembre 2012, affaire Société CARMCO c/État du Cameroun.

Il existe également des cas où le marché public est résilié du fait de l'administration elle-même. Dans une pareille situation, seul le juge est habilité à prononcer la résiliation du marché, après sa saisine par le cocontractant de l'administration.

B. L'extinction prononcée par le juge des marchés publics

La renonciation par l'administration à exercer son pouvoir de résiliation unilatérale laisse place à une résiliation juridictionnelle. Le juge se positionne donc en véritable interlocuteur des parties dans la résolution des différends qui les opposent. À ce sujet, il dispose de deux options en matière de résiliation du marché, comme le relève Claude Ottou Mebenga, en ces termes :

« lorsque le juge met fin au contrat à la demande de l'une des parties, il tire la conséquence de cette extinction. La sanction apportée à cette extinction est fonction de la nature de l'extinction du contrat et surtout de l'issue du procès. En règle générale, les causes de résiliation sont énumérées d'abord dans le cahier des clauses administratives générales et dans les cahiers de clauses particulières. En principe, les hypothèses de résiliation dépendent de la nature de la rupture du contrat : on peut ainsi distinguer la résiliation simple de la résiliation aux torts des parties à l'instance »[459].

Par ailleurs, Jacques Biakan note que

> « dans le contentieux des contrats publics, le juge administratif camerounais est intervenu abondamment dans le domaine des marchés publics. Les différents recours l'on amené à statuer soit sur les critères d'identification des contrats publics, soit sur la résiliation des marchés publics aux torts exclusifs de l'administration, soit encore sur la résiliation unilatérale qui a pour contrepartie l'obligation d'indemniser intégralement le préjudice causé »[460].

Plusieurs possibilités sont ainsi offertes au juge administratif face aux recours des cocontractants, mais aussi de l'administration, qui ne peut donc être à la fois juge et partie. Le juge administratif intervient normalement pour préserver les intérêts des parties ainsi que l'intérêt général[461] qui est garanti par le droit en la matière. Sur cette question, Prosper Yimi relève que « *les violations de la réglementation des marchés sont considérées comme constitutives d'atteintes à la fortune publique et sont sanctionnées conformément aux lois en vigueur. C'est sur cette base que le juge intervient pour faire respecter la loi ou sanctionner les torts causés* »[462].

---

[459] Ottou Mebenga (Cl. Th.), *Le juge des contrats publics au Cameroun*, *op. cit.*, p. 208.

[460] Pour plus d'explications, lire Biakan (J.), *Précis de contentieux des contrats publics au Cameroun*, *op. cit.*, p. 19.

[461] En cas d'atteinte à l'intérêt général, un contrat administratif peut être annulé ou dissous par le juge.

[462] Yimi (P.), *Le contrôle des marchés publics au Cameroun*, *op. cit.*, p. 53.

Il arrive même que le juge prononce l'annulation d'un marché public alors qu'il a été saisi pour sa résiliation. C'est ainsi que dans un arrêt en date du 9 juin 2021, le Conseil d'État considère que le juge du contrat, saisi par un tiers des conclusions en contestation de la validité du contrat ou de certaines de ses clauses, dispose d'une « palette de pouvoirs » qu'il lui appartient d'en faire usage pour déterminer les conséquences des irrégularités du contrat qu'il a relevées, alors même que le requérant n'a expressément demandé que la résiliation du contrat[463].

En somme, les marchés publics dévoilent une structure technique stable et une assise juridique fiable. Si l'on peut admettre que le droit des marchés publics n'a pas prévu tous les mécanismes d'extinction des marchés, il n'en demeure pas moins qu'il en a prévu une large gamme[464] dont le plus protecteur, c'est-à-dire le mécanisme juridictionnel, car celui-ci peut mieux garantir les droits de parties et l'intérêt général[465]. L'architecture normative et institutionnelle des marchés atteste à suffisance de la volonté affichée des pouvoirs publics à assurer une meilleure gouvernance des marchés publics[466].

---

[463] Lire à cet effet Icard (A), « Le juge administratif du contrat peut-il prononcer l'annulation d'un marché public alors même qu'il n'est saisi que d'une demande de résiliation ? », disponible sur : https://www.jurisconsulte.net/fr/articles/id-5335 consulté le 10 avril 2022.

[464] Lire Akono Ongba Sedena, *Les modes de résolution des litiges relatifs aux marchés publics au Cameroun,* Mémoire de DEA de Droit public, Université de Yaoundé II, 2008.

[465]Voir *jugement TAMEGHI Joseph. Suscité et CS/CA, jugement n° 44/89-90 du 28 juin 1990, entreprise Amsecom c/l'État du Cameroun*; *CS/CA, jugement n°59/04-05 du 23 mars 2005, Établissements LIPA-SPORTS B.T.P c/État du Cameroun*) ou alors des dommages et intérêts (v. *CS/CA, jugement n°80/06-07 du 04 juillet 2007, Établissement Le « PAYSAN » c/État du Cameroun.*

[466] Lire dans ce sens Messengue Avom (B.), *La gouvernance des marchés publics au Cameroun, op. cit.*, 550 p.

TROISIÈME PARTIE

LE RÉGIME CONTENTIEUX DES MARCHÉS PUBLICS

Le régime *« contentieux »* désigne l'ensemble des règles applicables à un litige ou l'ensemble des litiges ou contestations élevés sur un point de droit, et même, la procédure ou le processus de règlement d'un litige[467]. Il renvoie également à un ensemble de règles relatives au règlement de litiges, d'une série de contestations par un service spécialisé chargé des questions litigieuses ou chargé de trancher les litiges[468]. Le *« contentieux »* peut être privé, pénal, administratif, fiscal ou de la responsabilité[469]. La mauvaise foi, l'ignorance ou l'interprétation insidieuse des textes sont autant de facteurs pouvant être à l'origine des différends dans la passation et l'exécution des marchés publics. Le règlement du différend ou du litige qui en résulte se fait par la voie non juridictionnelle (Chapitre I) ou par la voie juridictionnelle (Chapitre II), en cas d'échec de la première voie.

---

[467] Guimdo Dongmo (B.-R.), *Cours de droit et contentieux des marchés publics*, *op. cit.*, p.32.

[468] Owona (J.), *Droit administratif spécial de la République du Cameroun*, *op.cit.*, p.172.

[469] Guinchard (S.), et Debard (Th.), *Lexique des termes juridiques*, *op.cit.*, p. 559. Voir également Gullien (R.) et Vincent (J.), *Lexique des termes juridiques*, *op. cit.*, p. 148.

CHAPITRE 1

LE RÈGLEMENT NON JURIDICTIONNEL DU CONTENTIEUX DES MARCHÉS PUBLICS

Le règlement non juridictionnel des différends permet, en principe, d'éviter un procès inutile, coûteux et long. Honoré de Balzac n'affirmait-il pas qu'*« un mauvais arrangement vaut mieux qu'un bon procès »*[470] ? Une telle assertion, qui présente sans doute des limites, s'inscrit néanmoins dans la logique de la justice sans *« juge », « un ensemble d'outils mis à la disposition des soumissionnaires et des titulaires de marchés publics par la réglementation pour gérer à l'amiable les litiges et éviter par ce moyen des contentieux lourds, longs et coûteux »*[471]. Le règlement non juridictionnel des marchés publics est donc celui qui se fait devant des instances autres que le juge[472]. À ce sujet, les marchés publics génèrent de nombreux litiges pouvant survenir à n'importe quel stade de la procédure, de la passation à l'extinction, en passant par l'exécution, voire après la réception[473], et pour lesquels la solution ne saurait être apportée immédiatement ou directement devant le juge des contrats administratifs. Ce règlement peut être, selon les cas, administratif (Section I) ou alternatif (Section II).

SECTION 1 : LE RÈGLEMENT ADMINISTRATIF DES LITIGES LIÉS AUX MARCHÉS PUBLICS

Le règlement administratif des différends désigne le procédé par lequel l'administré porte le litige devant l'administration pour l'inviter à y mettre un terme[474]. C'est ainsi qu'en règle générale, lorsque l'administration prend une décision et que l'administré estime qu'elle lui fait grief, il est en droit de solliciter sa remise en cause en introduisant un recours administratif auprès de ladite administration. C'est d'ailleurs la première démarche dans la résolution du différend en matière de marchés publics[475]. Il convient d'en déterminer les modalités (Paragraphe I) et les outils juridiques (Paragraphe II).

---

470 Balzac (H.), *La Comédie humaine*, Tome 4, Pléiade n° 2, p. 1054.
471 Mohamed (N.), *Droit des marchés publics, aspects juridiques, financiers et contentieux*, *op. cit.*, p. 309.
472 Voir notamment Guimdo Dongmo (B-R.), *Cours de droit et contentieux des marchés publics*, *op. cit.*, p.32.
473 Mohamed (N.), *Droit des marchés publics, aspects juridiques, financiers et contentieux*, *op. cit.*, p.308.
474 Mounyemb (A. M.), *Le règlement du contentieux des marchés publics au Cameroun*, Mémoire de Master en Contentieux et Arbitrage, UCAC/ICY, 2008, p. 29.
475 Biakan (J.), *Précis de contentieux des contrats publics au Cameroun*, *op.cit.*, p.42.

Paragraphe 1. Les modalités du règlement administratif des litiges liés aux marchés publics

Les modalités du règlement administratif dévoilent des spécificités dans les phases de passation (B) et d'exécution des marchés publics (A).

A. La phase de passation des marchés publics

Les recours des candidats et soumissionnaires et ceux déposés contre la Commission de passation des marchés ou la Commission centrale de contrôle des marchés constituent les modalités du règlement administratif en phase de passation[476].

Selon le décret portant code des marchés publics, « Tout candidat ou soumissionnaire qui s'estime lésé dans la procédure de passation des marchés publics peut introduire un recours, en fonction de l'étape de la procédure, soit auprès du Maître d'ouvrage ou du Maître d'ouvrage délégué, soit auprès du Comité d'examen des recours »[477]. Les recours peuvent s'exercer dans « la phase de préqualification ; entre la publication de l'avis d'appel d'offres et l'ouverture des plis ; à l'ouverture des plis ; à l'issue de la phase d'analyse des offres techniques, lorsque l'ouverture des offres se fait en deux temps, ou entre la publication des résultats et la notification du marché »[478].

Pour être recevables, les recours doivent préciser un fait ou un manquement à l'encontre du Code des marchés publics[479] et imputable à l'administration. Des recours peuvent aussi être introduits contre la Commission de passation des marchés ou la Commission de centrale de contrôle des marchés. Le Code des marchés publics consacre dans ce cas deux hypothèses : les désaccords entre la Commission de Passation des Marchés et le Maître d'Ouvrage ou le Maître d'Ouvrage délégué, et les désaccords entre la Commission centrale de Contrôle des Marchés et le Maître d'ouvrage ou le Maître d'ouvrage délégué. D'une part, « lorsque le Maître d'ouvrage ou le Maître d'Ouvrage délégué n'approuve pas une proposition de la Commission de Passation des Marchés, il est tenu de lui demander un nouvel examen du dossier en mentionnant ses réserves dans un délai de (03) jours »[480]. D'autre part, « en cas de désaccord entre la Commission centrale de contrôle des marchés et le Maître d'ouvrage ou le Maître d'ouvrage délégué, ce dernier est tenu de demander un nouvel examen du dossier par la Commission centrale

---

[476] Décret n°2018/366 du 20 juin 2018 portant Code des marchés publics en République du Cameroun, article 170, alinéa 1 et s.

[477] Décret n°2018/366 du 20 juin 2018 portant Code des marchés publics en République du Cameroun, op. cit., article 170, alinéa 1.

[478] *Ibid.*, alinéa 3.

[479] *Ibid.*, alinéa 2.

[480] *Ibid.*, article 178, alinéa 1er et s.

de Contrôle des Marchés en mentionnant ses réserves, dans un délai de (07) jours ouvrables » à compter de la date de notification des résultats de la délibération de la Commission en cause[481]. Le règlement des différends dans la phase d'exécution des marchés publics connaît des procédés assez distincts de ceux relevés dans la phase de passation.

B. La phase d'exécution des marchés publics

Le règlement non juridictionnel dans la phase d'exécution des marchés publics intègre le recours en vue de leur résiliation et les requêtes des cocontractants. La résiliation désigne la dissolution d'un contrat par décision volontaire, soit à l'initiative d'une seule partie (résiliation unilatérale), soit d'un commun accord (résiliation conventionnelle)[482]. Elle subodore la disparition, produisant ses effets pour l'avenir seulement, d'un contrat à exécution successive, mais qui n'est pas complètement exécuté. L'article 182 du Code des marchés publics fait l'économie des cas donnant lieu à la résiliation de plein droit des marchés publics par le Maître d'Ouvrage. Concrètement,

> « Le marché est résilié de plein droit par le Maître d'Ouvrage dans l'un des cas suivants :
> - Décès du titulaire du marché. Dans ce cas, le Maître d'Ouvrage peut, s'il y a lieu, autoriser que soient acceptées les propositions présentées par les ayants droit pour la continuation de la prestation ;
> - Faillite du titulaire du marché. Dans ce cas, le Maître d'Ouvrage peut accepter, s'il y a lieu, des propositions qui peuvent être présentées par les créanciers pour la continuation des prestations ;
> - Liquidation judiciaire, si le co-contractant de l'Administration n'est pas autorisé par le tribunal à continuer l'exploitation de son entreprise ;
> - En cas de sous-traitance, de cotraitance ou de sous-commande, sans autorisation préalable du Maître d'Ouvrage ou du Maître d'Ouvrage délégué ;
> - Défaillance du co-contractant de l'Administration dûment constatée et notifiée à ce dernier par le Maître d'Ouvrage ou le Maître d'Ouvrage délégué ;
> - Non-respect de la législation ou de la réglementation du travail ;
> - Variation importante des prix dans les conditions définies par le cahier des clauses administratives générales, suite à la notification des conditions économiques ou des quantités initiales du marché ;
> - Manœuvres frauduleuses et corruption dûment constatées ».

Hormis ces différents cas, la résiliation peut être prononcée en cas de force majeure, après avis de l'Autorité chargée des marchés publics[483]. Que dire des requêtes des cocontractants de l'administration ou titulaire du marché ?

---

[481] *Ibid.*, articles 179 et s.
[482] Guinchard (S.), Debard (Th.), *Lexique des termes juridiques, op.cit.*, p. 1802.
[483] *Ibid.*, article 183.

L'expression *« cocontractant de l'administration ou titulaire du marché »* fait référence à « toute personne physique ou morale partie au contrat, chargée de l'exécution des prestations prévues dans le marché[484] ». Si l'on se réfère au Code des marchés publics, « tout cocontractant de l'administration, qui s'estime lésé dans l'exécution du contrat, peut introduire un recours non juridictionnel, soit auprès du Maître d'Ouvrage ou du Maître d'Ouvrage Délégué, soit auprès de l'Autorité chargée des marchés publics[485] ». L'autorité saisie se prononce, après avis préalable de l'organisme chargé de la régulation des marchés publics (dénommé Agence de Régulation des Marchés publics, en abrégé ARMP)[486].

Dans ces différentes phases (phase de passation et phase d'exécution), divers outils ou moyens s'offrent aux requérants, candidats ou soumissionnaires, cocontractants ou toute autre personne ayant intérêt et qualité, pour saisir l'autorité adressataire.

Paragraphe 2. Les outils du règlement administratif des litiges liés aux marchés publics

Que ce soit dans la phase de passation ou dans celle d'exécution du marché, deux outils ou moyens peuvent utiliser par la partie lésée ou contestatrice pour saisir l'administration contractante ou l'autorité compétente. Il s'agit du recours gracieux préalable (A) et du recours hiérarchique (B).

A. Le recours gracieux préalable

Défini comme le recours porté devant l'autorité qui a pris la décision querellée et dont on veut obtenir la réformation ou l'annulation[487], le recours gracieux est, comme son nom l'indique, un préalable à la saisine du juge administratif, qui pourrait induire soit le retrait de l'acte administratif contesté, soit la réparation du préjudice que l'action ou l'inaction de ladite autorité a pu causer aux tiers[488]. Ce mode administratif de règlement a été adopté dans des

[484] Décret n°2018/366 du 20 juin 2018 portant Code des marchés publics en République du Cameroun, *op. cit.*, article 5 (l).
[485] *Ibid.*, article 186, alinéa 1er.
[486] *Ibid.*, article 186, alinéa 2.
[487] Mohamed (N.), *Droit des marchés publics, aspects juridiques, financiers et contentieux, op. cit.*, p.326.
[488] Guimdo Dongmo (B.-R.), « Le droit d'accès à la justice administrative au Cameroun. Contribution à l'étude d'un droit fondamental » *RRJ*, n°XXXIII -121,2008-1, p. 469,

supports juridiques de plusieurs États, comme l'illustrent à suffisance les droits gabonais[489] et sénégalais[490].

Au Cameroun, d'après l'article 17 alinéa 1er de la loi de 2006/022 du 29 décembre 2006 fixant l'organisation et le fonctionnement des tribunaux administratifs, le recours devant le tribunal administratif n'est recevable qu'après rejet d'un *recours gracieux* adressé à l'autorité auteur de l'acte attaqué ou à celle statutairement habilitée à représenter la collectivité publique ou l'Établissement public en cause. L'obligation pour le cocontractant d'intenter un recours devant l'administration avant toute instance contentieuse trouve son fondement normatif dans cette disposition législative, et complémentairement dans le Code des marchés publics (Décret n°2018/366 du 20 juin 2018 portant Code des marchés publics) et les Cahiers de Clauses administratives générales (V. arrêté n°033/CAB/PM du 13 février 2007). L'autorité habilitée à recevoir les recours et les délais y relatifs diffèrent selon que le litige concerne la passation ou l'exécution du marché.

Pour ce qui est des autorités et délais de recours au niveau de la passation, « tout candidat ou soumissionnaire qui s'estime lésé, peut introduire un recours, en fonction de l'étape ou du moment de la procédure de passation »[491], soit auprès du Maître d'ouvrage (chef de département ministériel ou assimilé, chef de l'exécutif d'une collectivité territoriale décentralisée, directeur général d'un établissement public, chef de Projet...) ou du Maître d'ouvrage délégué (Gouverneur et Préfet), soit auprès du Comité d'Examen de recours[492]. Les *délais*, les *modalités* et le *sort* du recours sont aussi fonction de l'étape ou de la phase de la procédure[493].

Dans la phase de pré-qualification, « les candidats disposent d'un délai de cinq (5) jours ouvrables avant le dépôt des candidatures, et cinq (05) jours ouvrables, après la publication des résultats de la pré-qualification pour introduire leur recours auprès du Maître d'Ouvrage ou du Maître d'Ouvrage délégué avec copie à l'Autorité chargée des marchés publics et à l'organisme

---

489 Au sens de l'article 240 du décret n°00027/PR/MEPPDD du 17 janvier 2018 portant Code des marchés publics de la République du Gabon, *« les décisions rendues en matière de recours gracieux (...) peuvent faire l'objet de recours devant l'autorité de régulation des marchés publics ».*

490 Selon l'article 89 du décret n°2014-1212 du 22 septembre 2014 portant Code des marchés de la République du Sénégal, *« tout candidat à une procédure d'attribution d'un marché doit, préalablement à tout recours contentieux, saisir la Personne responsable du marché d'un recours gracieux, par une notification écrite indiquant les références de la procédure de passation du marché et exposant les motifs de sa réclamation par une lettre recommandée avec demande d'avis de réception ou déposée contre récépissé (...) ».*

491 V. article 170.2 CMP.

492 Article 170.1 du CMP.

493 V. les articles 171 à 177 du CMP.

chargé de la régulation des marchés publics[494] ». Entre la publication de l'avis d'appel d'offres et l'ouverture des plis, le recours doit parvenir au Maître d'Ouvrage ou au Maître d'Ouvrage délégué au plus tard quatorze jours ouvrables avant la date d'ouverture des offres[495]. À l'ouverture des plis, dans un délai de trois jours ouvrables, après l'ouverture des plis, le recours est adressé au Comité d'Examen des Recours, avec copie au Maître d'Ouvrage ou au Maître d'Ouvrage Délégué, au Président de la Commission de Passation des Marchés concernée, à l'organisme chargé de la régulation des marchés publics et à l'Autorité chargée des marchés publics[496].

À l'issue de la phase d'analyse des offres techniques, les soumissionnaires non qualifiés peuvent, dans un délai maximum de trois jours ouvrables, après la séance d'ouverture des offres financières, introduire un recours auprès du Comité chargé de l'Examen des Recours, avec copie au Maître d'Ouvrage ou au Maître d'Ouvrage Délégué, au Président de la Commission de Passation des Marchés et à l'Autorité chargée des marchés publics[497]. Par ailleurs, entre la publication des résultats et la notification de l'attribution du marché, la réclamation est adressée au Comité chargé de l'Examen des Recours, avec copie au Maître d'Ouvrage ou au Maître d'Ouvrage délégué, au Président de la Commission de Passation des Marchés concernés, à l'organisme chargé de la régulation des marchés publics et à l'Autorité chargée des marchés publics. Sous peine de forclusion, le recours est déposé dans un délai maximum de trois (03) jours ouvrables après la publication des résultats[498].

L'autorité administrative saisie d'un tel recours dispose non seulement du pouvoir d'apprécier le caractère fondé ou non de la réclamation, mais également et surtout d'ordonner, le cas échéant, soit la reprise, soit l'annulation de la procédure, soit alors des mesures diverses. Que dire des autorités et délais de recours au stade de l'exécution ? Tout cocontractant de l'administration qui s'estime lésé dans l'exécution du contrat peut introduire un recours, soit auprès du *Maître d'ouvrage* ou du *Maître d'ouvrage délégué*, soit auprès de *l'Autorité des marchés publics*[499].

Le CMP est muet sur les délais de saisine desdites autorités. Il dispose simplement que « l'Autorité chargée des marchés publics prononce sa

---

[494] Décret n°2018/366 du 20 juin 2018 portant Code des marchés publics de la République du Cameroun, *op. cit.*, article 171, alinéas 1[et] 2.

[495]*Ibid.*, article 172, alinéa 1er (a), (b) et (c).

[496]*Ibid.*, lire l'article 173 alinéas 1er à 4.

[497]*Ibid.*, article 174, alinéas 1 à 3.

[498]*Ibid.*, article 175 alinéas 1 à 3. Néanmoins, notons que ce recours peut donner lieu à la suspension de la procédure à l'appréciation de l'organisme chargé de la régulation des marchés publics. La suspension dont il est question peut être levée par l'Autorité chargée des marchés publics après examen des conclusions du Comité chargé de l'examen des recours (Article 175, alinéas 4 et 5).

[499] V. article 186.1 du CMP.

décision sur proposition du Comité chargé de l'examen des recours, et après avis préalable de l'organisme chargé de la régulation des marchés publics, le cas échéant[500] ». C'est dire qu'en la matière, ce sont les délais de recours prévus par l'article 17.2 de la loi n°2006/022 portant organisation et fonctionnement des tribunaux administratifs qui s'appliquent. Le recours doit donc, « *à peine de forclusion, être formé :*

a) dans les trois mois (avant, il était de deux mois) de publication ou de notification de la décision attaquée ;

b) en cas de demande d'indemnisation dans les six mois suivant la réalisation du dommage ou sa connaissance ;

*c) en cas d'abstention d'une autorité ayant compétence liée dans les quatre ans à partir de la date à laquelle ladite autorité était défailla*nte ».

Les recours gracieux intervenant en dehors de ces délais seront frappés de forclusion. On peut simplement souligner que ces différents délais sont indiqués dans le souci de garantir les principes de liberté d'accès à la commande publique, d'égalité de traitement des candidats et de transparence des procédures. Toutefois, si l'on se réfère aux Cahiers de clauses administratives générales, l'autorité administrative habilitée à recevoir les recours du cocontractant de l'administration varie en fonction du type de marché public en cause. Ainsi, quand il s'agit d'un *marché public de travaux* et que le différend met en présence l'entrepreneur et le maître d'œuvre, ledit entrepreneur doit adresser un recours au chef de service du marché.

La désignation du Chef de service du marché comme autorité habilitée à recevoir les réclamations formulées par l'entrepreneur s'expliquerait par le fait que c'est lui qui assure au quotidien la direction des ouvrages à réaliser. À ce titre, et parce qu'il est l'initiateur des ordres de service susceptibles de mettre en cause les droits de l'entrepreneur, il est tout à fait logique que le chef de service du marché soit saisi des recours y afférents. Cette solution n'est pas valable pour les marchés de services et de prestations intellectuelles pour lesquels les recours doivent être adressés au maître d'ouvrage.

Dans un cas comme dans l'autre, les pouvoirs de l'autorité administrative destinée à recevoir la réclamation gracieuse diffèrent fondamentalement. En effet, le Chef de service du marché de travaux dispose d'un simple pouvoir de proposition pour le règlement du différend, tandis que dans le cas d'un marché de fournitures ou de services et de prestations intellectuelles, le maître d'ouvrage exerce un véritable pouvoir de décision, qui peut permettre d'apaiser ou de résoudre totalement le différend. Encore faudrait-il que la réclamation du cocontractant parvienne à l'autorité administrative compétente dans les délais réglementaires.

---

[500] V. article 186.2 du CMP.

Les délais de recours sont aussi indiqués dans les différents CCAG. C'est ainsi que celui relatif aux marchés publics de travaux dispose que l'entrepreneur qui émet les réserves sur décompte général doit faire parvenir un mémoire de ses réclamations dans *un délai d'un mois*. Même si un délai d'exercice des réclamations n'est pas précisé pour les autres types de marchés publics, on peut penser que le délai réglementaire dans lequel le destinataire du recours doit notifier à son initiateur sa proposition en vue du règlement dudit recours constitue en lui-même un gage pour le cocontractant de l'administration.

Au regard de ce qui précède, le juge administratif déclare recevable le recours gracieux adressé à une autorité autre que l'autorité compétente, dès lors que la requête a été transmise à cette dernière par l'autorité inopportunément saisie[501]. Constitue un rejet du recours gracieux, le silence gardé par l'autorité saisie pendant un délai de trois mois sur une demande ou réclamation qui lui est adressée. Ce délai court à compter de la notification du recours gracieux[502]. Le juge administratif est très clair à ce sujet : *« Attendu que cette décision, bien que prise en octobre 1986, n'a jamais été notifiée à la requérante ; Attendu qu'à la date d'aujourd'hui, aucune suite expresse n'a été donnée au recours gracieux préalable introduit le 3 avril 1987 par devant le ministre de l'Informatique et des Marchés publics ; "Qu'on peut considérer ce recours implicitement rejeté", ce qui justifie la saisine de la Cour Suprême, Chambre administrative... »*[503]. Que dire du recours hiérarchique ?

B. Le recours hiérarchique

Le recours hiérarchique désigne celui par lequel le demandeur saisit le supérieur hiérarchique de l'autorité ayant pris la décision querellée[504] ou *« une réclamation adressée par un administré à l'autorité administrative supérieure à celle qui a pris un acte »*[505]. Il peut être déclenché indépendamment du recours gracieux préalable[506]. Opérant le *distinguo* entre le recours gracieux et le recours hiérarchique, Maurice Kamto affirme que *« le recours hiérarchique... qui est tout simplement un recours que vous devez adresser au supérieur immédiat ou lointain, quel qu'il soit, de l'auteur de l'acte dont vous*

---

[501]CS/AP, Arrêt n° 1/A du 6 décembre 1979, FOUDA Hubert c/État du Cameroun. V. Kamto (M), *Droit administratif processuel du Cameroun : Que faire en cas de litige avec l'Administration*, PUC, Yaoundé, 1990, p. 40.

[502] Loi de 2006 fixant l'organisation et le fonctionnement des tribunaux administratifs, article 17 alinéa *op.cit.*

[503] CS/CA, jugement n°132/04-05 du 27 juillet 2005, Entreprise camerounaise de Construction et de Nettoyage (ECCN) c/État du Cameroun.

[504] Owona (J.) *Droit administratif spécial de la République du Cameroun, op. cit.*, p. 207.

[505] Guimdo Dongmo (B.-R.), *Cours de droit et contentieux des marchés publics, op.cit.*, p. 30.

[506] Mohamed (N.), *Droit des marchés publics, aspects juridiques, financiers et contentieux, op. cit.*, p. 528.

contestez le bien-fondé... est différent du recours gracieux prescrit par la loi et qui doit être adressé... à une catégorie d'autorités bien précises »[507].

Le recours hiérarchique n'est pas expressément prévu par le Code camerounais des marchés publics, comme il l'est dans les Codes tchadien[508], ivoirien[509] et gabonais[510] des marchés publics. Mais dans le fond, au sens de l'article 48, alinéa 1er dudit Code, tout différend entre le prestataire et le Chef de service du marché[511] doit faire l'objet, de la part du prestataire, d'un mémoire de réclamation remis au Maître d'Ouvrage avec copie au Chef de service du marché[512]. En sus, l'article 170 alinéa 1er du Code des marchés publics dispose que, *« tout candidat ou soumissionnaire qui s'estime lésé dans la procédure de passation des marchés publics peut introduire un recours en fonction de l'étape de la procédure, soit auprès du Maître d'Ouvrage ou du Maître d'Ouvrage délégué, soit auprès du Comité d'Examen des Recours »*[513]. Ainsi, relativement à l'exécution du marché public, les litiges mettant en cause l'administration et son cocontractant peuvent faire l'objet d'un recours hiérarchique. Même si le CCAG-Travaux ne l'a pas explicitement codifié, il ressort du CCAG-fournitures et de services et prestations intellectuelles que tout différend entre le fournisseur et le service du marché doit faire l'objet

---

507 Kamto (M), *Droit administratif processuel du Cameroun, op. cit.*, p. 40.

508 Décret n°503/PM/SGG/2003 du 05 décembre 2003 portant Code des marchés publics de la République du Tchad. En effet, dans le Chapitre intitulé *« Des recours contre la procédure de passation et règlement amiable des litiges et différends »*, la section première est clairement titrée : *« Recours hiérarchique »*. Dans cette logique, l'article 119 dispose qu'*« en cas de différend entre le Titulaire et l'Autorité contractante ou en cas de recours intenté par un candidat non retenu ou par l'OCMP pour irrégularité de la procédure de passation ou de choix du Soumissionnaire, le litige devra être obligatoirement soumis, avant tout autre recours, au ministre de Tutelle de l'Autorité contractante »*.

509 Considérant le décret n°2009-259 du 06 août 2009 portant Code des marchés publics de la République de Côte d'Ivoire en son article 143, *« les soumissionnaires s'estimant injustement évincés des procédures soumises aux dispositions du présent Code peuvent introduire un recours formel préalable à l'encontre des décisions rendues, leur causant préjudice, devant l'autorité qui est à l'origine de la décision contestée. La décision de cette dernière peut être contestée devant son supérieur hiérarchique. Une copie de ce recours est adressée à l'Autorité nationale de Régulation des Marchés publics »*.

510 Article 240 du décret n°00027/PR/MEPPDD du 17 janvier 2018 portant Code des marchés publics de la République du Gabon, *op. cit.*, dispose clairement que *« les décisions rendues en matière de recours... hiérarchique peuvent faire l'objet de recours devant l'autorité de régulation des marchés publics »*.

511 C'est une personne physique accréditée par le Maître d'Ouvrage ou le Maître d'Ouvrage délégué pour une assistance à caractère administratif, financier et technique aux stades de la définition, de l'élaboration, de l'exécution et de la réception des prestations, objets du marché. Il arrête toutes les dispositions technico-financières et représente le Maître d'Ouvrage ou le Maître d'Ouvrage délégué auprès des instances compétentes d'arbitrage des litiges (Article 5, alinéa [j]. Lire le décret n°2018/366 du 20 juin 2018 portant Code des marchés publics de la République du Cameroun, *op. cit.*

512 CCAG-SPI, article 48, alinéa 1er.

513 Décret n°2018/366 du 20 juin 2018 portant Code des marchés publics de la République du Cameroun, *op. cit.*, article 170, alinéa 1er.

d'un mémoire de réclamation adressé au maître d'ouvrage. Il est à noter, cependant, que les CCAG n'ont pas indiqué les délais dans lesquels doit intervenir le recours hiérarchique au stade de l'exécution du marché public. Le Code des marchés publics n'exclut pas le règlement alternatif des différends.

SECTION 2 : LE RÈGLEMENT ALTERNATIF DES LITIGES LIÉS AUX MARCHÉS PUBLICS

Les parties au contrat de marché public bénéficient généralement de la libre détermination du mode de règlement des conflits[514]. Il s'agit d'un désaveu vis-à-vis de la justice étatique[515], car le règlement alternatif offre une facilité nouvelle aux personnes publiques et à leurs cocontractants pour régler leurs litiges[516].

Caractérisé par le principe du pouvoir discrétionnaire, la souplesse dans le cadre de l'accord et du processus décisionnel, le dialogue, la confidentialité et le rapport coût-efficacité, le règlement alternatif des différends se pose sans s'opposer au règlement administratif. Il s'agit de deux procédés donnant la possibilité de régler les litiges par d'autres voies que la voie juridictionnelle[517]. Néanmoins, le règlement alternatif se distingue par une plus grande flexibilité, la prise en compte de l'équité, la bonne foi et les usages en adéquation avec les besoins et les intérêts des parties, et sans enfreindre les lois[518]. Il s'agit du règlement à l'amiable (Paragraphe I) et de l'arbitrage classique[519] (Paragraphe II).

Paragraphe 1. Le règlement à l'amiable

L'assise juridique du règlement à l'amiable en droit camerounais des marchés publics se trouve dans les Cahiers des Clauses administratives générales applicables aux marchés publics et dans le Code des marchés publics.

D'une part, et sur le fondement de l'article 48 du Cahier des Clauses administratives générales applicables aux marchés publics de Services et de Prestations intellectuelles (CCAG-SPI), tout différend entre le fournisseur ou

---

[514] RICHER (L.), « *Les modes alternatifs de règlement des litiges et le droit administratif* », *AJDA*, 3 – 8, 1997. FALL (A. B.), « Réflexion sur quelques procédés non juridictionnels de règlement des litiges administratifs », *in La création du droit en Afrique*, *op.cit.*, pp. 424-429.
[515] Rivero (J.), « Personne morale de droit public et arbitrage », *Rev. Arbitrage*, 1973, p. 263.
[516] Labetoulle (D.), « Offrir une facilité nouvelle aux personnes publiques et à leurs cocontractants pour régler leurs litiges », *AJDA*, 2007, pp. 772-773.
[517] Association Internationale des Hautes Juridictions administratives (AIHJA), « Les modes alternatifs de règlement des différends en matière administrative », XII congrès, Istanbul, p.11.
[518] *Ibid.*
[519] Lire, à ce sujet, Badara Fall (A.), « Réflexion sur quelques procédés non juridictionnels de règlement des litiges administratifs », in *La création du droit en Afrique*, pp. 421-441

le prestataire et le Maître d'Ouvrage fait l'objet d'une tentative de *« règlement à l'amiable »,* le cas échéant, par voie de médiation, conformément aux dispositions du CCAP, sous réserve des dispositions du Code des Marchés publics concernant les avenants[520]. Mais, lorsqu'aucune solution amiable ne peut être apportée au différend, ce dernier est porté devant la juridiction camerounaise compétente, sous réserve des dispositions du CCAP[521]. Ces dispositions sont reprises dans leur entièreté par le Cahier des Clauses administratives générales applicables aux marchés publics de Travaux (CCAG-Travaux)[522]. Il en est de même du Cahier des Clauses administratives générales applicables aux marchés publics de Services et de Prestations intellectuelles (CCAG-SPI), qui prescrit que lorsque le Maître d'Ouvrage ne parvient pas à exécuter ses obligations pour cause de force majeure, le marché peut, à la demande du fournisseur ou du prestataire, être résilié à l'amiable[523]. Enfin, le Cahier des Clauses administratives générales applicables aux marchés publics d'Études (CCAG-Etudes) consacre l'intervention du Comité consultatif de Règlement amiable dont l'avis ne lie pas les parties[524].

D'autre part, suivant le Code des marchés publics, « les litiges résultant des marchés publics peuvent, en tant que de besoin, faire l'objet d'une tentative de règlement à l'amiable[525] ». Ce procédé « reste sans incidence sur la procédure de règlement de droit commun si elle n'a pas abouti, sauf dérogation découlant des accords ou conventions de prêt ou d'autres conventions internationales[526] ». Le juge saisi conclut donc à un non-lieu lorsqu'il constate qu'un règlement amiable est intervenu entre les parties[527]. Tel en a été le cas dans *l'affaire Moluh Seydou c/État du Cameroun du 3 février 1977*[528]. Du reste, le règlement à l'amiable obéit à des modalités pratiques qu'il convient d'examiner, notamment l'arbitrage « interne » ou « *sui generis* » (A), la médiation et la transaction (B).

---

520 CCAG-SPI, *op. cit.*, article 48, alinéa 3.

521 *Ibid.*, article 48, alinéa 4.

522 CCAG-travaux, article 73, alinéa 3.

523 CCAG-SPI, *op.cit.*, article, et CCAG-Travaux, *op. cit.*, article 75, alinéa 4.

524 CCAG-Etudes, article 38, alinéa 3.

525 Décret n°2018/366 du 20 juin 2018 portant Code des marchés publics au Cameroun, *op. cit.*, article 187, alinéa 1er. Voir également le décret n°2004/275 du 24 septembre 2004 portant Code des marchés publics de la République du Cameroun, *op. cit.*, article 91, alinéa 1.

526 *Ibid.*, article 187, alinéa 2. Dans le même sens, lire l'article 91, alinéa 2 du décret n°2004/275 du 24 septembre 2004 portant Code des marchés publics de la République du Cameroun, *op. cit.*

527 Voir, Guimdo Dongmo (B-R.), *Cours de droit et contentieux des marchés publics, op.cit.*, p. 33.

528 CS/CA, jugement n°26/76-77 du 03 février 1977, Moluh Seydou c/État du Cameroun.

A. L'arbitrage *sui generis*

L'arbitrage s'entend généralement d'une procédure non juridictionnelle dans laquelle les litiges sont réglés par des organes autres que les juridictions étatiques. En principe, l'arbitrage est interdit aux personnes publiques. Cette interdiction trouve son fondement dans le Code de Procédure civile. Celui-ci dispose, en effet, qu'on ne peut compromettre sur les questions intéressant les collectivités publiques ou les établissements publics, et plus généralement dans toutes les matières qui intéressent l'ordre public.

L'arbitrage dit « interne » ou « sui generis » n'obéit pas à cette définition de l'arbitrage classique. Pour l'essentiel, cet arbitrage interne ou *« sui generis »* revêt un caractère strictement national et est propre au règlement des litiges des marchés publics. En droit gabonais, il est clairement indiqué que *« si la décision de l'administration centrale en charge des marchés publics ou de ses démembrements ne satisfait pas l'une des parties, le conflit est porté à l'arbitrage de l'autorité de régulation des marchés publics... »*[529]

Calquées sur certains textes antérieurs[530], les prévisions de la circulaire n°001/CAB/PR du 19 juin 2012 relative à la passation et au contrôle de l'exécution des marchés publics et celles du décret n° 2018/366 du 20 juin 2018 portant Code des marchés publics au Cameroun sont sans équivoques sur la question. En tant que mode de règlement non juridictionnel des litiges liés aux marchés publics, cet arbitrage présente certaines particularités qui le distinguent de la procédure arbitrale, telle que régie par le Code de procédure civile.

---

[529] Décret n°00027/PR/MEPPDD du 17 janvier 2018 portant Code des marchés publics de la République du Gabon, *op. cit.*, article 129.

[530] La Circulaire n°002/CAB/PM du 4 novembre 2002 relative à la procédure de passation des marchés publics aménageait déjà le recours à l'arbitrage interne. Pour l'illustrer, l'on note qu'en ce qui concerne les différents modes de passation des marchés l'on peut lire : sur l'attribution du marché dispose qu'*«(...) en cas de désaccord persistant, le Président de la Commission spécialisée de Contrôle transmet le dossier au Premier ministre pour arbitrage et en informe le Maître d'ouvrage ou le Maître d'Ouvrage délégué. Ce recours est suspensif. Le Premier ministre requiert l'avis technique de l'ARMP pour se prononcer »*. Relativement à la signature et la notification du marché, il est écrit qu'*« en cas de désaccord persistant, le Président de la Commission spécialisée de Contrôle transmet le dossier au Premier ministre pour arbitrage et en informe le Maître d'ouvrage ou le Maître d'ouvrage délégué. Ce recours est suspensif. Le Premier ministre se prononce après avis technique de l'ARMP ». Concernant l'adoption du dossier d'appel d'offres, il est dit que « lorsque l'avis est favorable, le Maître d'ouvrage ou le Maître d'ouvrage délégué procède au lancement de l'appel d'offres. En cas d'avis favorable assorti de réserves, le Maître d'ouvrage ou le Maître d'ouvrage délégué est tenu de lever les réserves avant de poursuivre la procédure. En cas de désaccord persistant, le Président de la Commission spécialisée de Contrôle transmet le dossier au Premier ministre pour arbitrage et en informe le Maître d'ouvrage ou le Maître d'ouvrage délégué. Ce recours est suspensif. Le Premier ministre se prononce après avis technique de l'ARMP ».*

D'après la circulaire n°001/CAB/PR du 19 juin 2012 relative à la passation et au contrôle de l'exécution des marchés publics (points 23 et 25 notamment), l'organe chargé d'arbitrer les différends nés de la passation et de l'exécution des marchés publics est le ministre délégué chargé des Marchés publics. Les pouvoirs qui lui sont reconnus lorsqu'il est saisi montrent bien qu'il assure effectivement une fonction d'arbitrage. C'est ainsi qu'il peut décider d'annuler ou faire reprendre une procédure et même autoriser des mesures exceptionnelles, s'il juge une réclamation pertinente ou fondée. En cas de désaccord entre le maître d'ouvrage ou le maître d'ouvrage délégué et le président de la commission de marchés, l'un des deux peut le saisir pour arbitrage. Avant de trancher, le ministre sollicite l'avis technique de l'ARMP (Agence Régulation des Marchés Publics), qui dispose de 21 jours pour le lui donner.

Le Code des marchés publics encadre l'arbitrage interne à divers niveaux : en cas de désaccord entre la Commission de Passation des Marchés et le Maître d'Ouvrage ou le Maître d'Ouvrage délégué ou de désaccord entre la Commission centrale de Contrôle des Marchés et le Maître d'Ouvrage ou le Maître d'Ouvrage délégué ; mais aussi lorsque des soumissionnaires sont lésés dans la procédure de passation du marché. Dans l'hypothèse d'un désaccord entre la Commission de Passation des Marchés et le Maître d'Ouvrage ou le Maître d'Ouvrage délégué, le Code des marchés publics prévoit que, si le désaccord persiste, le Maître d'Ouvrage ou le Maître d'Ouvrage délégué saisit l'Autorité chargée des Marchés publics pour arbitrage, après l'avis de l'organisme chargé de la régulation des marchés publics, qui dispose d'un délai de sept (07) jours ouvrables pour l'émettre.

En cas de désaccord entre la Commission centrale de Contrôle des Marchés et le Maître d'Ouvrage ou le Maître d'Ouvrage délégué, celui-ci est tenu de demander un réexamen du dossier par la Commission centrale de Contrôle des Marchés en mentionnant ses réserves[531]. Toutefois, le Code prévoit que si le désaccord persiste après le réexamen et la notification des résultats des travaux au requérant[532], le Maître d'Ouvrage ou le Maître d'Ouvrage délégué notifie sa décision finale à la Commission centrale de Contrôle des Marchés dans un délai de cinq (05) jours calendaires à compter de la date de réception de la notification de l'avis définitif de la Commission centrale de Contrôle des Marchés[533]. Passé ce délai de cinq (05) jours, le Président de la CCCM transmet le dossier à l'Autorité en charge des marchés pour arbitrage[534]. Ce dernier procède à son arbitrage après avis de l'organisme chargé de la régulation des marchés, qui dispose d'un délai de sept (07) jours pour se

[531] Décret n°2018/366 du 20 juin 2018 portant Code des marchés publics de la République du Cameroun, *op. cit.*, article 179, alinéa 1er.
[532] *Ibid.*, alinéa 2.
[533] *Ibid.*, alinéa 3.
[534] *Ibid.*, article 179, alinéa 4.

prononcer[535]. D'autres modes alternatifs de règlement des litiges des marchés publics sont la médiation et la transaction.

B. La médiation et la transaction

Pour plus de clarté, l'on abordera séparément la médiation et la transaction.

1. La médiation

Conformément aux dispositions de l'article 48, alinéa 3 du CCAG-SPI, « tout différend entre l'entrepreneur et le Maître d'Ouvrage fait l'objet d'une tentative de règlement à l'amiable, le cas échéant, par voie de médiation… ». Cette énonciation figure également dans le CCAG-Travaux[536]. On peut, cependant, émettre des réserves quant à la mise en œuvre de ce mode de règlement non juridictionnel des litiges parce que le droit des marchés publics au Cameroun n'a pas institué un médiateur chargé d'assurer, comme c'est le cas en droit français, l'examen des réclamations. Par ailleurs, il n'existe aucune règle de procédure relative au règlement par la médiation des litiges nés à l'occasion de l'exécution de marchés publics.

En droit, la médiation « s'entend de tout processus structuré, quelle qu'en soit la dénomination, par lequel deux ou plusieurs parties tentent de parvenir à un accord en vue de la résolution amiable de leurs différends, avec l'aide d'un tiers, le médiateur, choisi par elles ou désigné, avec leur accord, par la juridiction »[537]. C'est donc un moyen par lequel les parties s'accordent pour désigner un médiateur chargé de faciliter la conclusion d'une opération mettant fin au litige né ou à naître[538]. Assurée par un tiers, la médiation est assimilable à la conciliation sans se confondre à elle. En effet, dans la médiation comme dans la conciliation, les parties peuvent prévoir que les différends doivent être soumis à la personne ou à l'organisme qu'elles

---

535 Décret n°2018/366 du 20 juin 2018 portant Code des marchés publics de la République du Cameroun, *op. cit.*, article 179, alinéa 5.

536 CCAG-Travaux *op.cit.*, dont l'article 79, alinéa 3 du dispose que *« Tout différend entre l'entrepreneur et le Maître d'Ouvrage fait l'objet d'une tentative de règlement à l'amiable, le cas échéant, par voie de médiation… »*.

537 Guinchard (S.), Debard (Th.), *Lexique des termes juridiques, op.cit.*, p. 1320. Dans l'expression *« clause de médiation conventionnelle »*, elle désigne la clause d'un contrat par laquelle les parties s'engagent à recourir à un tiers, dénommé médiateur, pour tenter de trouver une solution amiable dans l'hypothèse où un différend surviendrait entre elles à propos du contrat et à ne saisir le juge qu'en cas d'échec de cette médiation. Sa violation est sanctionnée par une fin de non-recevoir, à condition que la clause de médiation conventionnelle contienne les conditions particulières de sa mise en œuvre. En matière de consommation, la clause obligeant le consommateur à recourir obligatoirement à une médiation préalablement à la saisine du juge est interdite.

538 Moahamed (N.), *Droit des marchés publics, aspects juridiques, financiers et contentieux, op. cit.*, p. 317.

désignent[539]. Nul doute qu'à l'image du conciliateur, le médiateur suit l'évolution du différend et propose aux parties un projet de solution du litige, qui constitue une plateforme de discussion[540]. Seulement, dans la médiation, alors que le médiateur est actif, dans la conciliation par contre, le conciliateur est passif, en ce qu'il ne propose pas de solution, mais amène plutôt les parties à en trouver. En Côte d'Ivoire, l'article 14 du Code des marchés publics a institué une Commission administrative de Conciliation, compétente pour régler les différends ou litiges internes à l'Administration nés dans les phases de passation, d'exécution, de règlement et de contrôle des marchés[541]. Les Codes des marchés publics d'autres pays africains s'inscrivent dans cette logique, à l'instar de celui du Tchad[542]. Qu'en est-il de la transaction ?

2. La transaction

Selon les dispositions de l'article 2044 du Code civil, la transaction désigne un contrat par lequel les parties terminent une contestation née ou préviennent une contestation à naître[543]. Autrement dit, c'est un échange de volontés entre les parties, contenant des concessions réciproques, qui débouche sur le règlement du différend[544], sans s'en remettre à un juge. Dans l'exécution des contrats publics, la transaction peut intervenir suite aux demandes d'indemnisation adressées au Maître d'Ouvrage ou au Maître d'Ouvrage délégué en cas de résiliation d'un marché en l'absence de toute responsabilité du cocontractant de l'administration. Elle peut également intervenir en matière d'intérêts moratoires imputables au Maître d'Ouvrage ou au Comptable assignataire pour défaut de paiement dans les délais[545].

Ce mode de règlement alternatif ne semble pas être ignoré par le Code camerounais des marchés publics, dont l'article 182 en aménage les possibilités. Ainsi, en cas de décès du titulaire du marché, le Maître d'Ouvrage peut, s'il y a lieu, autoriser que soient acceptées les propositions présentées par les ayants droit pour la continuation du marché. De même, en cas de faillite du titulaire du marché, le Maître d'Ouvrage peut accepter, s'il y a lieu, des propositions qui peuvent être présentées par les créanciers pour la continuation des prestations[546]. L'article 183 du Code, dispose, par ailleurs,

---

[539] Guimdo Dongmo (B-R.), *Cours de droit et contentieux des marchés publics*, *op. cit.*, p. 32.
[540] Moahamed (N.), *Droit des marchés publics, aspects juridiques, financiers et contentieux*, *op.cit.*, p. 317 et s.
[541] Décret n°2009-259 du 06 août 2009 portant Code des marchés publics de la République de Côte d'Ivoire, *op. cit.*, articles 14 et s.
[542] Décret n°503/PM/SGG/2003 du 05 décembre 2003 portant Code des marchés publics de la République du Tchad, *op. cit.*, article 119.
[543] Code civil français de 1804, *op. cit.*
[544] Guimdo Dongmo (B-R.), *Cours de droit et contentieux des marchés publics*, *op. cit.*, p. 32.
[545] Biakan (J.), *Précis de contentieux des contrats publics au Cameroun*, *op.cit.*, p. 90.
[546] Décret n°2018/366 du 20 juin 2018 portant Code des marchés publics de la République du Cameroun, *op. cit.*, article 182.

que, « ... *le Maître d'Ouvrage ou le Maître d'Ouvrage délégué peut, en cas de force majeure et après avis de l'Autorité chargée des Marchés Publics, prononcer la résiliation d'un marché en l'absence de toute responsabilité du co-contractant de l'Administration, sans préjudice des indemnités auxquelles ce dernier peut prétendre* »[547].

Il est à préciser que la transaction faite par l'un des intéressés au contrat ne lie point les autres intéressés et ne peut être opposée par eux[548]. De même, selon le Code civil, la transaction a, entre les parties, l'autorité de la chose jugée en dernier ressort[549]. C'est donc à juste titre que, dans *l'affaire Evina Max c/État du Cameroun,* le juge affirme clairement que :

> « ... aux termes d'une convention versée au dossier de la procédure par le chef de subdivision d'Ambam en date du 24 mai 1957 d'une part, et par le sieur EVINA, d'autre part, et signée des deux parties intéressées ainsi que par quatre témoins, le sieur EVINA se déclarait satisfait des compensations matérielles que la commune lui avait versées en échange par lui d'une bande de 100 mètres de large et d'une superficie de 02 hectares, qu'il occupait indûment en bordure de route, renonçait à réclamer la propriété de cette parcelle et mentionnait explicitement qu'il n'avait plus d'exigence à formuler »[550].

En l'espèce, le requérant sollicitait du juge de céans le paiement d'une somme de 25 000 000 FCFA, au titre des dommages et intérêts, du fait du préjudice subi pendant les travaux d'aménagement d'un terrain d'aviation à Ambam. Mais, après examen de l'affaire, le juge concluait à l'irrecevabilité de la demande du fait de l'existence de la convention versée au dossier de procédure par le Chef de la Subdivision d'Ambam, et signée par le requérant, le sieur Evina, et dans laquelle il se déclarait satisfait des compensations matérielles versées par la Commune, en échange d'une bande de terre de 100 mètres[551]. Que dire de l'arbitrage classique ou classiquement connu en droit ?

---

[547] Ce Code reprend, en réalité, les dispositions consacrées par le Décret n°2004/275 du 24 septembre 2004 portant Code des marchés publics, en ses articles 100 et 101. L'article 100 énonçait que : « *En cas de décès du titulaire du marché, le Maître d'Ouvrage ou le Maître d'Ouvrage délégué peut, s'il y a lieu, autoriser que soient acceptées les propositions présentées par les ayants droit pour la continuation des prestations. En outre, en cas de faillite du titulaire du marché, le Maître d'Ouvrage ou le Maître d'Ouvrage délégué peut accepter s'il y a lieu, des propositions qui peuvent être présentées par les créanciers pour la continuation des prestations* ». Quant à l'article 101, il disposait que « ... *le Maître d'Ouvrage ou le Maître d'Ouvrage délégué peut, en cas de force majeure et après avis de l'Autorité chargée des Marchés Publics, prononcer la résiliation d'un marché en l'absence de toute responsabilité du cocontractant de l'Administration, sans préjudice des indemnités auxquelles ce dernier peut prétendre* ».

[548] Code civil français, *op. cit.*, article 2051.

[549] *Ibid.*, article 2052.

[550] CCA, décision n°1090 du 27 septembre 1957 *EVINA Max c/État du Cameroun*, citée par Guimdo Dongmo (B-R.), in *Cours de droit et contentieux des marchés publics*, *op. cit.*, pp.32-33.

[551] *Ibid.*, p.32.

Paragraphe 2. L'arbitrage classique

Pour Édouard Laferrière, *« l'État ne peut pas soumettre ses procès à des arbitrages, tant en raison des conséquences aléatoires de l'arbitrage, que des considérations d'ordre juridique qui veulent que l'État ne soit jugé que par des juridictions instituées par la loi »*[552]. Or, selon le droit OHADA, *« les États et les autres collectivités publiques territoriales ainsi que les établissements publics peuvent également être parties à un arbitrage sans pouvoir invoquer leur propre droit pour contester l'arbitrabilité d'un litige, leur capacité à compromettre la validité de la convention d'arbitrage »*[553]. C'est ainsi que ce mode est de plus en plus retenu par les parties dans les litiges relatifs aux marchés publics.

L'arbitrage peut être défini comme un mode de règlement non juridictionnel des différends interétatiques et transnationaux par des arbitres, choisis par les parties, chargés de rendre une décision revêtue de l'autorité de chose arbitrée[554]. En d'autres mots, c'est un mode consensuel de règlement des différends nés ou susceptibles de naître concernant un rapport de droit déterminé à caractère commercial, qui consiste à remettre d'un commun accord le règlement de ce différend à une autorité non juridictionnelle ou à une instance non investie par l'État, sans recourir à des juridictions compétentes, afin de trouver une solution acceptable par les deux parties[555]. Justice privée, l'arbitrage consiste donc à confier à un arbitre ou à un tribunal arbitral le pouvoir de dire le droit[556].

Le choix de recourir à l'arbitrage résulte toujours d'une volonté des parties[557]. Cette démarche est proscrite par le Code civil français de 1804 applicable au Cameroun. Concrètement, alors que l'article 2059 dudit texte dispose que,

> « toutes personnes peuvent compromettre sur les droits dont elles ont la libre disposition », l'article 2060 se veut plus précis en indiquant que, l'« on ne peut compromettre sur les questions d'état et de capacité des personnes, sur celles relatives au divorce et à la séparation de corps ou sur les contestations

552 Laferriere (E.), *Traité de la juridiction administrative et des recours contentieux*, *op. cit.*, T. 2, p. 152. Labetoulle (D.), « Pour un statut de l'arbitrage en droit administratif », in *Le droit administratif : permanences et convergences, Mélanges en l'honneur de Jean-François Lachaume*, *op. cit.*, 675 ; Vedel (G.), « Rapport au congrès international de l'arbitrage », *Revue de l'Arbitrage*, 1961, p. 123.

553 Article 2, alinéa 2, de l'Acte uniforme d'Arbitrage (AUA) de l'OHADA. À titre d'illustration, V. C.C.J.A., Sentence arbitrale du 13 mai 2014, Société Bénin Control SA c/État du Bénin.

554 Guinchard (S.), Debard (T.), *Lexique des termes juridiques*, *op. cit.*, p. 181.

555 Mohamed (N.), *Droit des marchés publics, aspects juridiques, financiers et contentieux*, *op. cit.*, p. 308.

556 Biakan (J.), *Précis de contentieux des contrats publics au Cameroun*, *op.cit.*, p. 61.

557 *Ibid.*

intéressant les collectivités publiques et les établissements publics et plus généralement dans toutes les matières qui intéressent l'ordre public. Toutefois, des catégories d'établissements publics à caractère industriel et commercial peuvent être autorisées par décret à compromettre »[558].

In fine, retenons que l'*« on ne peut compromettre... sur les contestations intéressant les collectivités publiques et les établissements publics... »*[559]. L'interdiction s'adosse sur deux considérations. D'une part, il est habituellement considéré que les personnes publiques pourraient ne pas être aussi bien comprises par un juge privé non étatique. D'autre part, l'on estime que la justice étatique offre davantage de garanties pour soumettre l'Administration au respect du droit[560].

Cette interdiction connaît des inflexions ou des dérogations consacrées par les textes internes et /ou internationaux. C'est le cas prévu, notamment par le droit OHADA[561] dont le mécanisme est largement intégré dans un certain nombre d'États parties. En droit ivoirien, il ressort de l'article 171 du Code des marchés publics de 2009 sur le Recours devant les juridictions arbitrales que les *« ... litiges relatifs aux marchés publics peuvent également être soumis à un tribunal arbitral dans les conditions prévues par l'Acte uniforme de l'OHADA relatif à l'arbitrage »*[562]. En droit gabonais, il résulte de l'article 245 du Code des marchés publics que *« le litige est porté devant l'autorité de régulation des marchés publics conformément au droit et aux stipulations contractuelles applicables, et le cas échéant, devant les instances arbitrales ou les juridictions compétentes, lorsqu'il n'a pas été réglé à l'amiable »*[563].

Au Cameroun, le Cahier des Clauses administratives générales applicable aux marchés publics de services et de prestations intellectuelles (CCAG-SPI) prévoit que tout différend entre le prestataire et le Maître d'Ouvrage fait l'objet d'une tentative de règlement à l'amiable, le cas échéant, par voie de médiation, conformément aux dispositions du CCAP et sous réserve des dispositions du Code des Marchés Publics concernant les avenants. Il est précisé que, lorsqu'aucune solution amiable ne peut être apportée au différend, celui-ci est porté devant la juridiction camerounaise compétente, sous réserve des dispositions du CCAP[564] et que, *« le droit applicable est le droit camerounais, sauf dérogation découlant des accords ou conventions*

---

558 Code civil français de 1804.
559 *Ibid.*
560 Biakan (J.), *Précis de contentieux des contrats publics au Cameroun*, *op.cit.*, p. 63.
561 Voir *supra.*
562 Décret n°2009-259 du 06 août 2009 portant Code des marchés publics de la République de Côte d'Ivoire, *op. cit.*, article 171.
563 Décret n°00027/PR/MEPPDD du 17 janvier 2018 portant Code des marchés publics de la République du Gabon, *op. cit.*, article 245.
564 CCAG-SPI, article 48, alinéas 3 et 4.

internationales »[565]. Ce qui laisse subodorer la possibilité d'un règlement au moyen de l'arbitrage classique. Une disposition analogue apparaît dans les Cahiers des Clauses générales applicables aux marchés publics de travaux (CCAG-Travaux)[566]. En un mot, la dérogation sus-référencée n'exclut donc pas l'arbitrage au sens classique ou généralement admis en droit, à l'instar du droit OHADA. Pour l'essentiel, les sources du droit de l'arbitrage OHADA sont à rechercher dans le Traité portant création de l'OHADA (A), et l'Acte uniforme sur le droit de l'arbitrage (B).

A. Les orientations du Traité portant création de l'OHADA

On peut lire dans le préambule du Traité du 17 octobre 1993 portant création de l'OHADA, la formule suivante :

> « ... désireux de promouvoir l'arbitrage comme instrument de règlement des différends contractuels »[567]. C'est ainsi que l'article 1er dispose, en substance que, « le présent Traité a pour objet l'harmonisation du droit des affaires dans les États-Parties par l'élaboration et l'adoption de règles communes simples, modernes et adaptées à la situation de leurs économies, par la mise en œuvre de procédures judiciaires appropriées, et par l'encouragement au recours à l'arbitrage pour le règlement des différends contractuels »[568]. Aussi, « en application d'une clause compromissoire ou d'un compromis d'arbitrage, toute partie à un contrat, soit que l'une des parties ait son domicile ou sa résidence habituelle dans un des États-Parties, soit que le contrat soit exécuté ou à exécuter en tout ou partie sur le territoire d'un ou plusieurs États-Parties, peut soumettre un différend d'ordre contractuel à la procédure d'arbitrage... »[569].

Ce Traité a donc prévu un arbitrage institutionnel confié à la Cour Commune de Justice d'Arbitrage[570]. La compétence de cette dernière s'étend aux différends auxquels les personnes morales de droit public sont parties. Il résulte ainsi des dispositions de l'article 21 du Traité que la CCJA peut connaître de différends soumis par *« toute partie à un contrat »*[571].

C'est donc dire que l'OHADA ouvre aux personnes morales de droit public la possibilité de soumettre leurs litiges contractuels à l'arbitrage et leur en

---

[565]*Ibid.*

[566] Il se ressort de l'article 79, alinéa 3 du CCAG-Travaux, *op. cit.*, que « ... *tout différend entre l'entrepreneur et le Maître d'Ouvrage fait l'objet d'une tentative de règlement à l'amiable, le cas échéant, par voie de médiation, conformément aux dispositions du CCAP, et sous réserve des dispositions du Code des Marchés Publics concernant les avenants. Le droit applicable est le droit camerounais, sauf dérogation découlant des accords ou conventions internationales* ».

[567] Préambule du Traité relatif à l'harmonisation du droit des affaires en Afrique (OHADA), fait à Port-Louis, le 17 octobre 1993, modifié par le Traité de Québec du 17 octobre 2008.

[568]*Ibid.*, article 1er.

[569] Article 21 du Traité relatif à l'harmonisation du droit des affaires en Afrique.

[570] Belibi (J.), Kenfack Douajni (G.), « Le juge d'appui dans l'arbitrage OHADA », *Revue ERSUMA*, n° spéc. nov.-déc.. 2011, pp.51-58.

[571] Traité relatif à l'harmonisation du droit des affaires en Afrique, *op. cit.*, article 21.

offre un mécanisme institutionnel de règlement qui est la CCJA. La mission de celle-ci est d'administrer une procédure arbitrale lorsqu'un différend d'ordre contractuel lui est soumis par toute partie à un contrat, soit que l'une des parties à son domicile ou sa résidence habituelle dans un des États parties, soit que le contrat est exécuté ou à exécuter, en tout ou partie, sur le territoire d'un ou de plusieurs États parties[572]. Cependant, la Cour ne tranche pas elle-même les différends. Elle s'attèle à nommer ou à confirmer les arbitres. De surcroît, elle est informée du déroulement de l'instance et examine les projets de sentence[573]. Seulement, avant de signer une sentence partielle ou définitive, l'arbitre doit en soumettre le projet à la Cour Commune de Justice et d'Arbitrage. Celle-ci ne peut proposer que des modifications de pure forme[574]. Les sentences arbitrales rendues ont l'autorité définitive de la chose jugée (arbitrée ?) sur le territoire de chaque État Partie, au même titre que les décisions rendues par les juridictions de l'État[575]. L'Acte uniforme sur le droit de l'arbitrage apporte des éléments additionnels sur la pratique de l'arbitrage en matière de marchés publics.

B. Les prévisions de l'Acte uniforme sur le droit de l'arbitrage

L'Acte uniforme sur le droit de l'arbitrage du 23 novembre 2017 s'applique *« ... à tout arbitrage lorsque le siège du tribunal d'arbitrage se trouve dans l'un des États parties »*[576]. Selon cet Acte, les États, les autres collectivités publiques territoriales, les établissements publics et toute autre personne morale de droit public peuvent également être partie à un arbitrage, *« quelle que soit la nature juridique du contrat »*, sans pouvoir évoquer leur propre droit pour contester l'arbitralité du différend, leur capacité à compromettre ou la validité de la convention d'arbitrage[577]. Il en résulte que les différends relatifs aux marchés publics sont concernés par cette disposition de l'Acte, d'autant plus que ce dernier précise : *« Quelle que soit la nature juridique du contrat »*[578], alors que le Traité créant l'OHADA fait référence, sans précision, à *« un différend d'ordre contractuel »*[579].

In fine, le règlement non juridictionnel des différends nés dans la phase de passation ou celle d'exécution des marchés publics oscille entre le règlement administratif et le règlement alternatif. Le choix de l'un ou de l'autre détermine la démarche des requérants. Dans l'ordre des choses, le règlement

---

[572] Règlement d'arbitrage de la Cour Commune de Justice d'Arbitrage du 23 novembre 2017, article 2, alinéa 1.
[573] *Ibid.*, article 2, alinéa 2.
[574] Traité relatif à l'harmonisation du droit des affaires en Afrique, *op. cit.*, article 24.
[575] *Ibid.*, article 25.
[576] Acte uniforme sur le droit de l'arbitrage du 23 novembre 2017, article 1er.
[577] *Ibid.*, article 2.
[578] *Ibid.*
[579] Traité relatif à l'harmonisation du droit des affaires en Afrique, *op. cit.*, article 21.

administratif obéit à des modalités plurielles et s'opère au travers des outils tels que le recours gracieux préalable et le recours hiérarchique. Par contre, le règlement alternatif suggère l'option, soit pour la solution à l'amiable, qui peut être un arbitrage interne ou « sui generis », la médiation ou la transaction, soit l'arbitrage classique, notamment à l'aune du droit OHADA. Mais, à côté ou avant ce règlement non juridictionnel, il y a aussi, et surtout, le règlement juridictionnel des litiges nés de la passation ou de l'exécution des marchés publics.

CHAPITRE II

LE RÈGLEMENT JURIDICTIONNEL DU CONTENTIEUX DES MARCHÉS PUBLICS

Le contentieux des marchés publics ne se limite pas uniquement aux questions non juridictionnelles, bien que la pratique en la matière tend à le restreindre à ce mode de règlement des litiges. Une partie importante des questions contentieuses en matière de marchés publics traverse l'étape de ce mode de règlement pour être soumise au juge. Il est donné de constater que les litiges soumis au juge dans ce domaine concernent davantage l'exécution que la passation des marchés. Cette tendance à la prédominance du contentieux de l'exécution semble logique au regard de l'orientation du Code des marchés publics, dont les mécanismes tendent à réduire substantiellement les recours touchant à la mise en concurrence. Cependant, rien n'empêche que la passation litigieuse des marchés publics soit soumise au juge. Le caractère essentiel des contrats administratifs est qu'ils sont soumis à un ensemble de règles spéciales[580] qui imposent la compétence du juge administratif[581]. Mais, le juge administratif n'est pas le seul juge à connaître de ce contentieux, même s'il en est compétent à titre principal. Sont aussi compétents pour en connaître, selon la nature du litige, le juge pénal, en cas d'infraction aux règles de passation et d'exécution des marchés publics, le juge civil pour l'octroi des dommages-intérêts en cas de préjudice d'ordre civil, et le juge des comptes, en cas de faute de gestion dans la passation et l'exécution financières des marchés publics. Les règles régissant l'accès à ces juges sont fixées par des lois spécifiques[582]. L'essentiel du droit et contentieux des marchés publics

---

[580] Jèze (G.), *Les contrats administratifs de l'État, des départements, des communes et des établissements publics*, *op.cit.*, p. 8.

[581] Auby (J.-B.), « À propos de la notion d'exorbitance du droit administratif », In *L'exorbitance du droit administratif en question(s), Études réunies par Fabrice Melleray*, Université de Poitiers, Coll. de la faculté de droit et des sciences sociales, de Poitiers, LGDJ, 2004, pp. 9-24.

[582] Pour ce qui concerne *le juge pénal*, le régime d'accès est fixé par la loi n°2005/007 du 27 juillet 2005 portant code de procédure pénale et par la loi n°2006/015 du 29 décembre 2006 portant organisation judiciaire. Pour ce qui est du *juge civil,* le régime d'accès est fixé par le Code de procédure civile du 16 décembre 1954 et par la loi n°2006/015 du 29 décembre 2006 portant organisation judiciaire. Pour ce qui concerne *le juge des comptes*, le régime d'accès est fixé par la loi n°2003/005 du 21 avril 2003 fixant l'organisation et le fonctionnement de la Chambre des Comptes de la Cour suprême, la loi n°2006/016 du 29 décembre 2006 fixant l'organisation et le fonctionnement de la Cour suprême et la loi n°2006/017 du 9 décembre 2006 fixant l'organisation, les attributions et le fonctionnement des tribunaux régionaux des comptes (non encore opérationnels, c'est la Chambre des comptes qui statue en leurs lieu et place).

étant d'ordre administratif, il sera alors largement question ici de l'étude du contentieux administratif des marchés publics. Avant donc d'aborder les aspects d'ordre matériel ou relatifs à la matière administrative contentieuse des marchés publics (Section 2), il sied d'examiner d'abord les règles qui gouvernent l'accès au juge administratif dans le cadre de ce contentieux (Section 1).

SECTION 1 : L'ACCÈS AU JUGE DES MARCHÉS PUBLICS

Le contentieux des contrats publics, de manière générale, relève du plein contentieux. Les litiges relatifs aux marchés publics obéissent donc aux mêmes règles procédurales que ceux relatifs aux autres champs du contentieux administratif. En règle générale donc, le principe devant le juge demeure le respect des procédures formelles d'accès à son prétoire. La position du juge sur la question ne change pas, elle demeure rigoureusement appréciée par lui. De manière spécifique, à travers le contrôle procédural, la juridiction administrative évacue un grand nombre de procès lors de l'examen des éléments formels liés aux recours. C'est ainsi qu'il apprécie de manière stricte aussi bien les conditions concernant les requérants (Paragraphe 1) que celles liées à la requête contentieuse (Paragraphe 2).

Paragraphe 1. Les conditions liées aux requérants

Les conditions personnelles requises pour accéder au juge sont essentiellement liées à la capacité, l'intérêt et la qualité du requérant[583]. Ces trois aspects ont toujours été, pour le juge administratif, des conditions indispensables à la recevabilité de la requête contentieuse. Dans une quasi-unanimité, la doctrine montre que *« ne pouvant être examinées distinctement, on considère que la présence de l'une des conditions n'exclue pas l'exigence des autres. Il existe une complémentarité réciproque et mutuelle qui est considérée comme rompue dès lors qu'une seule condition n'est pas respectée. En d'autres termes, la demande est recevable par la réunion des conditions de capacité, d'intérêt et de qualité pour agir ; elle est cependant irrecevable en cas de défaut ou d'inexistence d'une d'entre elles »*[584]. L'exigence de ces trois conditions a été reconnue par le juge administratif[585].

---

[583] Keutcha Tchapnga (C.), *Précis de contentieux administratif au Cameroun. Aspects de l'évolution récente*, Harmattan Cameroun, coll. Doits africains et Malgache, 2013, 324 p.

[584] Guessele Isseme (L. P.), *L'apport de la Cour Suprême au droit administratif camerounais*, Thèse de doctorat Ph. D. en droit, Université de Yaoundé II, 2010, p. 326.

[585]CS/AP, Arrêt N°4/ADD du 16 décembre 1982, NDOUGSA Valentin c/État du Cameroun (MINUH) ; CS/CA, jugement N°03/2002-2003 du 31 octobre 2002, ZINTCHEM BAROUNG Nicodème c/État du Cameroun.

A. L'appréhension des conditions liées aux requérants en général

L'appréhension de la capacité est une constante. Elle est l'aptitude pour agir en justice[586]. Pour une personne morale, elle suppose son existence juridique[587]. La capacité s'entend comme la possession de la prérogative de saisir le juge. N'étant pas soumise à une exigence particulière, il suffit que la personne morale qui souhaite contracter la respecte pour que le recours soit recevable par le juge, sauf pour les entreprises frappées d'interdiction de soumissionner.

Quant à l'intérêt, c'est le gain escompté par le requérant qui saisit le juge. Ainsi, l'intérêt est le bénéfice matériel ou moral qui reviendrait à la partie demanderesse si le juge lui donnait raison. Selon le juge administratif, l'intérêt *« implique un grief ou préjudice subi »* c'est-à-dire que, *« l'annulation de l'acte attaqué doit profiter au requérant »*[588] en redressant un tort qu'il a subi. Tout autant que la capacité, l'appréciation de l'intérêt du requérant par le juge ne pose pas de difficulté majeure.

Les conditions d'intérêt et de qualité étant cumulatives devant le juge administratif, il se pose tout de même une difficulté lorsqu'il s'agit de l'appréciation de la qualité. Si dans les simples recours contentieux elle renvoie de manière générale au titre juridique en vertu duquel le requérant saisit le juge, dans les recours en matière de marchés, elle semble avoir un contenu plus concret et incline à penser que le juge la restreint aux parties.

B. L'appréhension des conditions liées aux requérants en matière contractuelle

En matière contractuelle, les aspects liés à l'intérêt et à la qualité permettent d'apporter des éclairages sur les notions de tiers ou de partie, et par conséquent, d'établir une distinction des contentieux. Ainsi, l'intérêt pour agir n'ouvre pas nécessairement la voie au juge de l'exécution du contrat. Il semble

---

[586] Lorsqu'il s'agit d'une personne physique, elle suppose la majorité civile qui est fixée à 21 ans et la capacité de jouissance qui suppose la pleine possession de ses facultés mentales. Exceptionnellement, pour le contentieux électoral, la majorité est fixée à 20 ans. CS/CA, jugement N°03/2002-2003 du 31 octobre 2002, ZINTCHEM BAROUNG Nicodème c/État du Cameroun.

[587] Malgré la jurisprudence antérieure marquant la recevabilité des recours émanant d'associations dissoutes (CFJ/CAY, Arrêt N°178 du 28 mars 1972, *MOUELLE KOULA Eitel c/État du Cameroun.*) et non déclarée (CS/CA, jugement du 29 novembre 1979, *Élites BANKA représentées par MBOUENDEU Jean de Dieu c/État du Cameroun*). Voir dans ce sens, Guimdo Dongmo (B-R.), *Le juge administratif camerounais et l'urgence, Recherches sur la place de l'urgence dans le contentieux administratif camerounais, op. cit.*, p. 54.

[588] CS/CA, jugement N°03/2002-2003 du 31 octobre 2002, *ZINTCHEM BAROUNG Nicodème c/État du Cameroun, op.cit.*

que le juge administratif[589] n'admet pas, de la part des tiers, contre le contrat, des recours dits parallèles[590] liés à son exécution ou à son existence. Les seuls qui peuvent introduire un recours contre le contrat lui-même, ce sont les parties, d'où l'exclusion éventuelle par le juge des autres requérants potentiels pour défaut de qualité. L'appréciation du juge serait donc rigoureuse en ce qui concerne la qualité et l'intérêt. En présence d'une requête en matière contractuelle, il examine automatiquement l'intérêt et la qualité. Ces deux conditions sont normalement procurées par la qualité de cocontractant, et celle-ci peut être issue, soit de la possession du titre de *représentant* d'un groupement d'entreprises[591], soit de la nature de cocontractant direct. C'est ainsi que la qualité de cocontractant ouvre droit à l'examen du recours au fond, sans préjudice de l'examen des autres conditions subjectives.

En ce qui concerne les parties, l'intérêt et la qualité ne sont pas difficiles à prouver. La conséquence de la rigueur du juge est la restriction des requérants susceptibles d'agir. Sont par conséquent exclues à attaquer un marché devant le juge de l'exécution, c'est-à-dire de plein contentieux, toutes les personnes qui n'en sont pas parties, à savoir, par exemple, les soumissionnaires lésés, les personnes liées au marché par les contrats annexes, telles que les sous-traitants éventuels[592]. Leurs recours n'ayant pas la nature de recours contractuels, ils seraient irrecevables pour défaut de qualité. Par ailleurs, même lorsque les conditions liées au requérant sont remplies, elles ne suffisent pas à enclencher au fond le contentieux des marchés, encore faut-il que la requête ait été déposée dans les formes et conditions requises.

Paragraphe 2. Les conditions liées à la requête

Autant le juge est strict sur l'exigence du respect des règles qui se rapportent au requérant, autant il l'est pour celles liées au recours contentieux proprement dit. Les conditions y relatives portent essentiellement sur l'exigence de l'introduction d'un recours gracieux préalable et du respect des délais contentieux.

---

[589] En France avant l'arrêt Société Tropic travaux signalisation, le juge administratif avant 1872 admettait le recours pour excès de pouvoir contre le contrat (C.E 30 avril 1863). À partir de 1899, il a estimé que ce recours était incompatible avec le contrat (C.E, 19 mai 1899). Il est revenu sur cette règle en admettant une exception au principe de l'interdiction de recours en annulation contre le contrat dans sa décision *Société Tropic travaux de signalisation* (C.E ass. 16 juill.2007, n° 291545) en admettant des recours émanant des tiers au contrat ayant un intérêt, en l'occurrence le cocontractant évincé.

[590] C'est-à-dire des recours qui ne sont pas de pleins contentieux.

[591] CS/CA jugement n°53/87— 88 du 31 mars 1988, *Groupement d'entreprises Dragages-Satom c/État du Cameroun.*

[592] Elles y auraient juste capacité et/ou intérêt, mais pas qualité.

A. L'exigence de l'introduction du recours gracieux préalable

L'introduction d'un recours gracieux demeure l'une des conditions essentielles de la recevabilité des recours en matière administrative. Au regard de la loi[593] ainsi que de la jurisprudence administrative, la formulation d'un recours contentieux sans recours administratif préalable[594], la mauvaise autorité adressataire[595] ou le recours forclos[596] sont constitutifs d'absence de recours gracieux et conduisent au rejet de la requête contentieuse.

Comme tout contentieux devant le juge administratif, la demande portée devant lui pour des litiges relatifs aux marchés publics doit être précédée d'un recours gracieux préalable sous peine d'irrecevabilité[597]. Le Code des marchés publics oblige le soumissionnaire ou l'entrepreneur à introduire un recours auprès de l'administration contractante. Au regard des procédures que le Code identifie comme des recours administratifs, ceux-ci sont constitutifs de recours gracieux préalable devant l'instance contentieuse. En matière de marchés publics, l'article 170 du Code prévoit la possibilité, pour le soumissionnaire lésé d'adresser un recours à l'administration. L'exigence du recours gracieux s'étant cristallisée dans le contentieux administratif au point de devenir pour le juge un moyen d'ordre public[598], aucune requête

---

[593] Aux termes de l'article 12 de l'ordonnance 72/6 du 26 août 1972 fixant la procédure devant la Chambre administrative, le recours contentieux n'est recevable qu'après rejet d'un recours gracieux préalable adressé au ministre compétent ou à l'autorité statutairement habilitée à représenter la collectivité publique ou l'Établissement public en cause. Cette condition est reprise par l'article 17 de la loi de 2006/022, qui dispose que « *le recours devant le tribunal administratif n'est recevable qu'après rejet d'un recours gracieux adressé à l'autorité auteur de l'acte attaqué ou à celle statutairement habilitée à représenter la collectivité publique ou l'établissement public en cause* ».

[594] CFJ/AP, Arrêt n°15/A du 20 mars 1968, *EKINDI Joël c/État du Cameroun* ; CS/CA, Jugement n°71 du 13 mai 1976, *BENE BELLA Lambert c/État du Cameroun* ; Jugement n°8/82-83 du 27 janvier 1983, NOMENY NGUISSI Émile c/État du Cameroun.

[595] CFJ/CAY, Arrêt N°108 du 8 décembre 1970, *MOUTACKIE Joseph-Lebrun c/État du Cameroun* ;
CFJ/CAY, Arrêt N°137 du 26 janvier 1971, *ALAÏ BELOBO Nestor c/État du Cameroun oriental* ; CFJ/CAY, Arrêt N°136 du 26 janvier 1971, *NJOH Isaac c/État fédéral du Cameroun* ; CS/CA jugement n°40/80-81 du 30 avril 1981, *GUIFFO Jean Philippe C/État du Cameroun.*

[596] CS/CA, jugement n°34/82-83 du 24 février 1983, *BENG ELOUGA Jean Louis c/État du Cameroun* ; CS/CA, jugement n°57 du 29 juin 1989, *BIKANDA Jean c/État du Cameroun.*

[597] CS/CA, jugement n°65/90-91 du 27 décembre 1990, *Société Fillger c/ État du Cameroun.*

[598] CFJ/AP, Arrêt N°13 du 20 mars 1968, *OYONO Daniel c/État du Cameroun ;* CS/CA, jugement N°12/77-78 du 27 avril 1978, *ITEM Dieudonné c/État du Cameroun CS/CA* ; jugement N°30/77-78 du 13 juillet 1978, *AKA'A Jules c/État du Cameroun ;* CS/CA, jugement N°48/02-03 du 27 mars 2003 ; *DJOU ESSOMBA Charles c/État du Cameroun (MINUH)* ; CS/CA, jugement N°54/03-04 du 03 mars 2004, *GUEMNE Charles c/État du* Cameroun (MINAT) ; CS/CA, jugement N°05/03-04 du 29 octobre 2003, *NZEUSSEU Christophe c/État du Cameroun (DGSN).*

contentieuse n'y échappe, y compris celle relative aux marchés publics, sauf dérogation législative expresse.

Au niveau de la phase de passation du marché, les recours administratifs sont donc considérés dans la phase contentieuse comme un recours gracieux préalable. Il en est de même au niveau de l'exécution du marché, car adressé soit au maître d'ouvrage, soit au Comité d'Examen des Recours, ils valent introduction d'un recours gracieux en cas d'instance contentieuse.

B. L'exigence du respect des délais du recours contentieux

La condition liée au respect des délais en matière de recours contentieux est intransigible pour le juge administratif. Que ce soit pour le recours administratif préalable, c'est-à-dire le recours gracieux, ou pour les recours contentieux proprement dits, ceux-ci doivent être introduits dans le respect des bornes temporelles définies par le législateur. Les délais d'introduction des recours et d'intervention du juge administratif n'étant pas aménagés spécifiquement pour le contentieux des marchés publics, comme c'est le cas en France avec le référé précontractuel, le temps s'avère être un élément crucial pour la garantie du droit d'accès au juge administratif.

En procédure normale, le juge exige des requérants le respect de toutes les conditions de temps se rapportant à l'introduction des recours (délais en matière de recours gracieux préalable, délais en matière de recours contentieux)[599]. En procédures d'urgence, les requérants saisissent le juge aux fins de référé administratif ou de sursis à exécution, après introduction du recours gracieux préalable. Ces procédures sont notamment importantes en matière contractuelle et surtout de contentieux précontractuel et de validité du contrat.

1. Les délais dans le contentieux de la validité

En ce qui concerne le contentieux de la validité du marché, qui nécessite une intervention à temps du juge pour empêcher la formation illégale d'un contrat, l'aménagement du contentieux de l'urgence ne permet pas au juge d'être efficace. Celui-ci ne peut enjoindre à l'administration de prendre les mesures nécessaires pour mettre fin à l'irrégularité et sauvegarder les droits éventuels des tiers évincés, comme en témoigne *l'affaire L.I.P Company LTD.* En l'espèce, la société *LIP,* par une requête en référé, a saisi le président du tribunal administratif de Buea pour demander, premièrement , l'annulation de l'attribution du marché de réhabilitation de l'hôpital de district de Tiko ;

599 C'est-à-dire, pour le recours gracieux, deux (2) mois, six (6) mois, quatre (4) ans, respectivement en matière d'une décision, en cas de demande d'indemnisation, et en cas d'abstention d'une autorité ayant compétence liée. Pour ce qui est des recours contentieux proprement dits, les requérants disposent d'un délai 60 jours pour attaquer la décision de l'administration au cas où elle répond rapidement à la demande de recours gracieux.

deuxièmement d'enjoindre à l'administration (ministre des Finances) d'arrêter tous les engagements financiers dans le cadre de l'exécution de ce contrat, et troisièmement, enfin, d'ordonner toute autre mesure nécessaire dans le cadre de cette affaire. Le juge, ne donnant droit à aucune de ces demandes, s'est plutôt déclaré incompétent pour adresser des injonctions à l'administration :

> « Considering that the petitioner founded his applications on sections 27 and 28 of law n° 2006/022 which section do not enhance but only introduce the element of urgency to the statutory jurisdiction of administrative Courts as spelled out in section 2 of the same law ;... Considering however, that, the jurisdiction of administrative courts as applicable in Cameroon is basically codified and only supplemented by judicial precedents; considering that such jurisdiction of Administrative Courts in Cameroon is conferred by section 40 of the constitution of Cameroon and section 2 of law n° 2006/022 of the 20/12/2006 on the organization and functioning of Administrative Courts, none which confers on the Administrative Court the power to issue any injunction whatsoever against an uncompleted in of an administrative authority; considering in consequence that the prayers of the application are outside the jurisdiction of the Administrative court;. This court is incompetent to adjudicate on the subject matter of the application »[600].

De cette espèce, l'on déduit que le temps n'est pas favorable au requérant précontractuel. Ce constat se prolonge également en ce qui concerne le requérant contractuel. En effet, la contestation de la validité du contrat ne se faisant le plus souvent que lorsque le contrat a été formé, les délais liés au contentieux administratif en général et à la procédure administrative contentieuse apparaissent inefficaces, que ce soit en matière de procédures d'urgence ou en matière de contentieux principal. On imagine le dommage que subirait un cocontractant dont le contrat en cours d'exécution serait ultérieurement annulé, pour illégalité.

Décider en urgence est important, *« au cœur de l'urgence sied le facteur temps »*, car, *« l'urgence n'apparaît vraiment que lorsqu'"il n'y a plus de temps à perdre" (...) au regard de la décision à prendre pour répondre à une situation peu commune »*[601]. Dès lors, on ne sollicite le juge de l'urgence que parce qu'une situation presse. En matière de formation des marchés publics, le temps est encore plus indispensable, car les délais de procédure s'imposent à l'administration. L'efficacité de l'intervention du juge à garantir les droits des requérants dépend de la consistance de ses pouvoirs : moins ils sont étendus, moins les procédures d'urgence sont efficaces, et moins le droit à une bonne administration de justice est garanti. Le fait que le contentieux de l'urgence des litiges liés à la formation des marchés publics soit soumis aux

---

[600]Administrative court of Buea, ord. n° SWAC/AM/001/2014, *L.I.P Company Ltd and/The State of Cameroon (MINMAP, MINFI, Min. of public health).*

[601] Pambou Tchivounda (G.), « Recherche sur l'urgence en droit administratif français », *RDP*, 1983, p. 83.

mêmes règles de forme et de fond que le contentieux de l'urgence de l'acte administratif unilatéral s'avère inefficace pour la garantie des droits des justiciables. Les textes n'organisent pas de manière spécifique les procédures d'urgence dans la phase précontractuelle, il n'existe ni recours spécifique ni pouvoir spécifiquement attribué au juge de l'urgence des actes pré et contractuels. Les seules procédures à la portée des tiers évincés, par exemple, demeurent le référé administratif et le sursis à exécution, dont les conditions ainsi que la portée de la compétence du juge varient de l'une à l'autre.

2. Le référé en matière de passation des marchés publics

Les conditions requises sont identiques à celles qui se rapportent à l'introduction d'un recours en référé contre les actes administratifs unilatéraux, lorsque le juge administratif est saisi d'une demande en référé liée à un acte précontractuel. C'est tout naturellement que le juge administratif examine la conformité du recours en référé aux conditions requises en matière de contentieux administratif. De plus, comme le révèle la jurisprudence, le juge administratif vérifie que la condition de l'urgence est réunie, car c'est le fondement même du référé[602]. Ce qui fait qu'il apprécie souverainement la nature urgente de la situation qui lui est présentée.

En matière de référé, la compétence du juge administratif ne peut préjudicier au principal, le juge du référé ne peut statuer sur le fond de l'affaire, il ne peut non plus aller au-delà de sa compétence, comme il a eu à l'affirmer dans l'affaire *Fonacho Georges Isaih*. En effet, en l'espèce, le juge indique que *« le juge des référés administratifs, comme le juge civil des référés, ne peut avoir une compétence plus étendue que celle de la juridiction dont il est une émanation »*[603].

La doctrine va dans le même sens en affirmant qu'en matière de référé, le juge administratif considère que, lorsque le litige principal ne rentre pas dans la compétence de la juridiction administrative, il ne peut ordonner la mesure d'urgence sollicitée. Ce faisant, il admet, d'une certaine façon, l'existence d'un lien de subordination entre la recevabilité de la demande annexe et la recevabilité de la demande principale[604]. De la sorte, le juge procède à l'élimination des requêtes qui n'ont pas de chance d'aboutir au principal. C'est ce qui peut ressortir de l'affaire *LIP Company Ltd*[605], dans laquelle le juge considère que ni la constitution, ni la loi du 29 décembre 2006 ne lui attribuent

602 Ordonnance de référé n°07/CS/PCA, du 03 juin 1978, affaire *LÉLÉ Gustave c/État du Cameroun.*

603 Ordonnance de référé n°08/OR/PCA/CS du 31 mars 1988, affaire *FONACHO Georges ISAIH c/État du*
Cameroun.

604 Voir dans ce sens, Guimdo Dongmo (B-R.), *Le juge administratif camerounais et l'urgence, op. cit.*, p. 106.

605 *Ibid.*

compétence pour adresser des injonctions à l'administration. Par ailleurs, la loi ne renferme pas la décision du juge administratif statuant en référé dans un délai déterminé. En la matière, les seuls délais prévus par la loi sont ceux liés à la notification des ordonnances de référer aux parties.

3. Le sursis à exécution dans la passation des marchés publics

Le traitement par le juge de la procédure de sursis est différent relativement aux conditions et à l'exercice de sa compétence. Selon la loi n° 2006/022, lorsque *« l'exécution d'un acte administratif est de nature à causer un préjudice irréparable et que la décision attaquée n'intéresse ni l'ordre public, ni la sécurité ou la tranquillité publique, le président du tribunal administratif peut, saisi d'une requête, après communication à la partie adverse et conclusions du ministère public, ordonner le sursis à exécution »*[606]. La condition d'obligation de l'irrecevabilité des recours sur les décisions portant sur l'ordre, la sécurité et la tranquillité publique est rappelée par le juge administratif dans sa décision, *Journal Le Messager* du 26 mai 1986[607].

Quant aux autres conditions, à savoir la jonction de la demande de sursis à exécution à la requête au fond, et la nature irréparable du préjudice à venir, la jurisprudence administrative demeure constante en la matière et n'adapte pas le contentieux de l'urgence à la phase de passation du marché. Cette inadaptation du temps processuel en matière de contentieux des contrats concerne à la fois les règles de délai et les règles de procédure[608]. En effet, l'exigence d'un recours gracieux au requérant ne cadre pas avec les délais impartis à l'administration pour passer les marchés. C'est pourquoi, dans la pratique, le juge n'exige pas le respect du délai de réponse de l'administration en matière contractuelle, il se contente de s'assurer de l'introduction d'un recours gracieux par l'obligation faite au requérant de présenter une attestation de dépôt d'un recours. De plus, la loi, comme pour la procédure de référé, ne renferme pas la décision de sursis du juge administratif dans un délai déterminé. En la matière, comme en matière de référé, les seuls délais prévus sont ceux liés à la notification des ordonnances de sursis aux parties. Par ailleurs, le juge ne se prononce pas toujours à temps[609]. Ce constat vaut aussi bien pour les recours liés aux actes administratifs communs qu'à ceux liés à

---

[606] Art. 30 de la loi n°2006/022, *op. cit.*

[607] Ordonnance de référé n°09/08/PCA du 26 mai 1986, affaire *Journal Le Messager c/État du Cameroun.*

[608] BELL (J.), « Le contentieux des contrats publics en Europe. Royaume-Uni », dossier « Le contentieux des contrats publics en Europe », *RFDA,* n°1, 2011, pp. 85-88.

[609] Comme le relève Bernard-Raymond Guimdo Dongmo, *« le juge administratif camerounais méconnaît l'urgence lorsqu'il est saisi au moyen, soit d'un recours en indemnité, soit d'un recours en excès de pouvoir. L'urgence n'est, ni la base, ni la finalité de son action. Il arrive difficilement à faire face aux défis du nombre et du temps. En règle générale, le délai de jugement d'une affaire se compte en années »*. Guimdo Dongmo (B-R.), *Le juge administratif camerounais et l'urgence, op.cit.*, p. 24.

la formation des contrats publics, domaine où les procédures sont renfermées dans une fourchette temporelle rigoureuse.

Il se trouve que, malgré les lenteurs inhérentes au fonctionnement de l'administration, les délais d'attribution des contrats sont plus expéditifs que les délais juridictionnels. En matière de passation des marchés publics, par exemple, entre la date de signature de l'avis d'appel d'offres et la signature du marché, le délai moyen d'attribution des marchés sur appel d'offres était jusqu'à l'avènement du Code de 2018, de 87 jours (2,8 mois), toute autorité contractante confondue[610]. Ces délais sont encore plus raccourcis depuis ce Code. Il faut dire que l'absence de délais prévus par les textes, les lenteurs dans le rendu des décisions de justice, même en matière d'urgence, sont incompatibles avec les délais liés à la formation des marchés publics. Toute chose qui rend inutile l'intervention du juge administratif dans le processus de passation et limite sa compétence en matière de contrôle de la validité du contrat public.

À côté du problème lié aux délais d'intervention du juge de l'urgence, il y a celui lié à l'absence d'identité ou d'adaptation des procédures d'urgence par rapport au contentieux contractuel. La nature spécifique du contentieux de la passation et de l'exécution des contrats publics aurait certainement justifié l'aménagement de règles de procédures spécifiques qui tiennent compte de l'originalité et de l'importance de la matière, comme c'est le cas en droit français avec le *référé précontractuel* et le *référé contractuel*. Nul doute qu'un tel aménagement aurait rendu le juge administratif camerounais plus audacieux et plus efficace dans sa compétence de contrôle de la validité et de l'exécution des marchés publics, et rassuré le justiciable dans l'exercice de ses droits. À l'évidence, la non-adaptation ou l'absence de procédures d'urgence adaptées aux actes précontractuels ou aux actes détachables en matière de contrats publics, rendent pratiquement inutile et peut rentable, pour les tiers lésés, l'introduction des recours devant le juge contre l'administration, notamment au stade de la procédure d'attribution du marché. Par contre, les procédures d'urgence paraissent mieux coller avec le contentieux de l'exécution du contrat proprement dit, puisque le contrat ayant déjà été formé doit être exécuté afin de garantir l'intérêt général. Exceptionnellement, le juge administratif admet sa remise en cause par les parties.

SECTION 2 : LA MATIÈRE CONTENTIEUSE RELATIVE AUX MARCHÉS PUBLICS

Le contentieux des marchés publics est partagé entre plusieurs juges. C'est le problème de la distinction des contentieux en matière de marchés publics

---

610 Délais estimés sur la base du code des marchés de 2004, source tirée du *Rapport sur la Situation générale des Marchés Publics au Cameroun en 2014*, *op. cit.*, p. 9.

(Paragraphe 1). À partir de cette distinction, on peut dégager la matière contentieuse relative aux marchés publics qui relève du juge administratif (Paragraphe 2).

Paragraphe 1. La distinction des contentieux en matière de marchés publics

On peut distinguer d'une part les litiges qui relèvent du juge pénal, et, d'autre part, ceux qui ressortissent de la compétence des autres juges, notamment civils, et des comptes.

A. Les litiges relevant du juge pénal[611]

Le juge pénal est compétent pour sanctionner les auteurs de mauvaises pratiques dans la passation et l'exécution des marchés publics, notamment lorsque les cas de violations du Code des marchés publics portent atteinte à la fortune publique. Dans ce cas, l'article 188 du Code des marchés publics prévoit que le juge pénal saisi pourra sanctionner les auteurs de cette infraction des peines prévues à l'article 184 du Code pénal. Outre le détournement de biens publics, les autres infractions pénales, notamment la corruption *« dans les marchés ou contrats passés au nom de l'État ou d'une collectivité publique avec une personne physique ou morale »* prévue à l'article 135 c du Code pénal, rentrent dans le domaine de compétence du juge pénal.

Toute violation des règles qui régissent les marchés publics est qualifiée donc d'atteinte à la fortune publique. L'autorité réglementaire a consacré de manière limitative les infractions en cause. Les unes découlent de la passation irrégulière du marché public, les autres peuvent être commises pendant l'exécution.

Les irrégularités susceptibles d'être commises, notamment, au stade de la passation du marché public sont, entre autres[612] :- la passation du marché sans avoir qualité pour le faire ou sans avoir reçu délégation à cet effet ; - la passation du marché sans visa financier ou sans l'autorisation de l'organe statutaire compétent ; - la passation du marché sans crédits disponibles ou délégués ; - la passation du marché en dépassement des crédits ouverts ; - l'adjudication d'un marché au profit d'un prestataire sans existence égale ; - la passation du marché à prix non conformes aux mercuriales officielles.- la passation d'avenant en violation des dispositions réglementaires- le non-respect de la procédure de passation des marchés de gré à gré ; - la passation

---

[611] Pour plus de détails, et notamment en ce qui concerne la passation des marchés publics, lire Djila (Rose), « Libres propos sur la sanction pénale de la violation des procédures de passation des marchés publics au Cameroun », *RSC*, 2041, pp. 761 et suiv.

[612] Pour les sanctions y relatives et celles concernant l'ensemble du processus et les acteurs des marchés publics, v. les articles 188 et suivants de Code des marchés publics.

des marchés avec des entreprises ne présentant pas de garanties financières, économiques et techniques suffisantes.

Au niveau de la passation du marché, les recours portés devant le juge pénal peuvent se résumer à ce que lui-même qualifie d'irrégularité dans la passation des marchés publics[613].

Dans l'affaire Belinga Gilles Roger, par exemple, le juge de céans, traitant du cas du sieur Messy Claude Bernard Modeste parle de « *détournement de deniers publics (...) suite à une attribution frauduleuse de marchés publics* ». Dans *l'affaire Ondo Ndong*, le juge de céans a condamné l'accusé *Ndoukan* pour complicité de détournement de deniers publics parce que le mis en cause aurait bénéficié de l'attribution d'un marché de gré à gré sans obtenir l'autorisation préalable de l'autorité des marchés publics, comme l'exige la réglementation relative aux marchés publics. En effet, le CMP dispose que l'autorisation de l'autorité des marchés publics doit nécessairement être sollicitée pour toute passation ou attribution du marché de gré à gré.

Au niveau de l'exécution des marchés publics, les infractions susceptibles d'être commises sont principalement de deux ordres [614]: - il peut s'agir de la certification ou de la liquidation des dépenses sans exécution des travaux, de la fourniture des biens ou sans prestation des services. Le maître d'ouvrage ou le maître d'ouvrage délégué a déclenché la procédure de paiement d'un marché public qui n'a pas été exécuté ou qui ne l'a été que partiellement ; - il peut également être question du paiement d'un marché en dépassement de son montant ou de celui de ses avenants. L'autorité administrative qui passe le marché a payé à son cocontractant un prix supérieur à celui des prestations ou les travaux effectivement fournis. *Dans l'affaire Mounchipou*, par exemple, dame *Ongolo née Nsizoa* Marthe Nadine est accusée de détournement de deniers publics au moyen de surfacturation et d'exécution partielle de travaux. Sur le chef de surfacturation, le juge affirme : « *Attendu qu'il lui est reproché d'avoir pratiqué des prix largement supérieurs à ceux pratiqués sur la mercuriale (...) ; que s'agissant de l'aménagement du parking extérieur, la partie civile soutient qu'un m3 de latérite coûte 20000FCFA, mais que l'accusée l'a facturé à 96000 FCFA /m3 et surévalué les quantités* ». Relativement au chef d'exécution partielle des travaux de génie civil confiés à *dame Ongolo*, le juge dit, en substance : « *(...) que s'agissant des travaux*

---

613 V. Chambre criminelle, TGI du Mfoundi, 2003/2004, jugement n°93/Crim du 28 novembre 2003, ministère public et État du Cameroun (MINPOSTEL) c/ Mounchipou Seidou et 21 autres accusés. Les affaires Mounchipou Seidou, Ondo Ndong (TGI du Mfoundi, 2006/2007, jugement n°371/Crim. Du 27 juin 2007, ministère public et FEICOM c/ Ondo Ndong Emmanuel et 31 co-accusés) et Gilles Roger Belinga (TGI du Mfoundi, 2006/2007, jugement n°680/Crim. Du 27 septembre 2007, *ministère public et SIC c/ Belinga Gilles Roger et 22 co-accusés*.

614 Pour les sanctions y relatives et celles concernant l'ensemble du processus et les acteurs des marchés publics, v. les articles 188 et suivants de Code des marchés publics.

de génie civil, l'accusée a majoré les prix des matériaux utilisés ; une descente sur les lieux a permis de constater l'exécution partielle des travaux ».

B. Les litiges relevant des autres juges, civils et des comptes

Pour ce qui est du juge civil, il est compétent pour les aspects des marchés publics relevant de son domaine d'action. Au Cameroun, les dispositions pertinentes du CMP sur la sous-traitance ou la cotraitance permettent de dire que la nature privée du rapport juridique qui existe entre le titulaire d'un marché et son sous-traitant éventuel ou entre les membres d'un groupement d'entreprises justifie que tout litige qui survient entre ces deux peut être soumis au juge judiciaire statuant en matière civile. En l'état actuel, et à notre connaissance, le juge civil camerounais n'a pas encore statué au sujet d'une contestation mettant en cause des personnes privées impliquées dans l'exécution d'un marché public. Mais, on peut penser, en se référant au droit français, que ce juge peut statuer sur les litiges ci-après :

- les litiges entre le cocontractant de l'administration et son sous-traitant ;
- les litiges entre les membres d'un groupement d'entreprises ;
- les litiges entre un constructeur ou un prestataire de service et son fournisseur ;
- les litiges entre le participant au travail et son assureur.

Pour ce qui est du juge des comptes, il est compétent pour sanctionner les fautes de gestion en matière de passation et d'exécution des marchés publics imputables aussi bien aux comptables, aux gestionnaires de crédits qu'aux ordonnateurs[615]. Aux termes de l'article 88, alinéa 2 tiret 4 de la loi n° 2018/012 du 11 juillet 2018 portant régime financier de l'État et des autres entités publiques, la faute de gestion est constituée dans ce domaine « par le fait, pour toute personne dans l'exercice de ses fonctions ou attributions, d'enfreindre les dispositions législatives et réglementaires nationales destinées à garantir la liberté d'accès et l'égalité des candidats dans les contrats de la commande publique ».

Pour ce qui est, enfin, du juge administratif, il intervient à titre principal et principiel en matière de marchés publics, car le contentieux y relatif, relève pour l'essentiel et fondamentalement du contentieux administratif.

[615] Art. 87 et 89 de loi n° 2018/012 du 11 juillet 2018 portant régime financier de l'État et des autres entités publiques. V. l'arrêt de principe rendu en la matière par la Chambre des Comptes de la Cour suprême le 15 février 2024 (CS/CDC/FSR, arrêt n°01/CDC/SR/DBF du 15 février 2024, Discipline budgétaire et financière, Entité Commune de Ngomezap c. Mme TSOUNGUI Bleue Régine, Maire de la commune de Ngomezap et Mr EKANG EKANG Jules, Receveur municipal de la Commune de Ngomzap (Me OWONO MBARGA Cosmas).

Paragraphe 2. La matière contentieuse des marchés publics relevant du juge administratif

La compétence du juge administratif en matière contractuelle a un fondement juridique précis et explicite. Aux termes de l'article 40 de la constitution du 18 janvier 1996, la Chambre administrative connaît de l'ensemble du contentieux administratif de l'État et des autres collectivités publiques. Cette disposition constitutionnelle pose une règle générale de compétence du juge administratif en matière d'activité administrative des personnes publiques dont fait partie l'activité administrative contractuelle. Cette règle a été réceptionnée par la loi n° 2006/022 du 29 décembre 2006[616], qui reconnaît la compétence de la juridiction administrative en matière des contrats administratifs. Le juge administratif a eu à mettre plusieurs fois en œuvre cette compétence contractuelle, le plus souvent dans le domaine des marchés publics, notamment au stade de l'exécution[617].

A. La nature de la matière contentieuse relevant du juge administratif

Le contentieux des marchés publics est rarement ou exceptionnellement un contentieux de l'excès de pouvoir ou de l'annulation, et essentiellement ou généralement un contentieux de pleine juridiction.

En matière de contentieux de l'annulation, le Code des marchés publics a prévu de manière limitative les hypothèses où le maître d'ouvrage ou le maître d'ouvrage délégué peut procéder à la résiliation du marché. Lorsque celui-ci reste dans ce cadre, la position du juge est de limiter son pouvoir d'annulation. Dans *l'affaire Amsecom-Amsecomcon*[618], le requérant demandait au juge l'annulation de la décision du Secrétaire général de la Présidence de la République portant résiliation du marché de construction de deux ateliers de station lavage-graissage et la réalisation d'un réseau d'évacuation des eaux usées au camp de la valeur à Douala Bassa. À ce sujet, le juge de l'espèce dit en substance : « *Attendu que le pouvoir de résiliation unilatérale des marchés publics dont dispose l'administration constitue une prérogative exorbitante*

[616]Article 2-1-c de la loi n° 2006/022 du 29 décembre 2006, *op. cit.*

[617]Il existe de nombreuses espèces dans lesquelles le juge national s'est prononcé sur le contentieux de l'exécution des prestations contractuelles, les plus significatives concernent soit la demande de paiement du prix à l'administration pour les prestations réalisées (cf. affaire N° 153, T.E, *DurisottiAttilio C/État du Cameroun* jugement du 5 juin 1961 ; CFJ/CAM. Jugement du 26 janvier 1971, *Société Shell C/État du Cameroun* ; CS/CA recours n° 1450/01-02 du 15 mai 2002, Affaire *Établissement Cenadiet c/État du Cameroun*) soit les actions relatives à l'exécution des prestations contractuelles. (CS/CA jugement n° 531/87-88 du 31 mars 1988 groupement *Dragage Satom c/État du Cameroun.*

[618] CS/CA, jugement n°50/84-85 du 1er février 1985, Tameghi Boniface contre État du Cameroun,

(...) que la jurisprudence en déduit que le juge des contestations relatives aux marchés publics n'a pas le pouvoir de prononcer l'annulation des mesures prises par le Maître d'ouvrage envers l'entrepreneur »[619]. Mais, si l'administration a commis un excès de pouvoir, sa décision peut être annulée.

En matière de contentieux de l'indemnisation, le juge administratif peut être saisi par l'une des parties et même par un tiers. Si le cocontractant estime avoir subi un préjudice du fait de l'administration, il peut assortir sa demande d'annulation de celle de la réparation[620]. De même, lorsqu'une personne étrangère au contrat estime avoir subi un préjudice du fait de l'exécution du marché public, elle peut solliciter du juge administratif l'indemnisation de ce préjudice[621]. Cependant, le juge administratif a tendance à débouter les tiers ayant subi un préjudice du fait de la destruction de leurs biens par l'entreprise de travaux publics, au motif qu'il ne peut connaître des litiges se rapportant à la vie privée[622].

La distinction des contentieux en matière contractuelle entre contentieux de pleine juridiction et contentieux de l'excès de pouvoir ou de l'annulation, adoptée par le juge administratif[623], implique que le contentieux des contrats administratifs en général et des marchés publics et particuliers, est peu ouvert à l'action des tiers, car le contrat ne peut, en principe, être attaqué par la voie d'un recours de plein contentieux par les personnes qui n'en sont pas parties[624]. De ce fait, les tiers peuvent se trouver dépossédés de toute voie de droit lorsque le contrat a déjà été formé.

C'est pour pallier cet écueil qu'est né le contentieux de l'acte détachable. Ainsi, par le biais de cette détachabilité consacrée par la jurisprudence[625], le juge du contrat peut être saisi aussi bien par les parties — ce qui constitue une évolution de la jurisprudence —, que par les tiers ayant un intérêt à attaquer le contrat. Ces personnes peuvent saisir le juge par un recours pour excès de pouvoir dirigé, non contre le marché — cette voie étant ouverte uniquement aux parties — mais contre l'acte détachable lié du marché, par exemple, à sa passation. Ainsi, le contentieux de l'acte détachable ou, plus clairement, la nature d'acte détachable concernerait uniquement et strictement à la fois les

---

619 Dans le même sens : CS/CA, jugement du 13 juillet 1987, Ossongo Eteme François contre État du Cameroun.

620 V. Affaire Amsecom-Amsecomcon, jugement n°93/88-89, du 24 août 1989, SCGT (Dema-Cameroun) c/ État du Cameroun.

621 V. CCA, décision n°584 du 27 mars 1954, Toko Joseph c/ Administration du territoire.

622 V. CCA, décision n°650 du 3 septembre 1955, Ebongom Philippe c/ administration du territoire.

623 CS/CA jugement n°50/CD/CA du 1er février 1985, AMSECOM AMSECONCOM c/État du Cameroun

624 C'est-à-dire les tiers.

625 CS/CA, Jugement *n°* 007/du 27 octobre 1988, Compagnie Forestière SANGHA OUBANGUI c/État du Cameroun.

actes précontractuels de nature décisoire concourant à la passation du marché[626], et certains actes contractuels pris pendant leur exécution. En sont exclus les actes précontractuels de nature préparatoire[627]. En France, par exemple, l'irrecevabilité des recours contre le contrat provenant des non-cocontractants ou des tiers connaît des exceptions qui permettent de protéger ces personnes, qui n'y ont ni qualité ni intérêt, de l'arbitraire d'une conclusion ou d'une exécution irrégulière du contrat. Le juge administratif camerounais, quant à lui, demeure attaché aux valeurs qu'il a consacrées, et ne conçoit qu'en certaines circonstances[628] des exceptions à la restriction du contentieux contractuel aux parties.

B. La consistance de la matière contentieuse relevant du juge administratif

Il faut donc distinguer les litiges relevant de la passation des marchés publics et ceux liés à leur exécution.

1. Les litiges liés à la passation des marchés publics

La passation des marchés, au regard de la nature des actes qui la jalonnent, cadre davantage avec le contentieux de l'excès de pouvoir. Le contentieux de la passation semble donc orienté vers la vérification de la conformité des actes pris par l'administration en matière de respect de la concurrence des cocontractants.

La prise en compte de la concurrence comme élément de contentieux se limite à la compétence du juge à contrôler la validité des actes, et, par conséquent, à la vérification de la validité des procédures de sélection du cocontractant. La vérification de cette conformité se traite de manière différente depuis le Code des marchés publics de 2018. En effet, il est difficile d'affirmer depuis lors la compétence du juge administratif pour juger de la validité des règles liées à la concurrence dans les marchés publics, le Code imposant le respect des procédures administratives de résolution des contestations liées à la passation des marchés.

Le contrôle par le juge administratif des actes relatifs au respect de ces procédures ne peut être envisageable, au regard du Code, que postérieurement à l'épuisement des voies de recours organisés par les articles 170 à 174 dudit Code. Il est loisible de croire qu'en cas de contestation d'une procédure d'attribution d'un marché public, c'est la décision prise par le ministère délégué chargé des marchés publics, autorité des marchés, dans le cadre des

[626] Ce contentieux est inauguré avec l'arrêt *Martin* rendu par le Conseil d'État le 4 août 1905.
[627] Pouyaud (D.), *La nullité des contrats administratifs,* LGDJ, Paris, 1991, n°423.
[628] C'est le cas du contentieux des travaux publics. Voir, par exemple, CS/CA, Jugement n°12/91-92 du 26 décembre 1991, affaire ONDOUA ATANGANA Paul c/État du Cameroun.

affaires portées au Comité d'Examen des Recours, qui peut être attaquée devant le juge administratif. Toutefois, l'article 176 du Code dispose que la décision de l'autorité des marchés publics lie les parties. On peut y lire une intention des rédacteurs du Code d'épuiser le contentieux de l'attribution des marchés au niveau non juridictionnel. Cette idée est confortée par les délais assez courts de passation des marchés publics, qui se situent désormais dans une moyenne de 21 jours.

Cependant, en dehors des contraintes liées aux délais d'introduction des recours devant le Comité d'Examen des Recours et aux délais de passation, il faut dire que, juridiquement, les dispositions de l'article 176 du Code pourraient avoir un effet relatif. En effet, rien n'empêche un soumissionnaire lésé de porter l'affaire devant le juge administratif, la décision de l'autorité des marchés ayant la nature d'un acte administratif, en application de la jurisprudence Dame Lamotte[629], qui a posé le principe selon lequel toute décision administrative, même sans texte, peut faire l'objet d'un recours pour excès de pouvoir[630]. Il suffit de remplir les conditions d'introduction du recours y afférent.

La réforme introduite par le Code de 2018 a, de surcroît, pour avantage d'apporter des éclaircissements sur l'acte qui peut être attaqué en matière de passation du marché, et partant, ceux sur lesquels peut porter le contrôle de validité. Ce Code permet donc de faire une analyse *de lege lata* susceptible d'être appliquée par le juge. Celui-ci pourrait ainsi se prononcer sur les recours portés devant lui et dirigés contre les décisions prises par l'autorité des marchés dans la phase d'attribution[631]. Son contrôle pourrait alors porter sur la régularité des actes pris dans les phases de la passation telle qu'organisée par le Code.

La compétence du juge administratif, affirmée en matière de respect des règles liées à la formation des contrats ainsi que la faible surface matérielle de ce type de contentieux, ne permet pas d'analyser l'étendue du pouvoir du juge des contrats. Une comparaison avec le système juridique en vigueur en France montre que le juge français sanctionne les violations aux règles de la concurrence telles qu'édictées par le droit communautaire. Il peut ainsi procéder à l'annulation d'une procédure de passation en cas de recours intenté par un soumissionnaire lésé, soit du fait d'un fractionnement de marché par le

---

[629] CE, 17 février 1950, ministère de l'Agriculture c/Dame Lamotte, Rec. Lebon, p. 110.

[630] En dehors, bien entendu des cas des actes de gouvernement, qui sont insusceptibles de recours devant le juge administratif.

[631] Le Code de 2004 n'apportait pas de précision sur les actes de passation pouvant faire l'objet d'un recours, il apparaissait donc difficile de cerner, dans cette étape de la procédure, les actes ayant la nature d'actes détachables, ce qui laissait une latitude au juge de décider, si oui ou non, les actes pris dans ces étapes pouvaient faire l'objet de recours ; ce sur quoi il a souvent répondu par la négative.

maître d'ouvrage[632], soit du fait de l'éviction irrégulière d'un candidat[633], soit du fait d'irrégularités dans la procédure de passation des marchés ; ce qui aboutit à l'annulation de l'acte, cause de la violation[634].

Le contentieux de la passation des contrats publics en général et des marchés publics en particulier est rare dans le prétoire du juge administratif. Sont encore plus rares les recours liés à la méconnaissance et au non-respect de la concurrence et de la transparence dans l'attribution des contrats ou des marchés. Cependant, bien que rares, les litiges ne sont pas totalement inexistants. Le juge administratif a eu à statuer sur quelques espèces : dans l'affaire *YAP Émile*[635], il était reproché au Sieur YAP d'avoir plusieurs fois passé des marchés avec sa secrétaire au mépris des règles de publicité, donc du respect de la mise en concurrence obligatoire dans ce domaine. Passé devant le Conseil de Discipline budgétaire et Comptable (CDBC, actuel CDBF), celui-ci fut reconnu coupable de fautes de gestion pour ce motif. Bien qu'en l'espèce, le juge ne se prononce pas explicitement sur l'obligation d'un appel public à la concurrence, les faits de l'espèce montrent notamment qu'il y est implicitement question, le juge administratif ayant confirmé la décision du Conseil, validant ainsi la décision constatant la faute de gestion et la sanction prise par ledit Conseil contre le sieur YAP Jean Émile. Dans une autre affaire, *Société TMI SARL c/État Cameroun*[636], le requérant demandait au juge d'annuler un appel public à la concurrence restreint pour motif que celui-ci est de nature à exclure d'office sa candidature, ce qui va à l'encontre, non seulement du principe de l'égalité d'accès au service public, mais aussi des règles applicables aux marchés publics, en l'occurrence, la mise en concurrence et la transparence. Le juge de l'espèce, après avoir déclaré le recours recevable en la forme, le déclare au fond non justifié, au motif que « *le requérant ne remplit pas le critère de 5 années d'expérience requis par l'appel d'offres restreint* ».

De ces deux affaires, il ressort qu'avant le Code de 2018, la compétence du juge administratif s'étendait aussi bien sur les recours relatifs aux règles de présélection des candidats, admis à concourir, qu'au contrôle des obligations qui pèsent sur l'administration en matière de mise en concurrence des potentiels cocontractants. La mise en concurrence apparaît dès lors comme un

---

[632]Cf. déci. CE 8 février 1999, Syndicat intercommunal des eaux de la Gâtine.

[633]CE Sect. Déc. 6 décembre 1995, département de l'Aveyron, rec. CE, p. 428.

[634]Par la voie du déféré précontractuel qui est une procédure d'urgence instituée pour la période précontractuelle, le président du tribunal administratif peut ordonner à l'auteur du manquement de se conformer à ses obligations, ou suspendre la passation du contrat ou l'exécution de toute décision qui s'y rapporte. Ce sont donc, soit des mesures provisoires, soit des mesures définitives que le juge français est capable de prendre.

[635]CS/CA jugement n° 14/94 – 95 du 26 janvier 1996 YAP Jean Émile c/État du *Cameroun*.

[636] CS/CA, jugement n°254/2010 du 22 septembre 2010, affaire *Société TMI SARL c/État du Cameroun (Port autonome de Douala)*.

principe du droit public contractuel dont le juge a la charge de veiller à l'application, à travers la sanction de l'acte de l'administration qui l'aurait méconnue.

En acceptant de faire ce contrôle, le juge contribue à la moralisation de l'achat public et au contrôle de la dépense publique. La publicité obligatoire sur laquelle veille le juge a pour but de prémunir la commande publique des personnes *« qui pourraient être disposées à mal faire si elles pouvaient agir en secret »*[637]. Quant à la concurrence, qui est le principe en matière de contrats, il a pour finalité de s'assurer que le travail *« ne sera pas payé au-dessus de sa vraie valeur »*[638]. Aux principes de concurrence et transparence, le Code de 2018 a ajouté ceux d'efficience et d'intégrité. Ces principes obligent l'administration à sélectionner, non plus seulement l'offre la « mieux disante », mais la « moins-disante » ou la « mieux disante », selon la nature du marché[639].

Au demeurant, si le juge administratif est très peu saisi du contentieux de la passation des marchés publics du fait de la prégnance de l'administration dans cette phase, et de multiples règlements, il y a lieu de penser que, compte tenu de changements induits par les dispositions du Code, l'on pourrait s'attendre à la clarification par le juge administratif du contenu du contentieux de la validité des marchés publics, tout autant que celui de son exécution.

2. Les litiges liés à l'exécution des marchés publics

Le contentieux de l'exécution, encore dit contentieux contractuel ou contentieux du contrat, est le contentieux de base des marchés publics[640], car en principe, il porte sur le contrat lui-même et non sur un acte quelconque attaché à sa formation. Dans la distinction des contentieux en matière contractuelle, la règle veut que le contentieux contractuel relève du plein contentieux et non du contentieux de l'annulation, les parties y étant, en principe différentes, et les recours tout aussi différents. Ce contentieux est donc celui de la vie du contrat. Le juge compétent saisi en examinant les matières[641], qui portent soit sous la garantie des pouvoirs de l'administration, soit sur la reconnaissance des droits du cocontractant.

---

637 Voir Richer (L), *Droit des contrats administratifs*, *op. cit.*, n° 540.
638*Ibid.*
639 Voir article 99 du code des marchés publics.
640 Bergeal (C.) et Lenica (F.), *Le contentieux des marchés publics*, Édition Imprimerie Nationale, Paris, 2004, 325 p.
641 Selon Laurent RICHER, dès lors que le différend se « situe après la signature du contrat, au cœur de la vie de celui-ci, le juge saisi est le juge du contrat ». Richer (L.), *Droit des contrats administratifs*, *op. cit.*, p. 336.

a. La garantie des pouvoirs de l'administration contractante

Le pouvoir de l'administration en matière d'exécution des marchés publics est prégnant. Le juge administratif contribue au renforcement de ce pouvoir afin de garantir une exécution effective et efficace par le cocontractant. En effet, l'essence même du pouvoir de l'administration en matière d'exécution réside dans sa capacité à prendre des mesures d'instruction, d'organisation et d'orientation du marché dans le sens de garantir l'intérêt général[642]. Le rôle du juge est de veiller à ce que l'administration puisse accomplir cette mission de protection de l'intérêt général en exerçant un contrôle assez souple sur les actes pris par l'administration dans le cadre de l'exécution du marché.

Cette souplesse du contrôle juridictionnel permet de déduire non seulement la reconnaissance, mais également la contribution du juge au renforcement des pouvoirs de l'administration contractante. L'administration peut donc, dans l'intérêt du service, user de ces prérogatives de plein droit, même lorsqu'elles ne sont pas prévues par le contrat. Le juge administratif l'affirme explicitement dans l'affaire *Société Cameroun Plaques internationales,* en ces termes :

> « Attendu qu'il résulte de l'objet et du contenu de la correspondance ci-dessus que l'État du Cameroun en procédant à la résiliation de plein droit de la convention qui le liait à la société recourante n'a fait qu'exercer une prérogative prévue dans les clauses contractuelles susvisées, et même s'il y avait eu faute de sa part dans sa prise de position, celle-ci ne saurait constituer un excès de pouvoir, sujet à annulation…
>
> Qu'au demeurant, la doctrine et la jurisprudence s'accordent à reconnaître que l'administration dispose de prérogatives exorbitantes de droit commun inhérentes au régime de sanctions appropriées soit de plein droit, si elles sont prévues par le cahier de charges, soit même dès l'instant où elles sont indispensables pour assurer l'intérêt du service »[643].

Les pouvoirs de l'administration sont donc, en matière contractuelle, des prérogatives de puissance publique servant à garantir l'accomplissement du service public. Elles apparaissent alors comme des prérogatives de protection de l'intérêt général. Ces prérogatives s'étendent à la capacité de

---

[642] Comme le dit M. Bernier, « *la puissance publique, qui n'a pu transiger sur son obligation de toujours sauvegarder les intérêts publics, puisse que cette obligation est son unique raison d'être, sera appelée à prendre, par la suite, pour l'accomplissement de ce devoir rigoureux, des dispositions nouvelles, de donner au concessionnaire des ordres impossibles à prévoir au moment du contrat, et cela sans avoir ni l'obligation ni le devoir de s'arrêter devant les stipulations contractuelles qui pourraient y être contraires* ». V. Bernier (C.), « Des pouvoirs de l'administration sur les concessions de travaux publics », *RDP* 1927, p. 481, cité par LANGELIER (E.), *L'office du juge administratif et le contrat administratif,* LGDJ, collection thèse, Presses universitaires juridiques de Poitiers, p. 195.

[643] CS/CA, jugement n°49/2009 du 28 janvier 2009, affaire *Société Cameroun Plaques Internationales (CPI) c/État du Cameroun (MINTRANSPORT).*

l'administration de modifier, sans l'avis du cocontractant, le contenu du contrat initial, quitte pour ce dernier à recourir au juge pour demander des dommages-intérêts en cas de préjudice excessif ou indemnisable.

Le pouvoir de modification unilatérale renvoie aux hypothèses dans lesquelles la personne publique, en sa qualité de partie au contrat, intervient par des mesures d'ordre général qui ont des incidences sur son exécution. Selon De Laubadère, le pouvoir de modification unilatérale est *« une décision individuelle, prise par l'administration contractante à l'égard de son cocontractant, et visant spécialement à modifier sur un point quelconque le contenu de ses obligations contractuelles »*[644]. Le juge administratif reconnaît ainsi à l'administration, dans certains cas, le droit de modifier unilatéralement les termes du marché sans le consentement préalable du cocontractant[645]. La jurisprudence révèle une tendance à surestimer ce pouvoir de modification de l'administration. C'est ainsi que le juge limite l'étendue de son contrôle sur les actes pris par l'administration et ayant pour objet de retoucher le contenu de l'engagement souscrit par les parties.

Pour ce qui est de la portée du pouvoir de modification unilatérale reconnu à l'administration, il lui permet de prendre toute mesure nécessaire à l'exécution du contrat. Pour le juge, c'est un pouvoir naturel de la personne publique cocontractante, qui ne peut pas donner lieu à contestation par le cocontractant, sauf s'il est utilisé à des fins autres que l'intérêt général. Le cocontractant est donc tenu de se conformer aux décisions prises par la personne publique dans le cadre de ce pouvoir, par la personne publique, quitte à réclamer une compensation financière pour les coûts supplémentaires engendrés par les modifications apportées au contrat par la personne publique, ce fut le cas dans l'affaire *Amsecom- Amseconcom*[646].

Le pouvoir de sanction, tout comme le pouvoir de modification unilatérale, est une des prérogatives inhérentes à la personne publique contractante. Elle est la pierre angulaire du régime de l'exécution des contrats publics. Ce pouvoir donne les moyens à l'administration de veiller à l'exécution du contrat dans un sens conforme aux prescriptions de l'administration, donc, a priori, à l'intérêt général. C'est en effet la prérogative qui dénote de la supériorité de l'administration sur son cocontractant, car elle peut prendre des mesures de nature contraignante pour son cocontractant. Au regard de la jurisprudence

---

644 De Laubadère (A.), « Du pouvoir de l'administration d'imposer unilatéralement des changements aux dispositions des contrats administratifs, *RDP* 1954, p. 36.

645 TE, arrêt du 29 avril 1960, Sieur Cleizal Michel c/Mairie de Douala.

646 CS/CA, jugement n°50/1985 du 1er février 1985, AMSECON AMSECONCOM c/État du Cameroun.

administrative, il s'agit donc d'un pouvoir qui vise plus à protéger l'intérêt général[647] qu'à garantir le respect de la force obligatoire des conventions[648].

Avant-gardiste de la préservation de l'intérêt général et de la protection de l'administration, le juge administratif ne trouve pas d'inconvénient à l'usage par l'administration de ce pouvoir de sanction. Celui-ci peut consister, soit en des sanctions pécuniaires représentant des pénalités de retard infligées par l'administration[649] ; soit en des sanctions coercitives, représentant l'obligation faite au cocontractant d'agir d'une certaine manière[650], soit en la résiliation du contrat, en cas de faute du cocontractant ; soit en la reprise du contrat par l'administration, en cas de carence dans son exécution[651]. Mais, comme le dit le juge, l'usage par l'administration de certaines de ses prérogatives lors de l'exécution d'un contrat ou d'un marché ne doit pas être fait de manière arbitraire. Ce qui doit justifier le recours à ces pouvoirs par l'administration contractante doit être l'objectif qu'elle poursuit à travers l'exécution du contrat, à savoir la satisfaction de l'intérêt général. Lorsqu'un tel but fait défaut, l'usage de ces prérogatives par elle peut faire l'objet de recours devant le juge du contrat. Ainsi, dans l'affaire *Cleizal Michel,* et relativement à l'usage par l'administration contractante de son pouvoir de modification unilatérale, le juge y a apporté des limites. Selon lui, *« ... considérant que, si l'administration dispose, dans certains cas du pouvoir exceptionnel de modifier unilatéralement les contrats qu'elle souscrit, ce pouvoir ne lui a pas été donné, pour lui permettre de se soustraire à l'exécution de ses engagements ;*

Qu'elle ne peut en user que si un motif d'intérêt général l'exige, faute de quoi son action est abusive et injustifiée »[652].

Au regard de cette position du juge, on peut dès lors subodorer que le motif qui permet de légitimer l'usage par l'administration de certains de ses

[647] Il convient de partager le point de vue d'Élise Langelier, selon lequel *« voir dans la force obligatoire la finalité du pouvoir de sanction revient à voir dans le respect du contrat la finalité du contrat ».* Celle-ci se trouve dans l'intérêt général recherché par l'administration à travers l'opération contractuelle. V. Langelier (E.), *L'office du juge administratif et le contrat administratif*, *op.cit.*, p. 227.

[648] Selon le professeur Brenet, « contrairement aux idées reçues, il (le but du pouvoir de sanction) ne s'agit pas du service public ou plus globalement de l'intérêt général, mais plus nécessairement de la nécessité de réprimer avec tact et mesure les atteintes portées au principe de la force obligatoire ». V dans ce sens BRENET (F.), *Recherche sur l'évolution du contrat administratif*, thèse université de Poitiers, 2002, p. 460, cité par Langelier (E.), *L'office du juge administratif et le contrat administratif*, *op. cit.*, p. 227.

[649] CCA arrêt n°702/CCA du 13 juin 1958, affaire Marino Jacques c/territoire du Cameroun.

[650] C'est le plus souvent le cas dans les contrats de concession où l'autorité concédante impose au concessionnaire de prendre des mesures nécessaires, pour pallier le mauvais fonctionnement du service public.

[651] CS/CA, jugement n°49/2009 du 28 janvier 2009, affaire Société Cameroun Plaques Internationales (CPI) c/État du Cameroun (MINTRANSPORT).

[652] TE, arrêt Sieur CLEIZAL Michel c/Mairie de Douala, op.cit.

pouvoirs constitue également celui qui sert à le limiter. L'intérêt général est donc à la fois l'épée et le bouclier de l'administration et des parties devant le prétoire administratif. Il permet au juge de canaliser les pouvoirs de l'administration pour un usage tempérant et conciliant.

Il est depuis longtemps admis par le juge que les décisions prises par l'administration dans la phase de l'exécution du contrat ne peuvent, de manière générale, faire l'objet d'une annulation. En effet, ce principe est d'ordre général en matière contractuelle et a pour contenu le contrôle des prétentions des requérants pendant le litige contractuel proprement dit. Dans la plupart des cas, le juge refuse de donner droit aux prétentions visant à annuler les mesures d'exécution du contrat, car cela reviendrait à paralyser le fonctionnement de l'administration, dont les prérogatives de puissance publique visent à garantir la continuité du service public. De même, en le faisant, cela revient pour le juge à adresser des injonctions à l'administration, ce qu'il s'est toujours refusé de faire, à tort ou à raison.

Jusqu'au jugement *CARMCO*[653], la jurisprudence constante a toujours marqué ce refus du juge d'exercer un contrôle sur les actes d'exécution du contrat, qu'ils émanent du cocontractant personne privée ou surtout de l'administration contractante. Il déclare donc irrecevables toutes les demandes d'annulation de ces actes, et reconnaît que sa compétence se limite aux conséquences de ces mesures. Il l'a expressément reconnu dans l'affaire *AMSECOM AMSECONCOMM portant sur un marché de travaux publics. C'est ainsi que,* dans l'un des considérants de l'espèce, il reconnaît que, *« conformément à la jurisprudence établie, le juge de contestations relatives aux marchés [de travaux publics n'a pas le pouvoir de prononcer l'annulation des mesures prises par le maître de l'ouvrage envers l'entrepreneur ; qu'il lui appartient seulement de rechercher si ces actes sont intervenus dans des conditions de nature à ouvrir au profit de celui-ci un droit à indemnité »*[654]. La jurisprudence sera fidèle à cette règle héritée du droit français[655], au point où les parties limitent leurs prétentions et évitent d'exiger du juge une telle annulation et se contentent de demander uniquement réparation du préjudice subi[656]. Si la faute de l'administration est établie, le cocontractant reste tenu d'exécuter le contrat, mais il a droit à une indemnité, même lorsque les pièces

---

653 CS/CA, jugement n°145/2012 du 12 septembre 2012, affaire Société CARMCO c/État du Cameroun.

654 CS/CA jugement n°50/CS/CA du 1er février 1985, AMSECOM AMSECONCOM c/État du Cameroun.

655 Dans sa décision AMSECOM AMSECONCOM, le juge administratif cite à titre de référence la doctrine et la jurisprudence françaises.

656 V. Arrêt n°273 du 27 janvier 1954, affaire Société SOTRACOME c/Administration du territoire; CS/CA, jugement n° 139/2004-2005 du 27 juillet 2005, affaire Entreprises SOTRACOME c/État du Cameroun; CS/CA, jugement n°59/2004-2005 du 23 mars 2005, Établissement LIPA-SPORT B.T.P c/État du Cameroun (M.T.P).

du contrat sont muettes à ce sujet[657]. Toutefois, il peut demander la résiliation du contrat au juge administratif en cas de faute grave commise par l'administration.

Au demeurant, la résiliation du contrat administratif par le juge peut intervenir soit à la demande du particulier cocontractant, soit à la demande de l'administration, soit, enfin, à la demande de l'une ou l'autre partie au contrat. La résiliation à la demande du particulier cocontractant peut être prononcée, soit en cas de faute grave de l'administration, ce qui entraîne l'obligation pour elle d'indemniser son cocontractant, soit lorsque les changements que l'administration prétend imposer unilatéralement au cocontractant excèdent certaines limites, soit, enfin, dans certaines hypothèses de force majeure. Dans certaines espèces, le juge administratif a qualifié certaines résiliations *d'abusives*[658]. La résiliation juridictionnelle, à l'initiative de l'administration, est prononcée, soit lorsque l'administration renonce de son plein gré à user de sa prérogative de résiliation et préfère saisir le juge du contrat, soit lorsqu'il s'agit d'une concession du service public pour laquelle la déchéance ne peut être prononcée par l'administration. Enfin, la résiliation par le juge à la demande de l'une ou l'autre partie au contrat est prononcée lorsqu'il apparaît manifestement que l'équilibre économique du contrat est définitivement bouleversé du fait des circonstances qui peuvent être liées, soit à un fait naturel, soit à un fait économique, soit à un fait politique.

La non-extension du contrôle du juge administratif aux mesures d'instruction ainsi que le refus d'annuler les actes portant mesure d'exécution du contrat a comme conséquence le fait que le juge ne peut pas procéder à la résiliation du contrat en cas d'abus par l'administration de ses prérogatives de puissance publique. L'analyse de la jurisprudence administrative contractuelle, encore très faible quantitativement, ne révèle d'ailleurs pas des cas de résiliation juridictionnelle du contrat fondée sur l'abus du pouvoir de sanction de l'administration. Le cocontractant a généralement droit de la part du juge administratif, en cas de « *rupture abusive* » du contrat par l'administration, à la réparation par le versement d'une *indemnité compensatrice* ou d'une indemnité pour préjudice matériel et d'une indemnité pour préjudice moral[659], ou alors des *dommages et intérêts*[660].

---

[657] V. CS/CA, jugement N°50/84-85 du 1er février 1985, Tameghi Boniface c/ État du Cameroun et CS/CA, jugement n° 44 / 89-90 du 28 juin 1990, entreprise Amsecom c/ l'État du Cameroun.

[658] C'est le cas dans l'affaire Tameghi Boniface (Amsecom-Amsecom-Com) c/ État du Cameroun du 1er février 1985 (CS/CA, jugement N°50/84-85 du 1er février 1985, Tameghi Boniface c/ État du Cameroun) et dans l'affaire Vianini Lavori (CS/CA, jugement n°24/89-90 du 22 février 1990 Société Leviani Lavori c/ État du Cameroun).

[659] V. CS/CA, jugement n°59/04-05 du 23 mars 2005, Établissements LIPA-SPORTS B.T.P c/ État du Cameroun.

[660] V. CS/CA, jugement n°80/06-07 du 04 juillet 2007, Établissement Le « PAYSAN » c/ État du Cameroun : *« (...) comme relevé dans leur requête, les Établissements « Le Paysan » avaient*

De même, les cocontractants agissent rarement en demande de résiliation du contrat en cas de sanction infligée à eux par la personne publique. La raison en est aussi évidente. En effet, l'analyse de jurisprudence permet de constater que les parties recourent le plus souvent au juge, lorsque le contrat est formé, et attendent de lui une réparation du préjudice subi du fait des décisions prises par l'administration.

Au demeurant, l'exécution du contrat permet au juge de fixer et de consolider les règles procédurales en matière de contentieux administratif en général, et contractuelle en particulier. Ce faisant, il contribue à renforcer les prérogatives de puissance publique de l'administration dans le droit contractuel. Mais, autant il reconnaît à l'administration le droit d'exercer ces prérogatives, autant il les limite en garantissant au cocontractant un certain équilibre dans ses rapports avec l'administration. La rupture de l'équilibre financier du contrat par l'administration enlève toute possibilité au cocontractant de l'administration de réaliser des profits éventuels dans l'opération contractuelle, alors que celui-ci s'attend à l'issue d'une telle opération à réaliser des bénéfices. Lorsque le juge constate cette rupture de cet équilibre financier du contrat, elle donne droit à réparation au profit du cocontractant lésé si elle a conduit à des dépenses supplémentaires imprévues par le contrat[661].

b. La reconnaissance des droits du cocontractant de l'administration

Le juge s'assure de l'exécution par l'administration de ses prestations et reconnaît au cocontractant le respect de ses droits en tant que partie au contrat. Malgré donc le fondement contractuel du pouvoir de modification unilatérale de l'administration en droit camerounais[662], il arrive de plus en plus que le juge ne donne pas raison à l'administration et la sanctionne pour déséquilibre majeur apporté à l'exécution du contrat. Le juge administratif veille à maintenir un équilibre entre ce que l'administration peut imposer et ce que peut accepter le cocontractant, car dans *« tout contrat administratif, il y a à trouver un équilibre spécifique à la convention en cause, entre ce que*

---

successivement reçu du ministère de la Santé publique une lettre du 11 juillet et une autre du 17 septembre 2001 allant toutes dans le sens de l'arrangement amiable de leur différend ; (...) il ressort de ces correspondances que contrairement aux indications de son représentant, l'État du Cameroun n'a pas contesté la validité du marché à l'origine du litige dans la mesure où il a accepté de payer les frais de son enregistrement ; (...) à cet égard (...), la position de l'administration est sans rapport avec le préjudice subi par l'entreprise poursuivante laquelle non seulement a engagé des dépenses pour démarrer les travaux, mais encore a subi un manque à gagner par la remise en cause de l'opération concernée ».

[661] Il y a bouleversement de l'équilibre financier du contrat lorsque l'événement qui survient a des conséquences financières imprévisibles, c'est-à-dire *« déjoue tous les calculs que les parties avaient pu établir lors de la conclusion du contrat »*, in (Bidja Nkotto (T.), *Les contrats de l'administration au Cameroun*, op.cit., p. 380).

[662] Ibid., p. 364.

l'administration peut imposer à son cocontractant et ce qu'elle doit octroyer en contrepartie de sa collaboration à l'activité publique »[663].

Ne pouvant empêcher l'administration d'exercer *ex ante* ses prérogatives, le juge veille, *ex post,* au respect par elle de la contrepartie que sont les droits du cocontractant. Il le fait, semble-t-il, de deux manières. Il le fait, d'une part, de façon abstraite et implicite, en reconnaissant au cocontractant le droit à une exécution équilibrée du contrat, et, d'autre part, de façon plus concrète et explicite, par l'indemnisation du cocontractant de l'administration, en cas de rupture de l'équilibre financier du contrat. Ces deux moyens permettent d'atténuer, notamment, le pouvoir de modification unilatérale du contrat par l'administration. Cette limitation du pouvoir de l'administration vise à empêcher une dénaturation excessive du contrat en cours d'exécution. Le juge s'assure ainsi, en application du principe du *vase clos,* que les parties remplissent effectivement leurs obligations.

L'équilibre que doit maintenir l'administration dans l'exécution du marché et que reconnaît le juge est à la fois financier et formel. L'administration doit donc s'en tenir à l'objet fixé par le marché initial. Un marché de service ou de fournitures ne peut pas, par exemple, devenir un marché de travaux publics, car ce serait un nouveau contrat. Pour ce qui est du cas spécifique des marchés publics, le pouvoir de modification unilatérale de l'administration contractante est beaucoup plus encadré par les textes. Le Code des marchés publics limite la modification du contrat initial en soumettant toute modification à la signature d'un avenant. Il dispose, à ce sujet, en son article 130, que *« les dispositions d'un marché public ne peuvent être modifiées que par voie d'avenant ».* Lorsque la modification porte sur moins de 10 % du montant du marché, l'ordre de service, donnant lieu à la modification, peut être régularisé par voie d'avenant ; si la modification dépasse les 10 %, la modification ne peut être faite qu'après signature de l'avenant. Le montant global des avenants est plafonné à 30 % du marché de base. Le Code indique également les clauses qui ne peuvent donner lieu à modification, notamment, *l'objet, le titulaire du marché, la monnaie de règlement, la formule de révision des prix ou d'actualisation des prix du marché*[664]. Pour les autres contrats publics, l'étendue de la possibilité de revoir leur exécution est fonction de l'objet[665].

Par ailleurs, les modifications apportées par l'administration ne doivent pas procéder à un accroissement excessif des charges financières du cocontractant, sans une compensation équivalente : c'est l'obligation de maintien de l'équilibre financier du contrat sus évoqué. En matière de marché public, le juge n'a pas eu à fixer le seuil au-delà duquel l'équilibre est rompu, puisque les textes

---

663 Langelier (E.), *L'office du juge administratif et le contrat administratif, op.cit.*, p. 196.

664 Article 130 (2) du code des marchés publics.

665 Pour les limites au pouvoir de modification, v. également BIDJA NKOTTO (T.), *Les contrats de l'administration au Cameroun*, op.cit., p. 366 et 368.

l'ont déjà fait. Si l'on s'en tient à l'obligation de procéder à la signature d'un avenant à tout changement affectant le marché pour un montant de 10 % du montant total dudit marché, l'on peut subodorer que c'est le seuil du déséquilibre substantiel atteint par le contrat sur lequel pourrait s'appuyer le juge administratif afin de procéder à une indemnisation du cocontractant.

En cas de rupture de l'équilibre financier du contrat, le juge veille à l'indemnisation du cocontractant, lorsqu'il est prouvé que les changements imposés par l'administration ont conduit à un accroissement des coûts de réalisation de la prestation susceptible d'entraîner une mauvaise ou une non-exécution du contrat. Dans l'affaire *Établissement LIPA-SPORT B.T.P,* le juge estime que les modifications apportées par l'administration au contrat initial ont modifié substantiellement le marché, et ont été de nature à porter atteinte à son exécution totale et à donner à l'administration une raison de procéder à la résiliation du contrat ; par conséquent l'administration doit être condamnée[666].

Le pouvoir de sanction dont dispose l'administration à l'égard de son cocontractant fait l'objet de plus en plus d'un contrôle de légalité, voire d'opportunité. En effet, lorsque la sanction prise par l'administration contre le cocontractant apparaît illégale pour le juge, au regard des dispositions contractuelles, il peut procéder à l'annulation de l'acte de résiliation. Ce contrôle concerne concrètement les sanctions résolutoires prononcées par l'administration et implique que celle-ci ne peut, malgré son pouvoir, prendre une mesure constitutive d'un excès de pouvoir sans en être responsable. Réticent pendant un certain temps, le juge a donc fini par se résoudre à admettre le contrôle de la sanction résolutoire du contrat prise par l'administration à l'égard de son cocontractant. Ce contrôle porte notamment sur l'opportunité de la sanction. Par exemple, en matière de marché public, la force majeure justifierait les retards dans l'exécution du contrat, et la décision de l'administration sanctionnant de tels retards par la résiliation du contrat est susceptible d'être annulée par le juge. C'est ce qui ressort d'un attendu du juge dans l'affaire *CARMCO*[667]. À ce sujet, il dit, en substance :

> « Attendu qu'il ressort de ces énonciations non d'ailleurs contestées par l'État que les contrôleurs du ministère des Travaux publics dont s'agit avaient rendu compte à leur hiérarchie des difficultés ci-dessus signalées résultant des pluies abondantes et fréquentes intervenues pendant la petite saison sèche, évènements imprévisibles tant de l'entrepreneur que l'administration cocontractante ;
> En résiliant dès lors le marché dans ces conditions, le ministre des Travaux publics a commis un excès de pouvoir et sa décision encourt annulation… »[668].

---

666 CS/CA, jugement n°59/04-05 du 23 mars 2005, Établissement LIPA-SPORT B.T.P c/État du Cameroun. V.. également CS/CA jugement n°139/04-05 27 juillet 2005, SOTRACOME c/État du Cameroun.

667 Pour les faits, Voir *infra*.

668 CS/CA, jugement 145/2012 du 12 septembre 2012, affaire Société CARMCO c/État du Cameroun (MINDAF).

La force majeure permet au juge de limiter les cas d'application de la sanction résolutoire du contrat en cas d'inexécution par le cocontractant. Elle permet ainsi d'apporter un bémol au principe de non-contrôle des actes d'exécution du contrat par le juge administratif. Ce contrôle concernant la sanction résolutoire pourrait s'appliquer également aux sanctions coercitives prises par l'administration à l'égard du cocontractant. De ce fait, les pénalités de retard ainsi que les amendes infligées par l'administration pourraient donner lieu à un contrôle du juge qui, alors même qu'il refusait d'annuler tout acte d'exécution du contrat en général et de résiliation en particulier, a confirmé dans l'affaire *CARMCO* la voie ouverte dans l'affaire *Ets Le Paysan c/État du Cameroun*[669], à un tel contrôle d'opportunité[670] sur les actes contractuels des parties. C'est une réorientation qu'il conviendrait de suivre de près.

Le juge reconnaît, enfin, les droits du cocontractant dans les litiges relatifs au non-paiement par l'administration des prestations rendues au mépris du principe selon lequel, après travail rendu, le prestataire soit désintéressé. Ce non-paiement de la prestation constitue pour l'administration un manquement à ses obligations. Dans l'affaire Ets CENADIET c/ État du Cameroun du 15 mars 2002, alors même que le matériel avait été reçu et la facture déposée le même jour pour règlement, et malgré toutes les démarches entreprises pour rentrer dans ses droits financiers, le requérant s'était heurté à la résistance de l'administration. Le juge qualifia cette manœuvre de l'administration de « résistance abusive ». Le cocontractant demandant généralement au juge le payement du prix dû[671].

En somme, le droit processuel des marchés publics au Cameroun s'articule donc autour du contentieux non juridictionnel et du contentieux juridictionnel. Le contentieux non juridictionnel porte sur le règlement administratif et le règlement alternatif des litiges nés de la passation et/ou de l'exécution des marchés publics. Le choix de l'un ou de l'autre de ces modes de règlement non juridictionnel détermine la démarche des requérants. Au demeurant, ces modes de règlement non juridictionnel n'excluent pas le recours par le cocontractant, en cas d'échec ou d'insatisfaction, au règlement juridictionnel, qui peut déboucher soit sur l'annulation de l'acte administratif litigieux (acte unilatéral ou acte contractuel), soit sur la résiliation du contrat, soit aussi et surtout sur la réparation du préjudice qu'il a subi du fait de l'action ou de l'inaction dommageable de l'administration[672].

---

[669] Ordonnance n°49/OR/PCA/CS/96-97 du 3 juillet 1997, Ets Le paysan.

[670] Pour cette affaire, v. *infra*, chapitre sur l'extinction du contrat.

[671] TE, affaire N°153, 5 juin 1961, Durisotti Attilio contre État du Cameroun. Dans le même sens, CFJ/CAY, arrêt du 26 janvier 1971 et CS/CA, jugement du 28 décembre 1978, SOCOMI contre État du Cameroun.

[672] Guimdo Dongmo (B-R.), « Le droit d'accès à la justice administrative au Cameroun. Contribution à l'étude d'un droit fondamental », *op.cit.*, p. 469.

CONCLUSION GÉNÉRALE

Le droit et le contentieux des marchés publics sont une matière assez délicate qui invite à la prise en compte de plusieurs éléments de théorie et de pratique, de droit des contrats administratifs ou publics, du droit des obligations, en passant par l'activité juridictionnelle. Au-delà de l'identification, de la typologie et des sources de ce droit et de son contentieux, il s'agit d'une matière qui relève à la fois du droit substantiel et du droit processuel.

Au plan substantiel, les marchés publics s'articulent en trois phases : la passation, l'exécution et l'extinction. La passation constitue l'une des phases principales du processus qui s'appuie sur les normes et les institutions qui concourent à son élaboration, avec une volonté de plus en plus affirmée des pouvoirs publics d'assurer une meilleure gouvernance des contrats publics[673]. Cela est perceptible à travers l'articulation des principes qui sous-tendent cette passation. Qu'il s'agisse de la publicité, de la liberté d'accès, de la concurrence, de l'égalité de traitement ou de la transparence, la présentation et l'attribution des marchés publics s'érigent en contreforts garantissant leur stabilité, leur pérennité et une meilleure dépense de la fortune publique[674]. En outre, la passation des marchés publics s'adosse sur un ensemble de règles relatives aussi bien à la capacité à contracter qu'au choix du cocontractant de l'administration. S'agissant de la capacité à contracter, elle demeure une condition de validité du contrat, conduisant à déterminer les personnes privées pouvant contracter et les autorités administratives habilitées à initier l'achat public. Quant au choix du contractant, il laisse apparaître des prérogatives spéciales réservées à l'administration contractante qui fixe les règles de passation des marchés publics. Le choix du contractant s'opère selon les modes concurrentiels et non concurrentiels. Il apparaît donc que la passation des marchés publics est, sans nul doute, l'une des phases les plus complexes du processus, si l'on s'en tient à l'enchevêtrement des principes et règles qui déterminent sa mise en œuvre et au rôle des acteurs assurant l'expertise indépendante. Cette complexité est également consubstantiellement liée à l'exécution des marchés publics.

L'exécution des marchés publics, quant à elle, est basée sur des règles relatives aux droits et obligations du cocontractant de l'administration d'une part, et sur celles liées aux prérogatives de l'administration contractante,

---

673 Lire Messengue Avom (B.), *La gouvernance des marchés publics au Cameroun*, *op. cit.*, 550 p.

674 Selon Grégory Kalfleche, « *les personnes publiques en tant qu'elles dépensent l'argent public, ont été les premières à être soumises à des procédures permettant de les inciter, puis de les contraindre, à mieux dépenser* », in, Kalfleche (G.), *Des marchés publics à la commande publique : l'évolution du droit des marchés publics*, *op.cit.*, p. 636.

d'autre part. Les premières établissent l'existence d'une pluralité d'obligations auxquelles est soumis le cocontractant de l'administration. On peut citer, entre autres, l'obligation d'exécution personnelle et ses dérogations, le respect des délais, le devoir d'obéissance, les obligations comptables et les garanties d'exécution. Toutefois, le cocontractant est titulaire de droits, parmi lesquels le paiement du prix et celui à des indemnités éventuelles. D'autre part, il y a d'importantes prérogatives reconnues à l'administration contractante : les pouvoirs de direction et de contrôle, le pouvoir de modification unilatérale et le pouvoir de sanction de son cocontractant en cas de défaillance de sa part.

En outre, l'extinction des marchés publics peut être, selon les cas, normale ou provoquée. Elle est normale lorsque le marché public est prévu pour s'éteindre dès l'arrivée à terme des prestations envisagées. Cela signifie que le prestataire a rempli son cahier des charges et a bénéficié de la rémunération prévue. Elle est provoquée lorsque l'arrivée à terme du marché public n'est pas liée à la réalisation par chacune des parties de ses obligations contractuelles, soit du fait des textes, soit du fait de la conjoncture, soit du fait des parties ou du juge.

Toujours au plan substantiel, les marchés publics dévoilent une structure technique stable et une assise juridique fiable. Pour une attention plus particulière, le législateur a instauré des mécanismes de garantie des droits des parties en présence[675]. Le plus en vue est le mécanisme juridictionnel qui permet l'intervention d'une instance n'appartenant à aucune des parties contractantes dans la procédure d'extinction des marchés publics, tout en préservant autant que possible les intérêts des parties[676].

Au plan processuel, les marchés publics peuvent faire l'objet d'un contentieux non juridictionnel et d'un contentieux juridictionnel. Le contentieux non juridictionnel des marchés publics repose sur le règlement administratif et le règlement alternatif, tant en ce qui concerne leur passation que leur exécution. Le règlement administratif s'opère à travers un certain nombre de modalités et d'outils. Quant au règlement alternatif, il s'articule autour de l'arbitrage international et du règlement amiable, tant en ce qui concerne la passation que l'exécution des marchés. Pour ce qui est du

---

[675] Selon Bernard Raymond Guimdo Dongmo, « *les textes réglementaires régissant les marchés publics indiquent formellement d'autres procédés qui, sans nécessairement déboucher sur la saisine d'un organe juridictionnel, contribuent à mettre fin à une contestation, notamment au niveau de l'exécution des marchés publics* », in *Cours de droit et contentieux des marchés publics*, ENAM/SJA, op. cit., p. 34.

[676] Voir jugement TAMEGHI Joseph suscité et CS/CA, jugement n° 44/89-90 du 28 juin 1990, entreprise Amsecom c/État du Cameroun ; CS/CA, jugement n°59/04-05 du 23 mars 2005, Établissements LIPA-SPORTS B.T.P c/État du Cameroun) ou alors des dommages et intérêts (v. CS/CA, jugement n°80/06-07 du 04 juillet 2007, Établissement Le «PAYSAN » c/État du Cameroun.

contentieux juridictionnel des marchés publics qui traduit, pour partie, l'échec du règlement non juridictionnel, il est articulé autour de l'accès au juge des contrats et à la matière contentieuse soumise à ce juge. L'accès au juge est fonction des conditions liées aux requérants à leurs requêtes. Il est aussi fonction du juge à saisir : juge pénal, juge civil, juge des comptes ou juge administratif ; chacun d'eux est compétent en matière de contentieux des marchés publics, selon la nature du litige. Mais, le juge administratif demeure le juge principal et principiel du contentieux.

Relativement à la matière administrative contentieuse qui relève du juge administratif, elle concerne aussi bien le contentieux de l'excès de pouvoir que celui de pleine juridiction. Du point de vue de sa consistance, le contentieux de la passation en est le parent pauvre à côté de celui de l'exécution qui est plus important. Plusieurs facteurs expliquent ce déséquilibre. Les textes sur les marchés publics ont davantage favorisé le règlement non juridictionnel des litiges liés à la passation. Ils n'ont pas aménagé des procédures accessoires d'urgence spécifiques au contentieux de la passation. Or les procédures classiques que sont le référé et le sursis à exécution sont, pour l'essentiel, peu adaptées à ce contentieux. Par contre, le contentieux de l'exécution des marchés connaît une expression plus large du juge, notamment administratif. Auparavant focalisé sur la protection de l'administration, l'office du juge s'est progressivement équilibré pour garantir de manière assez équitable, aussi bien l'intérêt général qui s'exprime par les pouvoirs de l'administration contractante que ceux du cocontractant. Ce rééquilibrage des rapports entre l'administration contractante et son cocontractant démontre à suffisance que les marchés publics ne sont plus seulement l'expression de la puissance publique et l'exécution d'un service public, mais sont aussi un instrument économique.

BIBLIOGRAPHIE

OUVRAGES

BADAOUI (Saroit), *Le fait du prince dans les contrats administratifs*, LGDJ, Paris, 1955, 237 p.

BALZAC (Honoré), *La Comédie humaine*, Tome 4, Pléiade n° 2, Paris, 1856, 1584 p.

BERGEAL (Catherine) et LENICA (Frédéric), *Le contentieux des marchés Publics*, édition Imprimerie Nationale, Paris, 2004, 325 p.

BIAKAN (Jacques), *Droit des marchés publics au Cameroun. Contribution à l'étude des contrats publics*, L'Harmattan, Paris, 2011, 125 p.

BIAKAN (Jacques), *Précis de contentieux des contrats publics au Cameroun*, L'Harmattan, Paris, 2017, 162 p.

BILOUNGA (Stève Thierry), *Finances publiques camerounaises. Budgets, impôts, douanes, comptabilité publique,* L'Harmattan, Paris, 2020, 700 p.

BUSSEUIL (Guillaume), *Contribution à l'étude de la notion de contrat en droit privé européen*, Fondation Varenne, « Collection de Thèses », tome 27, LGDJ, Paris, 2010, 796 p.

CARBONNIER (Jean), *Droit et passion du droit sous la Vème République*, Coll. « Forum », Flamarion, Paris, 1996, 276 p.

CARRÉ DE MALBERG (Raymond), *Contribution à la théorie générale de l'État, spécialement d'après les données fournies par le Droit constitutionnel français,* tome I, Librairie de la Société du Recueil Sirey*, Paris,* 1920, 837 p.

CHARLES (Hubert), *Actes rattachables et Actes détachables en Droit administratif français*, Paris, L.G.D.J, 1968, 242 p.

COTTERET (Jean-Marie) et TROTABAS (Louis), *Droit fiscal*, 8e éd., Dalloz, Paris, 1997, 450 p.

DAUDIN (Henri), *La liberté de la volonté : signification des doctrines classiques*, PUF, Paris, 1950, 251 p.

DE LAUBADERE (André), MODERNE (Franck) et DEVOLVE (Pierre), *Traité des contrats administratifs*, Tome 1, LGDJ, Paris, 1983, 808 p.

DE LAUBADERE (André), *Traité théorique et pratique des contrats administratifs*, LDGJ, Paris, 1956, 454 p.

DEBBASCH (Charles), *Institutions et Droit administratif*, Tome 2 : l'action et le contrôle de l'administration, 4e éd., PUF, Paris, 1998.

DELAUNEY (Benoit), *Droit public de la concurrence*, Paris, 3e éd., LGDJ, 2023, 594 p.

DUGUIT (Léon), *Traité de droit constitutionnel*, Tome 3, 3e éd., E. de Boccard, Paris, 1923, 856 p.

EL YAAGOUBI (Mohammed), *Le droit administratif thématique*, 3e éd., Imprimerie el Maarif Al Jadida, 2016, 520 p.

FABRE-MAGNAN (Muriel), *Droit des obligations, tome 1, contrat et engagement unilatéral*, Paris, PUF, collection "Thémis Droit", 6e éd., Paris, 2021, 904 p.

GUIBAL (Michel), *Les contrats des collectivités locales*, Paris, édition Francis LEFEBVRE, 1995, 772 p.

GUIMDO DONGMO (Bernard-*Raymond)*, Sous la dir., *Le dialogue des juges. Une analyse des rapports fonctionnels entre les juges*, L'Harmattan, Coll. Logiques juridiques, Paris, 2022, 284 p.

JÈZE (Gaston), *Les contrats administratifs de l'État, des départements, des communes et des établissements publics*, vol. 1, Giard, Paris, 1927, 522 p.

JOSSE (Pierre L.), *Les travaux publics et l'expropriation*, Sirey, Paris, 1958, 449 p.

KAMTO (Maurice), *Droit administratif processuel du Cameroun : Que faire en cas de litige avec l'Administration*, PUC, Yaoundé, 1990, 256 p.

KELSEN (Hans), *Théorie pure du droit*, 2e éd., trad. Eisenmann, Dalloz, Paris, 1962, 496 p.

KEUTCHA TCHAPNGA (Célestin.), *Précis de contentieux administratif au Cameroun. Aspects de l'évolution récente*, Harmattan Cameroun, Coll. Doits africains et Malgache, Yaoundé, 2013, 324 p. HAUSER (Jean), *Les contrats,* Paris, Que sais-je ? 4e édition, PUF, 2002, 127 p.

LAJOYE (Christophe), *Droit des marchés publics*, 6e éd., Gualino, Lextenso, Paris, 2017, 617 p.

LEBRETON (Gilles), *Droit administratif général*, 12e éd., Dalloz, Paris, 2023, 613 p.

LICHERE (François), *Droit des contrats publics*, 3e éd., Paris, Dalloz, 2020, 164 p.

MARCUS (Laure), *L'unité des contrats publics*, Dalloz, Paris, 2010, 608 p.

MESCHERIAFOFF (Alain Serge), *Le droit administratif ivoirien*, Economica, Paris, 1982, 247 p.

MESSENGUE AVOM (Bernard), *La gouvernance des marchés publics au Cameroun*, Les éditions Le Kilimandjaro (EDLK), Yaoundé, 2013, 550 p.

MICHOUD (Léon), *La théorie de la personnalité morale et son application en droit français*, rééd., LGDJ, Paris, 1998, 527 p.

MOAHAMED (Nabih), *Droit des marchés publics, aspects juridiques, financiers et contentieux,* Konrad-Adenauer-Stiftung E.V., Bureau du Maroc, 368 p.

NGANGO YOUMBI (Eric-Marcel), *Les prérogatives de puissance publique au Cameroun, la part respective de droit et des perceptions psycho-sociales*, Paris, l'Harmattan, 2014, 591 p.

NTIECHE (André), *50 points pour comprendre la passation des marchés publics. Guide sur les projets financés par les Banques Multilatérales de Développement en Afrique centrale et de l'ouest (2012-2022)*, Afrédit, Yaoundé, 2024, 249 p.

ONANGA OPISSINA (Vianney), *La problématique de l'application de la TVA dans l'espace OHADA,* L'Harmattan, Paris, 2016, 372 p.

OWONA (Joseph) *Droit administratif spécial de la République du Cameroun*, EDICEF, Paris, 1985, 256 p.

PAUTOT (Serge), *Guide d'exportation du bâtiment et des travaux publics*, Moniteur, Paris, 1980, 172 p.

PEQUIGNOT (Georges), *Théorie générale du contrat administratif*, A. Pédone éd, Paris, 1945, 625 p.

PHILIP (Loïc), *Droit fiscal constitutionnel*, Economica, Paris, 2014, 154 p.

RICHER (Laurent), *Droit des contrats administratifs*, LGDJ, 9e éd., Paris, 2014, 765 p.

RICCI (Jean-Claude), *Droit administratif général*, 8e éd., Hachette, Paris, 2021, 320 p.

RIVERO (Jean) et WALINE (Jean), *Droit administratif*, 19e éd., Dalloz, Paris, 2002, 576 p.

ROUAULT (Marie-Christine), *Droit administratif*, 6e éd., Gualino, Lextenso, Paris, 2020, 264 p.

SCHULTZ (Patrick), *Éléments du droit des marchés publics*, Paris, LGDJ, 2e éd., 2002, 192 p.

TERRE (François), SIMLER (Philippe), LEQUETTEN (Yves), CHENEDE (François), *Droit civil*, 13e édition, Dalloz, Paris, 2022, 1800 p.

TROTABAS (Louis), *Finances publiques*, 3e éd., Dalloz, Paris, 1969, 877 p.

SCHWARTZENBERG (Roger-Gérard), *L'autorité de la chose décidée*, coll. « Bibliothèque de droit public », t. XCIII, LGDJ, Paris, 1969,452 p.

VEDEL (Georges) et DELVOLVE (Pierre), *Droit des contrats publics*, T. 1, P.U.F., Paris, 1992, 646 p.

VEDEL (Georges), *Droit administratif*, 5e éd., Paris, PUF, 1973, 902 p.

VEDEL (Georges), DELVOLVE (Pierre), *Droit administratif*, Paris, PUF, 12e édition, 1992, 802 p.

ARTICLES

ABOMO (Marie-Louise), « L'ordonnance du juge de l'exéquatur en matière d'arbitrage au Cameroun : entre requête et référé », *Juridis*, n° 73, 2008, pp. 105-108.

ALLAIRE (Frédéric), « Dépasser le droit des marchés publics », *AJDA*, n° 31, 2009, p. 1697.

ALAKA ALAKA (Pierre), « L'introduction de la TVA dans les pays africains : analyse d'une réception favorable à la remise en cause d'un mécanisme économiquement justifié », *Revue européenne et internationale de droit fiscal*, n° 3, 2015, pp. 418-427.

AUBY (Jean-Bernard), « À propos de la notion d'exorbitance du droit administratif », *In L'exorbitance du droit administratif en question(s), Études réunies par Fabrice MELLERAY*, Université de Poitiers, Coll. de la faculté de droit et des sciences sociales, de Poitiers, LGDJ, 2004, pp. 9-24.

BANDET (Denis), « L'atténuation du risque financier de nullité du contrat de partenariat par l'engagement indemnitaire de la partie publique », *AJDA*, n°7, 2006, pp. 354-356.

BECHILLON (Denys De) et TERNEYRE (Philippe), « Clauses exorbitantes et marchés publics », *CJEG,* 2000, pp. 169-179.

BELL (John), « Le contentieux des contrats publics en Europe. Royaume-Uni », dossier « Le contentieux des contrats publics en Europe », *RFDA*, n°1, 2011, pp. 85-88.

BEYEGUE BOULOUMEGUE (Emmanuel Ghislain), « La réforme des marchés publics », *in* ONDOA (Magloire), (Dir.), *L'administration publique camerounaise à l'heure des réformes*, L'Harmattan, Paris, 2010, pp.241-273.

BIAKAN (Jacques), « L'obligation dans le processus de formation des contrats publics », *in* Études offertes au Professeur POUGOUE (Paul Gérard), L'obligation, harmattan, Cameroun, 2015, pp. 135-147.

BIAKAN (jacques), « La délégation des services publics en droit camerounais », *RASJ,* vol. n°1 2010, pp. 219-236.

BIGOT (Grégoire), « Les mythes fondateurs du droit administratif », *RFDA,* 16(3), mai – juin 2000, pp. 527-536.

BIPELE KEMFOUEDIO (Jacques) et BALIFOUNE NDJANGUE (Armand), « Le règlement juridictionnel du contentieux des marchés publics au Cameroun », *Revue juridique et Politique des États francophones*, n°4, Octobre-Décembre, 2018, pp. 465-485.

CANEDO (Marguerite), « L'exorbitance du droit des contrats administratif », études réunies par Fabrice MELLERAY, 2004, LGDJ, pp.125-178.

CARANTA (Roberto), « Transparence et concurrence » *in* Rozen NOGUELLOU et Ulrich STELKENS, (dir.) *Droit comparé des contrats publics*, Bruxelles, Bruylant, 2010, pp. 145-172.

CASSIA (Paul), « Contrats publics et principe communautaire d'égalité de traitement », *RTD eur.*, 2002, pp. 413–449.

CLAMOUR (Guylain), *Contrats et propriétés publics*, Paris, Lexis Nexis, 2011, 268 p.

CHEVALLIER (Jacques), « Le droit administratif, droit de privilèges ? », *in* ARDENT (Philippe), DUHAMEL (Olivier) (dir.), *Pouvoirs, droit administratif : bilan critique*, Paris, PUF, 1988, p. 58-70.

CHEVALLIER (Jacques), « Loi et contrat dans l'action publique », *in les cahiers du Conseil constitutionnel,* n° 17, 2004, pp. 81-86.

CHEVALLIER (jacques), « Le droit administratif, le droit de privilèges ? », *Revue pouvoirs,* n° 46, 1988, pp. 57-70.

CISTAC (Gilles), « Une histoire juridique de l'État contractant dans le commerce international », *Annales de l'Université de Toulouse*, T. XLIII, 1995, pp. 172-193.

DE CORAIL (Jean-Louis), « L'identification du service public dans la jurisprudence administrative », *Mélanges offerts à Georges Burdeau,* LGDJ, 1977, p. 792.

DELACOUR (Éric), « Les contrats publics des personnes privées en droit français », *Contrats publics, Mélanges en l'honneur du professeur Michel GUIBAL*, Montpellier, Presse de la faculté de droit de Montpellier, 2006, vol. 1, pp. 657-676.

DELION (André-Guy), « La notion d'entreprise publique », *AJDA*, n° 4, avril 1979, pp. 3-19.

DELVOLVE (Pierre), « Constitution et Contrats publics », *Mélanges Franck MODERNE*, Paris, Dalloz, 2004.

DELVOLVE (Pierre), « Vers l'unification des marchés publics », *in* mélanges Roland Drago, *L'unité du droit Economica*, Paris, 1996, pp. 228-237.

DRAGO (Roland), « Paradoxes sur les contrats administratifs », *In Études offertes à Jacques FLOUR*, Paris, Defrénois, 1979, pp 151-162.

FORT (François-Xavier), « Les aspects administratifs de la liberté contractuelle », *in Contrats publics, Mélanges en l'honneur du professeur Michel GUIBAL*, vol. 1, Montpellier, Presse de la faculté de droit de Montpellier, 2006.

DUPUIS (Georges), « La définition de l'acte unilatéral », *in Recueil d'études en hommage à Charles EISENMANN*, Paris, éditions Cujas, 1975, pp. 205 et s.

ECKERT (Gabriel), « Les contrats administratifs et leur évolution. Réflexions sur l'évolution du droit des contrats publics », *RFDA* 2006.

GAUDEMET (Yves), « Concurrence et régulation ; entre liberté et contrainte », *RDP*, n° 4, juillet 2022, pp. 981 et s.

GAUDEMET (Yves), « le partenariat public privé en France dans la perspective de la métamorphose de l'intérêt général », *Dalloz*, 2007, pp. 3084-3090.

GNIMPIEBA TONNANG (Edouard) et MBALLA EMOTO (B-C), « la qualification des contrats administratifs au Cameroun : leçons d'une évolution jurisprudentielle apparente : note sous jugement N° 147/04-05/ADD du 31 août 2005, UM NTJAM François Désiré et fils c/État du Cameroun (MINEF) et jugement n° 80/2008/CS/CA du 18 juin 2008, UM NTJAM François c/État du Cameroun (MINEPNA) », *Revue de droit administratif,* N° 2013, pp. 59-73.

GUIMDO DONGMO (B.-R.), « Le droit d'accès à la justice administrative au Cameroun. Contribution à l'étude d'un droit fondamental », *Droit prospectif-Revue de la Recherche juridique*, 2008-1, Presses universitaires d'Aix-Marseille, pp. 453-498.

GUIMDO DONGMO (Bernard-Raymond), « Contrats de délégation de service public et harmonisation dans le cadre de l'OHADA : cas de la régie intéressée, de la concession et de l'affermage », Actes du Colloque international de Libreville sur *les pratiques contractuelles d'affaires et les processus d'harmonisation dans les espaces régionaux,* organisé par l'ERSUMA du 26 au 28 octobre 2011, publication de l'ERSUMA, 1re éd., juin 2012, pp.168-178.

GUIMDO DONGMO (Bernard-Raymond), « Les figures du juge administratif dans les États d'Afrique noire francophone », *Revue RAMReS/S.J.P (Revue africaine et Malgache de Recherches scientifiques/Sciences juridiques et politiques,* spécial, janvier 2021, pp.217-251.

GUIMDO DONGMO (Bernard-Raymond), « L'accès aux juridictions administratives dans les États d'Afrique noire francophone : réflexions sur son évolution récente à partir du cas du Cameroun », *Revue africaine de Droit et de Science politique (RADSP),* Vol. IX, n°20, Spécial 2021-1er semestre, pp.7-40.

HASTINGS – MARCHADIER (Antoinette), « Les contrats de droit privé des personnes publiques et la liberté contractuelle », *l'actualité juridique, droit administratif,* 20 septembre 1998, pp. 683-693.

HAURIOU (André), « Le pouvoir discrétionnaire et sa justification », *In Mélanges R. Carré de MALBERG*, Paris, Librairie Edward Duchemin, 1977, pp. 231-240.

IBONO (Ulrich Armel), « L'immunité d'exécution des personnes morales de droit public à l'épreuve de la pratique en droit OHADA », *Revue de l'Ersuma : Droit des affaires — Pratique professionnelle*, n° 3, septembre 2013, pp. 80-94.

JEGOUZO (Yves), « Le droit à la transparence administrative », *EDCE*, n° 43, 1991, p. 199.

KEUTCHA TCHAPNGA (Célestin), « Les mutations récentes du droit administratif camerounais », *Afrilex*, Bordeaux, 2000, 23 p.

LAMARQUE (Jean), « Le déclin du critère de la clause exorbitante », *in mélanges WALINE* (M), LGDJ, 1974, t2, pp. 492-518.

LAUBADERE (André de), « Administration et contrat », *in Mélanges Brethe de la Gressaye,* Éditions Bière, Bordeaux, 1967, pp. 453-467.

LICHERE (François), « L'évolution du critère organique du contrat administratif », *RFDA,* n° 2, mars-avril 2002, pp. 341-351.

LINOTTE (Didier), « Existe-t-il un principe général du droit de la libre concurrence » ? *AJDA*, 2005, pp. 1549-1553.

LOMBARD (Martine), « À propos de la liberté de concurrence entre opérateurs publics et opérateurs privés », *Recueil Dalloz,* 1994, pp. 163 et s.

LUCHÈRE (François), « L'influence du droit communautaire sur le droit français des contrats publics », *Petites affiches*, 19 avril 2007 n° 79, p. 29.

MELLERAY (Fabrice), « L'exorbitance du droit administratif en question(s) », *AJDA*, 2003, pp. 1961 et s.

MONEBOULOU MINKADA (Hervé Magloire), « La question de la définition du contrat en droit privé : essai d'une théorie institutionnelle », *juridical tribune*, volume 4, 1er juin 2014, pp. 88-128.

MOUNOM MBONG (Willy), « Les mutations récentes du droit de la commande publique au Cameroun », *RADP*, vol. IX, n° 18, 2020, pp. 5-33.

NDIFFO KEMETIO (Marien Ludovic), « L'arbitrage en droit administratif des États d'Afrique subsaharienne francophone », *RJPEF*, n° 3, 2020, pp. 330-368.

NDIFFO KEMETIO (Marien Ludovic), « Les orientations contemporaines du droit administratif en Afrique francophone », *RADP*, vol. X, n° 23, 2021, p. 305.

NLEP (Roger-Gabriel), Note jugement n° 07/88-89 du 27 octobre 1988 : Compagnie Forestière Sangha – Oubangui c/État du Cameroun, *Revue juridique Africaine*, 1991, p. 131-141.

NOLA (Bienvenue Yannick), « La hiérarchisation des acteurs publics des marchés publics en droit positif camerounais », *RADP*, Volume 3, n° 13, juillet — décembre 2018, pp. 83-111.

ONDOA (Magloire), « Les contrats de performance au Cameroun », *Penant, revue de droit des pays d'Afrique*, n° 821, mai – septembre 1996, pp. 174-201.

ONDOUA (Alain), « Notion de contrat administratif », *Juris-classeur contrats et marchés publics,* Fasc 10, 13 juillet 2009, pp. 1-38.

PIGNON (Sophie), « Le dialogue compétitif : une opportunité pour les acteurs de la commande publique », *AJDA*, 2004, pp. 1521 et s.

PLESSIX (Benoît), « Les contrats administratifs et leur évolution, la théorie des Vices du consentement dans les contrats administratifs), *RFDA,* éditions Dalloz, 2006, pp. 12-24.

PREVOST (Jacques), « À la recherche du critère du contrat administratif », *RDP,* 1971, pp. 817-842.

RIVERO (Jean), « Existe-t-il un critère du droit administratif ? », *RDP*, 59e année, 1953, pp. 279-296.

SAUNIER (Sébastien), « L'autonomie de la volonté en droit administratif français : une mise au point », *RFDA*, n° 3 2007, mai-juin, pp. 609-626.

SAWADOGO (Filiga Michel), « La question de la saisissabilité des biens des entreprises publiques en droit OHADA. À propos de l'arrêt de la CCJA du 7 juillet 2005, affaire Aziablévi Yovo et autres c/Société Télécom », *Penant*, n° 860, Juillet-Septembre 2007, pp. 305 et s.

VEDEL (Georges), « Les bases constitutionnelles du droit administratif », *in EDCE*, n° 8, 1954, pp. 21-53.

WALINE (Jean), « La théorie générale du contrat en droit civil et en droit administratif », *in Études offertes à Jacques GHESTIN*, Paris, LGDJ, 2001, pp. 959-981.

WALINE (Jean), « Les contrats entre personnes publiques », *RFDA,* 2006, pp. 229233.

WEIL (Prosper), « Les critères du contrat administratif en crise », *Mélanges offerts à Marcel WALINE. Le juge et le droit public,* Vol. 1, Paris, LGDJ, 1974, pp. 830 et s.

YONABA (Salif), *« La nouvelle réglementation des marchés publics au Burkina Faso », in Revue Burkinabè de droit,* n° 31, 1er septembre 1997, pp. 55-69.

THÈSES ET MÉMOIRES

ABA'A OYONO (Jean Calvin), *La Compétence de la juridiction administrative en droit camerounais,* thèse de doctorat en droit public interne (N-R), Université de Yaoundé (SOA), FSJP, 1994, 510 p.

BIDJA NKOTTO (Thomas), *Les contrats de l'administration au Cameroun,* Thèse de Doctorat en Droit public, Université Paris 1— Panthéon Sorbonne, 587 p.

EBANGA (Ch. A), *L'Appel d'offres dans la passation des marchés publics*, Mémoire de Master 2 en Droit public, Université de Yaoundé 2, 2014

ÉLAN MFOULA (B), *Le cahier de clauses administratives en droit des marchés publics*, Mémoire de Master en Droit public, Université de Yaoundé 2, 2014, 139 p.

EVINA (Joseph Valérie), *La passation des marchés publics en urgence*, Mémoire de Master 2, Université de Yaoundé 2, 2014.

GUESSELE ISSEME (Lionel Pierre), *L'apport de la Cour Suprême au droit administratif camerounais*, Thèse de doctorat Ph. D. en droit public, Université de Yaoundé II, 2010, 690 p.

GUIMDO DONGMO (Bernard-Raymond), *Le juge administratif camerounais et l'urgence. Recherches sur la place de l'urgence dans le contentieux administratif camerounais*, Thèse de doctorat d'État en droit public, Université de Yaoundé II, 2003-2004, 610 p.

KALFLECHE (Grégory), *Des marchés publics à la commande publique : l'évolution du droit des marchés publics*, thèse de Doctorat en droit, Université Panthéon-Assas (Paris II), 2004, 764 p.

MOUNYEMB (Alfred Marshall), *Le règlement du contentieux des marchés publics au Cameroun*, Mémoire de Master en Contentieux et Arbitrage, UCAC/ICY, 2008, 79 pages.

NDIFFO KEMETIO (Marien Ludovic), *Droit communautaire de la CEMAC et transformations du droit administratif camerounais*, Thèse de doctorat/*Ph. D.* en droit public, Université de Dschang, 2016, 705 p.

NGUEDIA MEIKEU (Hortense), *Le juge et les critères du contrat administratif*, Thèse de Doctorat/Ph. D. en droit public, Université de Yaoundé 2, 2014, 575 p.

ONDOA (Magloire), *L'Économie des derniers publics dans l'administration camerounaise*, Thèse 3e cycle, Université de Yaoundé, 1989, 540 p.

PAERELS (Hélène), *Le dépassement de la personnalité morale. Contribution à l'étude des atteintes à l'autonomie des personnes morales en droit privé et droit fiscal français*, Thèse de doctorat, Université de Lille 2, juin 2008, 424 p.

REFAAT MOHAMED EL-BEHERRY (Ibrahim), Théorie des contrats administratifs et des marchés publics internationaux, thèse pour le doctorat en droit, Université de Nice. Sophia – Antipolis, 2004, 566 p.

SAMB (Seynabou), *Le droit de la commande publique en Afrique noire francophone : contribution à l'étude des mutations du droit des contrats administratifs au Sénégal, au Burkina Faso, en Côte d'Ivoire et au Cameroun*, Thèse de Doctorat, Université Montesquieu Bordeaux IV, 28 novembre 2015, 876 p.

LEXIQUE, VOCABULAIRE, DICTIONNAIRES, RECUEILS D'ARRÊTS COMMENTÉS

ALLAND (Dénis) et RIALS (Stéphane), *Dictionnaire de la culture juridique*, 2e éd., Paris, PUF, 2003, 649 p.

CORNU (Gérard), *Vocabulaire juridique*, 13e éd., Paris, *PUF*, 2020, 1136 p.

GUINCHARD (Serge) et DEBARD (Thierry) (dir.), *Lexique des termes juridiques*, 31e éd., Dalloz, Paris, 2023, 2158 p.

LACHAUME (Jean-François), PAULIAT (Hélène), BRACONNIER (Stéphane) et DEFFIGIER (Clotilde), *Droit administratif. Les grandes décisions de la jurisprudence*, 17e éd., PUF, Paris, 2020, 992 p.

LONG (Marceau), WEIL (Prosper), BRAIBANT (Guy), DELVOLVE (Pierre) et GENEVOIS (Bruno), *Les grands arrêts de la jurisprudence administrative*, Dalloz, 24e éd., Dalloz, Paris, 2023, 1081 p.

PAMBOU TCHIVOUNDA (Guillaume), *Les grandes décisions de la jurisprudence administrative du Gabon*, A. Pedone, Paris, 1994, 646 p.

VAN LANG (Agathe), GONDOUIN (Geneviève) et INSERGUET-BRISSET (Véronique), (Dir), *Dictionnaire de Droit administratif*, 7e édition, Paris, Sirey, 2015, 516 p.

COURS POLYCOPIÉS

GUIMDO DONGMO (Bernard-Raymond), *Cours de droit et contentieux des marchés publics,* ENAM, Division de la Magistrature et des Greffes, 1re année/2d semestre, AJA, Yaoundé, 2016/2017, 42 pages.

VEDEL (Georges), *Cours de droit administratif*, Faculté de droit de Paris, 1953-1954.

COMMUNICATION

GUIMDO DONGMO (Bernard-Raymond), « Initiation à la compréhension des contrats de partenariat public-privé », Séminaire de formation délocalisée des avocats et avocats stagiaires, organisé par le CIFAF et autres, du 5 au 6 décembre 2016 à Yaoundé, 17p.

TEXTES JURIDIQUES

TEXTES NATIONAUX

Loi n° 2006/022 du 29 décembre 2006 fixant l'organisation et le fonctionnement des tribunaux administratifs.

Décret n° 2004/275 du 24 septembre 2004 portant Code des marchés publics de la République du Cameroun

Décret n° 2018/366 du 20 juin 2018 portant Code des marchés publics de la République du Cameroun

Décret n° 2018/255 du 12 juin 2018 fixant les règles communes applicables aux marchés des entreprises publiques

Cahier des Clauses administratives applicables aux Marchés publics d'Études (CCAG-Etudes)

Cahier des Clauses administratives applicables aux Marchés publics des Services et de Prestations intellectuelles (CCAG-SPI)

Cahier des Clauses administratives applicables aux Marchés publics de Travaux (CCAG-Travaux)

Circulaire n° 002/CAB/PM du 4 novembre 2002 relative à la procédure de passation des marchés publics

Circulaire n°001/CAB/PR du 19 juin 2012 relative à la passation et au contrôle de l'exécution des marchés publics

TEXTES ÉTRANGERS ET INTERNATIONAUX

Traité relatif à l'harmonisation du droit des affaires en Afrique (OHADA), fait à Port-Louis, le 17 octobre 1993, modifié par le Traité de Québec du 17 octobre 2008

Acte uniforme sur le droit de l'arbitrage du 23 novembre 2017

Code civil français de 1804

Règlement d'arbitrage de la Cour Commune de Justice d'Arbitrage du 23 novembre 2017

Décret n° 503/PM/SGG/2003 du 05 décembre 2003 portant Code des marchés publics en République du Tchad

Décret n° 2008-173/PRES/PM/MEF du 16 avril 2008 portant réglementation générale des marchés publics et des délégations de service public au Burkina Faso JO, n° 18 du 1er mai 2008, modifié par le décret n° 2012-123/PRES/PM/MEF du 02 mars 2012, J.O n° 28 du 12 juillet 2012.

Décret n° 2009-259 du 06 août 2009 portant Code des marchés publics en République de Côte d'Ivoire

Décret n° 2014-1212 du 22 septembre 2014 portant Code des marchés publics de la République du Sénégal

Décret n° 00027/PR/MEPPDD du 17 janvier 2018 portant Code des marchés publics en République du Gabon

JURISPRUDENCE

JURISPRUDENCE NATIONALE

Jugement n°63/99-2000, Les Établissements LE PAYSAN c/État du Cameroun

Arrêt n° 273 du 27 janvier 1954, affaire Société SOTRACOME c/Administration du territoire

CCA, décision n° 1090 du 27 septembre 1957 EVINA Max c/État du Cameroun

CFJ/AP, Arrêt n°15/A du 20 mars 1968, EKINDI Joël c/État du Cameroun

CFJ/AP, Arrêt N°13 du 20 mars 1968, OYONO Daniel c/État du Cameroun

CFJ/CAY, Arrêt N°108 du 8 décembre 1970, MOUTACKIE Joseph-Lebrun c/État du Cameroun

CFJ/CAY, Arrêt N°137 du 26 janvier 1971, ALAÏ BELOBO Nestor c/État du Cameroun oriental

CFJ/CAY, Arrêt N°136 du 26 janvier 1971, NJOH Isaac c/État fédéral du Cameroun.

CFJ/CAY, Arrêt N°178 du 28 mars 1972, MOUELLE KOULA Eitel c/État du Cameroun.) et non déclarée (CS/CA, jugement du 29 novembre 1979, Élites BANKA représentées par MBOUENDEU Jean de Dieu c/État du Cameroun

CS/CA, Jugement n°71 du 13 mai 1976, BENE BELLA Lambert c/État du Cameroun.

CS/CA, jugement n°26/76-77 du 03 février 1977, MOLUH Seydou c/État du Cameroun

CS/CA, jugement N°12/77-78 du 27 avril 1978, ITEM Dieudonné c/État du Cameroun

Ordonnance de référé n°07/CS/PCA, du 03 juin 1978, affaire LÉLÉ Gustave c/État du Cameroun

CS/CA, jugement N°30/77-78 du 13 juillet 1978, AKA'A Jules c/État du Cameroun

CS/AP, Arrêt n° 1/A du 06 décembre 1979, FOUDA Hubert c/État du Cameroun

CS/CA jugement n°40/80-81 du 30 avril 1981, GUIFFO Jean Philippe C/État du Cameroun

CS/AP, Arrêt N°4/ADD du 16 décembre 1982, NDOUGSA Valentin c/État du Cameroun (MINUH).

Jugement n°8/82-83 du 27 janvier 1983, NOMENY NGUISSI Émile c/État du Cameroun.

CS/CA, jugement n°34/82-83 du 24 février 1983, BENG ELOUGA Jean Louis c/État du Cameroun

CS/CA, 1er février 1985, TAMEGHI Boniface (AMSECOM/AMSECONCOM) c/État du Cameroun

CS/CA, N°50/84-85, 1er février 1985 TAMEGNI Boniface (AMSECOM/AMSECONCOM c/État du Cameroun (ministère de la défense).

CS/CA jugement n°53/87— 88 du 31 mars 1988, Groupement d'entreprises Dragages-Satom c/État du Cameroun.

Ordonnance de référé n°08/OR/PCA/CS du 31 mars 1988, affaire FONACHO Georges ISAIH c/État du Cameroun

CS/CA, Jugement n° 007/ du 27 octobre 1988, Compagnie Forestière SANGHA OUBANGUI c/État du Cameroun

CS/CA, jugement n° 72 du 29 juin 1989 FOUDA ETAMA c/État du Cameroun

CS/CA, jugement n°57 du 29 juin 1989, BIKANDA Jean c/État du Cameroun

CS/CA, Jugement n°12/91-92 du 26 décembre 1991, affaire ONDOUA ATANGANA Paul c/État du Cameroun

CS/CA, 30 mars 1995, NYEMB Jean Calvin c/État du Cameroun.

Jugement N°62/94-95 du 29 juin 1995, the Big Brothers Trading Company c/État du Cameroun

CS/CA, jugement n°41/1996 du 5 décembre 1996, DZONGANG Albert c/État du Cameroun

CS/AP, arrêt N° 6/A du 11 décembre 1997, État du Cameroun c/Ets GORTZOUNIAN.

CS/CA du 27 juillet 2000, les Établissements le Paysan c/État du Cameroun

Jugement N°55/2001-2002 du 19 août 2002, CA/CS, affaire Établissement le Paysan c/État du Cameroun (MINEDUC)

CS/CA, jugement N°03/2002-2003 du 31 octobre 2002, ZINTCHEM BAROUNG Nicodème c/État du Cameroun

CS/CA, jugement n°59/2004-2005 du 23 mars 2005, Établissement LIPA-SPORT B.T.P c/État du Cameroun [M.T.P)

CS/CA, jugement n° 139/2004-2005 du 27 juillet 2005, affaire Entreprises SOTRACOME c/État du Cameroun

CS/CA jugement n°150/2008 du 19 novembre 2008, Entreprise TAGAH Joseph c/État du Cameroun

CS/CA, jugement n°49/2009 du 28 janvier 2009, affaire Société Cameroun Plaques Internationales (CPI) c/État du Cameroun (MINTRANSPORT)

CS/CA, jugement n°140/2009, du 22 juillet 2009, Ets OPTIMA c/État du Cameroun

Arrêt n° 11 du 31/03/2011. CS/CA, jugement n°29/2005-2006 du 14 décembre 2005, MOUKON A EBONG Martin c/État du Cameroun CS/CA

CS/CA, jugement n°145/2012 du 12 septembre 2012, affaire Société CARMCO C/État du Cameroun

Sentence arbitrale du 13 mai 2014, Société Bénin Control SA c/État du Bénin

Jugement n° 07/TA/BFM/2016 du 16 mars 2016, Établissements ENACAM c/État du Cameroun [MINADER]

Jugement n° 2019/TA-YDE du 05 novembre 2019, ÉTS PM MAYA c/État du Cameroun [MINSANTE]

CS/CA, jugement N°48/02-03 du 27 mars 2003, DJOU ESSOMBA Charles c/État du Cameroun (MINUH).

CS/CA, jugement N°54/03-04 du 03 mars 2004, GUEMNE Charles c/État du Cameroun (MINAT)

CS/CA, jugement N°05/03-04 du 29 octobre 2003, NZEUSSEU Christophe c/État du Cameroun (DGSN)

CS/CA, jugement n° 132/04-05 du 27 juillet 2005, Entreprise camerounaise de Construction et de Nettoyage (ECCN) c/État du Cameroun

Jugement FOUDA ETAMA c/État du Cameroun, CS/CA N° 59/04-05 du 23 mars 2005, Établissement LIPA-SPORTS BTP c/État du Cameroun [ministère des Travaux publics]

JURISPRUDENCE ÉTRANGÈRE

1. France

CE 10 janvier 1902, Compagnie nouvelle du gaz de Déville-Lès-Rouen, req. n° 94624

CE, 19 novembre 1909, Cie générale Transatlantique

CE 11 mars 1910, Compagnie générale française des tramways, req. n° 16178

CE, 30 mars 1916, Cie générale d'éclairage de Bordeaux

CE, Sect. 22 oct. 1937, Cie générale des iles

CE, 28 avril 1939, Cie des chemins de fer de l'Ouest

CE 11 juillet 1941, Pitalospice de Caun, req. n° 60158

CE, 2 février 1983, union transports publics urbains et régionaux, Rec. n° 34027. p. 33

CE 6 mai 1985, Association Eurolat, req. n° 41589 41699

Arrêt CAA Nantes, 27 juin 2003, Communes de Contres, n° 00NT00635 aux Tables du recueil

CAA Nancy 20 décembre 2007, Sté Vivendi c./Commune de Saint Dizier, req. n° 05NC00897.

CE 21 décembre 2007, Région du Limousin, req. n° 293260

CE 23 juil 1938, Dame Poujade, Rec.711. Sect. 30 janv. 2009 *ANPE*

CE 27 octobre 2010, Syndicat intercommunal des transports publics de Cannes, Le Cannet, MandelieulaNapoule, req. n° 318617

CAA Paris 17 octobre 2011, Société LEA, req. n° 10PA00598

CE 27 février 2015, Commune de Béziers, req. n° 357028

2. Europe

CJCE 19 juin 2008, Pressetext Nachrichtenagentur GmbH c/République d'Autrice, aff. C454/06. CE 11 juillet 2008, Ville de Paris, req. n° 312354

3. Sénégal

CS, 22/08/2013, Société SARRE-CONS c/ARMP, in Bulletin des arrêts de la Cour suprême du Sénégal 2013

CS, 25 avril 2006, État du Sénégal c/Société africaine Audit Cour suprême, Société Générale de Surveillance [SGS] contre Conseil Exécutif des Transports urbains de Dakar [CETUD] — Autorité de Régulation des Marchés Publics

AUTRES DOCUMENTS

Association Internationale des Hautes Juridictions administratives [AIHJA], « Les modes alternatifs de règlement des différends en matière administrative », XII congrès, Istanbul 2016, 38 pages

ONT COLLABORÉ À LA RÉDACTION DE L'OUVRAGE* :

- BOBDA TAGNE Mesmer, Chargé de cours, Université de Yaoundé II
- DJIELON MOUCHEU Ravel, PhD en Droit public, Université de Yaoundé II
- EYETE MEKOU Marcien, PhD en Droit public, Université de Yaoundé II
- LONGMENE MFOGHA A. Blaise, PhD en Droit public, Université de Dschang
- MAKOUGOUM Agnès, Maitre de conférences Agrégée, Université de Yaoundé II
- NDIFFO KEMETIO Marien Ludovic, Maitre de conférences, Université de Dschang
- OBAKER BALINAN Samuel, Maitre-Assistant (CAMES), Chargé de Cours à l'Université de Yaoundé II
- OBAMA EBOLO Franck Yanick, en Droit public, Université de Yaoundé II
- OTTOU MEBENGA, PhD en Droit public, Université de Yaoundé II
- OWONA Junior Bernard, Maitre-Assistant (CAMES), Chargé de Cours, Université de Yaoundé II
- SANDIO KAMGA Habib, Maitre-Assistant (CAMES), Chargé de Cours, Université de Yaoundé II
- TATIDOUNG KUETE Aimé, PhD en Droit public, Université de Yaoundé II
- TCHANBA Michael Joël, PhD en Droit public, Université de Dschang

* Membres du Centre de Recherche et d'Etudes en Droit(CRED).

INDEX ALPHABÉTIQUE

A

abus de biens sociaux, 49
abus de position dominante, 47
achat public, 76, 91, 94, 96, 105, 113, 205, 217
acte détachable, 201
acteur juridique, 23
activité économique, 37, 82, 96
Administration, 12, 23, 58, 80, 90, 95, 98, 110, 125, 129, 130, 137, 140, 142, 154, 157, 158, 167, 172, 179, 180, 182, 201, 209, 222, 226, 231
affermage, 63, 64, 65, 146, 226
aléa administratif, 140
Appel d'Offres International, 9
appel d'offres national, 51, 96
appel d'offres ouvert, 78, 96, 97, 99
Appel d'Offres Restreint, 9, 10
avenants, 29, 122, 124, 125, 127, 141, 155, 175, 182, 183, 198, 212

C

capacité à contracter, 86, 88, 117, 217
Chambre Administrative, 9, 10
clause d'arbitrage, 38
Code des Marchés Publics, 10, 34, 35, 76, 182, 183
collectivité publique, 28, 58, 65, 121, 126, 169, 191, 197
commande publique, 27, 28, 30, 36, 39, 44, 45, 47, 49, 50, 57, 71, 72, 73, 75, 77, 79, 80, 81, 83, 84, 85, 88, 90, 95, 97, 113, 117, 120, 121, 123, 133, 135, 138, 140, 155, 171, 199, 205, 217, 227, 228, 229
Commission centrale de contrôle des marchés, 166
Commission de passation des marchés publics, 101
comptabilité, 29, 37, 48, 147, 151, 221
concession de service public, 64
concession de travaux publics, 64, 65
concussion, 49
Conseil Constitutionnel, 9
Conseil d'État, 24
Conseil de Discipline Budgétaire et Comptable, 204
constitution, 17, 36, 101, 193, 194, 200
consultants individuels, 94, 110, 111
contentieux des marchés publics, 18, 30, 46, 49, 150, 163, 165, 172, 175, 179, 180, 187, 192, 196, 200, 205, 217, 218, 219, 224, 228, 229
contrat administratif, 23, 25, 28, 54, 69, 71, 86, 124, 131, 137, 148, 154, 156, 161, 206, 208, 210, 211, 212, 223, 226, 227, 228, 229
contrat de partenariat, 55, 224
contrôle d'opportunité, 214
contrôle de légalité, 213
conventions internationales, 33, 56, 175, 183
corruption, 40, 48, 49, 69, 114, 116, 129, 130, 154, 167, 197
cotraitance, 78, 134, 154, 167, 199
Cour Suprême, 9, 10, 172, 188, 228

D

d'une indemnité pour préjudice matériel et d'une indemnité pour préjudice moral, 131, 210
Délégation de Service Public, 10
des dommages et intérêts, 90, 128, 131, 153, 161, 180, 210, 218
détournement, 37, 49, 114, 197, 198
dette, 147, 152
droit de la concurrence, 47
droits subjectifs, 29, 137, 138

E

égalité, 25, 28, 35, 39, 42, 44, 45, 50, 57, 72, 73, 77, 79, 80, 83, 84, 91, 113, 117, 120, 121, 171, 199, 204, 217, 224
égalité de traitement, 44, 84
emprise irrégulière, 49
entrepreneur, 17, 26, 40, 49, 58, 60, 111, 112, 121, 131, 147, 150, 152, 158, 171, 172, 178, 183, 191, 201, 209, 213
Entreprise, 11, 140, 158, 172, 233
État, 17, 18, 23, 24, 26, 29, 34, 37, 39, 40, 41, 42, 43, 44, 45, 49, 54, 55, 56, 62, 64, 65, 69, 73, 75, 81, 84, 88, 89, 90, 93, 103, 113, 119, 120, 121, 123, 125, 127, 128, 129, 130, 131, 132, 135, 136, 137, 140, 141, 143, 146, 147, 156, 157, 158, 160, 161, 172, 175, 180, 181, 184, 187, 188, 189, 190, 191, 194, 195, 197,

199, 200, 201, 202, 204, 206, 207, 208, 209, 213, 214, 218, 221, 222, 225, 228, 231, 232, 233, 234
exécution, 18, 23, 26, 33, 35, 36, 37, 38, 40, 42, 45, 47, 48, 49, 52, 54, 57, 58, 61, 62, 63, 65, 70, 71, 75, 79, 85, 89, 90, 92, 94, 95, 99, 100, 103, 109, 114, 116, 117, 119, 120, 121, 122, 123, 124, 125, 126, 127, 128, 130, 131, 132, 133, 134, 135, 136, 137, 138, 140, 141, 142, 143, 145, 146, 147, 148, 149, 151, 152, 153, 154, 155, 158, 159, 163, 165, 166, 167, 168, 169, 170, 173, 176, 177, 178, 179, 184, 187, 189, 190, 192, 193, 194, 195, 196, 197, 199, 200, 201, 202, 204, 205, 206, 207, 208, 209, 210, 211, 212, 213, 214, 217, 218, 219, 226, 230
exécution forcée, 38
extinction, 26, 65, 70, 145, 148, 150, 152, 153, 155, 156, 160, 161, 165, 217, 218
extinction anticipée, 152
extinction normale, 145

F

faillite, 36, 37, 79, 88, 103, 142, 154, 167, 179, 180
fait du prince, 55, 126, 140, 141, 221
fausses déclarations, 106
Financement, 11
finances publiques, 42, 43, 48, 72, 80, 136
fortune publique, 45, 49, 161, 197, 217
fraude, 48

I

imprévision ou aléa économique, 141
indemnisation, 94, 141, 148, 156, 158, 171, 179, 192, 201, 212, 213
indemnité compensatrice, 55, 99, 131, 210
intérêt général, 23, 28, 44, 49, 60, 78, 85, 120, 125, 132, 135, 140, 153, 156, 157, 161, 196, 206, 207, 208, 209, 219, 225
investissement étranger, 40
investisseur, 40

J

journal des marchés publics, 74, 77, 102
juge administratif, 18, 28, 54, 79, 81, 125, 126, 129, 131, 137, 142, 143, 157, 158, 159, 160, 161, 168, 172, 187, 188, 189, 190, 191, 192, 194, 195, 196, 197, 199, 200, 201, 202, 203, 204, 205, 206, 207, 208, 209, 210, 211, 212, 213, 214, 219, 226, 228
juge civil, 187, 194, 199, 219
juge pénal, 187, 197, 198, 219
juridiction administrative, 19, 58, 139, 156, 159, 160, 181, 188, 194, 200, 228
Jurisprudence, 11

L

L'accord-cadre, 61
l'arbitrage, 36, 174, 175, 176, 177, 180, 181, 182, 183, 184, 185, 218, 230
liquidation, 36, 79, 88, 148, 152, 154, 156, 167, 198
lois, 34, 46, 47, 48, 79, 83, 88, 91, 119, 123, 161, 174, 187

M

maître d'ouvrage délégué, 52, 93, 98, 99, 100, 101, 105, 106, 108, 109, 110, 112, 113, 114, 115, 121, 159, 177, 198, 200
marché de gré à gré, 111, 112, 113, 142, 198
Marché Public, 11
marchés spéciaux, 59, 62, 75, 79, 111, 113, 114
mauvaise foi, 37, 134, 159, 163
médiation, 175, 178, 182, 183, 185
mesures conservatoires, 37, 38

O

obligations fiscales, 47
observateur indépendant, 114, 115
offre, 44, 45, 48, 59, 76, 78, 80, 81, 97, 100, 103, 104, 105, 106, 107, 108, 110, 174, 176, 182, 184, 205
ordre public, 23, 46, 49, 176, 182, 191, 195

P

passation, 18, 26, 35, 36, 41, 44, 45, 48, 49, 50, 51, 52, 54, 55, 61, 70, 71, 72, 73, 75, 77, 78, 79, 80, 81, 82, 84, 85, 86, 89, 90, 91, 93, 94, 95, 96, 97, 98, 99, 100, 101, 103, 104, 105,

106, 107, 108, 109, 110, 111, 112, 113, 114, 115, 116, 117, 122, 126, 137, 148, 149, 151, 152, 153, 163, 165, 166, 168, 169, 173, 176, 177, 179, 184, 187, 192, 194, 195, 196, 197, 198, 199, 201, 202, 203, 204, 205, 214, 217, 218, 219, 223, 228, 230
personnalité juridique, 29
personne morale, 27, 28, 30, 37, 56, 60, 63, 64, 82, 86, 88, 89, 96, 133, 184, 189
personne publique, 27, 28, 30, 38, 59, 61, 63, 65, 81, 84, 85, 89, 105, 120, 121, 122, 123, 124, 125, 126, 132, 137, 140, 141, 148, 153, 157, 158, 207, 211
police administrative, 25
pouvoir de modification unilatérale, 54, 120, 124, 125, 126, 127, 131, 140, 207, 208, 211, 212, 218
pratiques concurrentielles, 39
pré-qualification, 65, 166, 169
PRÉROGATIVES, 119
prestataire, 17, 26, 53, 60, 61, 88, 112, 154, 173, 175, 182, 197, 199, 214, 218
prestation intellectuelle, 100
principe de prudence, 49
prix, 17, 24, 27, 30, 44, 50, 57, 60, 62, 63, 73, 75, 78, 81, 92, 95, 100, 104, 105, 107, 110, 111, 125, 129, 130, 138, 139, 140, 141, 148, 149, 150, 151, 152, 154, 167, 197, 198, 200, 212, 214, 218
prix forfaitaire, 139
Procédure, 80, 176
publicité, 41, 43, 45, 61, 64, 73, 74, 75, 76, 77, 78, 85, 101, 102, 106, 112, 116, 126, 204, 205, 217
puissance publique, 25, 69, 78, 119, 122, 129, 149, 153, 156, 206, 209, 210, 211, 219, 223

R

réception provisoire, 150, 151
réception tacite, 147
recours, 26, 36, 40, 54, 75, 77, 96, 99, 110, 111, 113, 133, 160, 165, 166, 167, 168, 169, 170, 171, 172, 173, 176, 181, 183, 185, 187, 188, 189, 190, 191, 192, 194, 195, 196, 198, 200, 201, 202, 203, 204, 205, 208, 214
recours gracieux préalable, 168, 172, 185, 190, 191, 192
recours hiérarchique, 168, 172, 173, 185
référé, 36, 192, 194, 195, 196, 219, 223, 231, 232
régie intéressée, 63, 64, 65, 226
régime fiscal, 45
règlement, 26, 34, 36, 38, 39, 41, 43, 45, 56, 85, 90, 96, 98, 99, 100, 101, 114, 134, 138, 139, 147, 150, 152, 153, 159, 163, 165, 166, 167, 168, 171, 172, 173, 174, 175, 176, 178, 179, 181, 182, 183, 184, 187, 212, 214, 218, 219, 224, 228, 234
règlement à l'amiable, 56, 174, 175
résiliation sanction, 159
Responsabilité, 12

S

secteur privé, 40, 41, 43, 88
service public, 17, 18, 24, 25, 28, 38, 43, 48, 55, 60, 63, 64, 65, 77, 79, 83, 90, 125, 126, 128, 129, 132, 135, 138, 142, 146, 204, 206, 208, 209, 210, 219, 225, 226, 231
soumissionnaire, 28, 48, 80, 83, 86, 90, 91, 100, 101, 103, 104, 106, 107, 108, 109, 110, 124, 148, 166, 169, 173, 191, 203
SOURCES, 33, 43
sous-traitance, 44, 78, 129, 130, 134, 154, 167, 199
sujétions imprévues ou l'aléa technique, 142
sursis à exécution, 195, 219
sursis de livraison, 147
syndicats professionnels, 47

T

théorie de l'imprévision, 54, 141, 142
transaction, 175, 178, 179, 180, 185
transparence, 28, 34, 42, 43, 44, 45, 49, 50, 57, 72, 73, 75, 77, 79, 80, 83, 84, 85, 102, 106, 113, 114, 115, 116, 117, 171, 204, 205, 217, 226
tribunaux administratifs, 46, 49, 169, 171, 172, 230

V

voie de fait administrative, 49

TABLE DES MATIÈRES

DÉDICACE 5

REMERCIEMENTS 7

SIGLES ET ABRÉVIATIONS 9

SOMMAIRE 13

PRÉFACE 15

AVANT-PROPOS 17

INTRODUCTION GÉNÉRALE 21

Paragraphe 1. La qualification issue du Code des marchés publics 26

Paragraphe 2. La qualification issue d'autres sources 29

PREMIÈRE PARTIE L'IDENTIFICATION DES MARCHÉS PUBLICS 31

CHAPITRE 1 LES SOURCES DU DROIT DES MARCHÉS PUBLICS 33

SECTION 1 : LES SOURCES NON NATIONALES DU DROIT DES MARCHÉS PUBLICS 33

Paragraphe 1. Les sources internationales du droit des marchés publics 33

A. Les accords de Marrakech 34

B. Les contraintes des bailleurs de fonds internationaux 34

Paragraphe 2. Les sources du droit de l'uniformisation des marchés publics : le droit de l'OHADA 35

A. L'exigence de la déclaration de régularité et de conformité ou de la déclaration notariée de souscription et de versement 36

B. Les hypothèses de faillite et la liquidation judiciaire 36

C. L'immunité d'exécution des personnes morales de droit public 37

Paragraphe 3. Les sources du droit de l'harmonisation des marchés publics : le droit communautaire de la CEMAC 38

A. La Convention régissant l'Union Économique de l'Afrique Centrale (UEAC) 39

B. Les principes dégagés par le règlement CEMAC relatif à la Charte des Investissements 39

C. Le Règlement n°4/99 du 18 août 1999 portant réglementation des pratiques étatiques affectant le commerce entre les États membres 41

D. La Directive portant harmonisation des législations des États membres en matière de taxe sur la valeur ajoutée (TVA) 42

E. La Directive n° 06/11/UEAC-190-CM-22 relative au Code de transparence et de bonne gouvernance dans la gestion des finances publiques 42

SECTION 2 : LES SOURCES NATIONALES DU DROIT DES MARCHÉS PUBLICS 43
Paragraphe 1. La norme constitutionnelle du droit de marchés publics 43
A. Les données constitutionnelles du droit des marchés publics 43
B. La répartition constitutionnelle des compétences entre la loi et le règlement en matière de marchés publics 45
Paragraphe 2. Les sources infra constitutionnelles du droit de marchés publics 45
A. Le cadre législatif du droit de marchés publics 46
1. Les règles de droit civil applicables aux marchés publics 46
2. Les règles de droit social applicables aux marchés publics 47
3. Les règles du droit de la concurrence applicables aux marchés publics . 47
4. Les règles du droit de la consommation applicables aux marchés publics 47
5. Les règles régissant les finances publiques applicables aux marchés publics 48
6. Les règles de droit pénal applicables aux marchés publics 48
7. Les règles du contentieux des marchés publics 49
B. Le cadre réglementaire du droit de marchés publics 49
1. Le cadre décrétal du droit de marchés publics 49
2. Le cadre infra décrétal du droit de marchés publics 51
2.1. Les arrêtés 51
2.2. Les instructions, circulaires et manuels de procédures 52
2.3. Les normes techniques 52
C. Les sources jurisprudentielles et doctrinales administratives du droit des marchés publics 54
1. Les sources jurisprudentielles du droit des marchés publics 54
2. Les sources doctrinales administratives du droit des marchés publics ... 55
D. Les clauses contractuelles du droit des marchés publics 55
CHAPITRE 2 LA TYPOLOGIE DES MARCHÉS PUBLICS 57
SECTION 1 : LES MARCHÉS PUBLICS ORDINAIRES 57
Paragraphe 1. Les marchés de travaux publics 57
Paragraphe 2. Les autres marchés publics ordinaires 59
A. Les marchés de fournitures 59
B. Les marchés de services quantitatifs 60
C. Les marchés de services non quantitatifs et de prestations intellectuelles 61
D. Les marchés de conception-réalisation et les accords-cadres 61
E. Les marchés pluriannuels et à tranches, les marchés réservés et les marchés spéciaux 62
SECTION 2 : LES MARCHÉS PUBLICS PARTICULIERS 63
Paragraphe 1. La notion de délégation de service public 63
Paragraphe 2. Les types de délégation de service public 64

A. La concession de service public et la concession de travaux publics 64
B. L'affermage 65
C. La régie intéressée 65
DEUXIÈME PARTIE LE RÉGIME JURIDIQUE DES MARCHÉS PUBLICS... 67
CHAPITRE 1 LA PASSATION DES MARCHÉS PUBLICS 71
SECTION 1 : LES PRINCIPES RÉGISSANT LA PASSATION DES MARCHÉS PUBLICS 72
Paragraphe 1. Les principes régissant la présentation des marchés publics 73
A. La publicité 73
B. La liberté d'accès 77
Paragraphe 2. Les principes régissant l'attribution des marchés publics 80
A. Le principe de concurrence 80
B. Le principe d'égalité de traitement 83
C. Le principe de transparence 84
SECTION 2 : LES RÈGLES APPLICABLES A LA PASSATION DES MARCHÉS PUBLICS 86
Paragraphe 1. La capacité à contracter en matière de marché public 86
A. La capacité des personnes privées à contracter 87
B. La capacité de la personne publique à contracter 89
Paragraphe 2. Le choix du cocontractant de l'administration en matière de marché public 91
A. La fixation des règles de passation des marchés publics par l'administration 91
B. Les modes de passation des marchés publics 94
1. Les modes concurrentiels de passation des marchés publics 94
a. L'appel d'offres 95
a.1-Les catégories d'appel d'offres 96
a.2-Le contenu du dossier d'appel d'offres 100
a.3-L'avis d'appel d'offres 101
a.4-Le règlement particulier de l'appel d'offres 101
a.5-Les règles applicables aux offres 102
a.6-L'attribution des marchés publics sur appel d'offres 106
b. La demande de cotation 109
c. Le recrutement des consultants individuels 110
2. Les modes non concurrentiels de passation des marchés publics 111
a. Le marché de gré à gré 111
b. Les marchés spéciaux 113
C. L'expertise indépendante 114
1. L'observateur indépendant 114
2. L'auditeur indépendant 116

CHAPITRE 2 L'EXÉCUTION DES MARCHÉS PUBLICS 119
SECTION 1 : LES PRÉROGATIVES DE L'ADMINISTRATION CONTRACTANTE 119
Paragraphe 1. Les pouvoirs de direction et de contrôle 120
A. Le pouvoir de direction 121
B. Le pouvoir de contrôle 123
Paragraphe 2. Le pouvoir de modification unilatérale 124
A. L'étendue du pouvoir de modification unilatérale 125
B. Les limites au pouvoir de modification unilatérale 126
Paragraphe 3. Le pouvoir de sanction 127
A. Les sanctions non résolutoires 127
B. La sanction résolutoire 129
SECTION 2 : LES DROITS ET OBLIGATIONS DU COCONTRACTANT. 132
Paragraphe 1. Les obligations du cocontractant de l'administration 132
A. L'obligation d'exécution personnelle 133
B. Le respect des délais 134
C. Le devoir d'obéissance aux ordres de service et la bonne exécution technique des travaux 135
D.Les obligations comptables et les garanties d'exécution du marché 136
Paragraphe 2. Les droits du cocontractant de l'administration 137
A. Le droit au règlement du prix 138
B. Le droit à des indemnités éventuelles 140
CHAPITRE 3 L'EXTINCTION DES MARCHÉS PUBLICS 145
SECTION 1 : L'EXTINCTION NORMALE DES MARCHÉS PUBLICS 145
Paragraphe 1. La consistance de l'arrivée du terme du marché 146
Paragraphe 2. Les effets de l'arrivée du terme du marché 148
A. L'exigence du paiement comme contrepartie des prestations effectuées 148
B. La vérification par l'administration de la qualité des prestations effectuées 150
SECTION 2 : L'EXTINCTION ANTICIPÉE DES MARCHÉS PUBLICS 152
Paragraphe 1. Les motifs d'extinction anticipée des marchés publics 152
Paragraphe 2. Les modes d'extinction anticipée des marchés publics 155
A. L'extinction prononcée par l'administration contractante 156
B. L'extinction prononcée par le juge des marchés publics 160
TROISIÈME PARTIE LE RÉGIME CONTENTIEUX DES MARCHÉS PUBLICS 163
CHAPITRE 1 LE RÈGLEMENT NON JURIDICTIONNEL DU CONTENTIEUX DES MARCHÉS PUBLICS 165
SECTION 1 : LE RÈGLEMENT ADMINISTRATIF DES LITIGES LIÉS AUX MARCHÉS PUBLICS 165

Paragraphe 1. Les modalités du règlement administratif des litiges liés aux marchés publics 166
A. La phase de passation des marchés publics 166
B. La phase d'exécution des marchés publics 167
Paragraphe 2. Les outils du règlement administratif des litiges liés aux marchés publics 168
A. Le recours gracieux préalable 168
B. Le recours hiérarchique 172
SECTION 2 : LE RÈGLEMENT ALTERNATIF DES LITIGES LIÉS AUX MARCHÉS PUBLICS 174
Paragraphe 1. Le règlement à l'amiable 174
A. L'arbitrage *sui generis* 176
B. La médiation et la transaction 178
1. La médiation 178
2. La transaction 179
Paragraphe 2. L'arbitrage classique 181
A. Les orientations du Traité portant création de l'OHADA 183
B. Les prévisions de l'Acte uniforme sur le droit de l'arbitrage 184
CHAPITRE II LE RÈGLEMENT JURIDICTIONNEL DU CONTENTIEUX DES MARCHÉS PUBLICS 187
SECTION 1 : L'ACCÈS AU JUGE DES MARCHÉS PUBLICS 188
Paragraphe 1. Les conditions liées aux requérants 188
A. L'appréhension des conditions liées aux requérants en général 189
B. L'appréhension des conditions liées aux requérants en matière contractuelle 189
Paragraphe 2. Les conditions liées à la requête 190
A. L'exigence de l'introduction du recours gracieux préalable 191
B. L'exigence du respect des délais du recours contentieux 192
1. Les délais dans le contentieux de la validité 192
2. Le référé en matière de passation des marchés publics 194
3. Le sursis à exécution dans la passation des marchés publics 195
SECTION 2 : LA MATIÈRE CONTENTIEUSE RELATIVE AUX MARCHÉS PUBLICS 196
Paragraphe 1. La distinction des contentieux en matière de marchés publics 197
A. Les litiges relevant du juge pénal 197
B. Les litiges relevant des autres juges, civils et des comptes 199
Paragraphe 2. La matière contentieuse des marchés publics relevant du juge administratif 200
A. La nature de la matière contentieuse relevant du juge administratif 200
B. La consistance de la matière contentieuse relevant du juge administratif 202

1. Les litiges liés à la passation des marchés publics...............................202
2. Les litiges liés à l'exécution des marchés publics 205
a. La garantie des pouvoirs de l'administration contractante.................206
b. La reconnaissance des droits du cocontractant de l'administration ...211
CONCLUSION GÉNÉRALE 215
BIBLIOGRAPHIE 221
INDEX ALPHABÉTIQUE 237

Structures éditoriales du groupe L'Harmattan

L'Harmattan Italie
Via degli Artisti, 15
10124 Torino
harmattan.italia@gmail.com

L'Harmattan Hongrie
Kossuth l. u. 14-16.
1053 Budapest
harmattan@harmattan.hu

L'Harmattan Sénégal
10 VDN SICAP AMITIE 3
BP 45034 Dakar-Fann
direction@senharmattan.com

L'Harmattan Cameroun
Tsinga/Derrière polyclinique FECAFOOT
BP 11486 Yaoundé
Jacques.koukam@harmattan.fr

L'Harmattan Burkina Faso
Villa 281, secteur 23 623, rue 14.32
Ouagadougou
zagbie@outlook.fr

L'Harmattan Guinée
Almamya, rue KA 028 OKB Agency
BP 3470 Conakry
harmattanguinee@yahoo.fr

L'Harmattan RDC
185, avenue Nyangwe
Commune de Lingwala – Kinshasa
matangilamusadila@yahoo.fr

L'Harmattan Congo
219, avenue Nelson Mandela
BP 2874 Brazzaville
deunovmikhael@gmail.com

L'Harmattan Mali
Immeuble Mgr Jean Marie Cissé
Aci Hamadallaye
BP 145 Bamako
syllaka@yahoo.fr

L'Harmattan Togo
Djidjole – Maison Amela
face EPP BATOME
02 BP 20680 Lomé
didieramela11@gmail.com

L'Harmattan Côte d'Ivoire
Résidence Karl – Cité des Arts
Abidjan-Cocody
03 BP 1588 Abidjan
harmattan.ivoire@gmail.com

L'Harmattan Bénin
Rue 604, (Immeuble à l'entrée
de la rue UCAO- Cite de Saint-Jean)
Cotonou
stepcorpus@gmail.com

Nos librairies en France

Librairie internationale
16, rue des Écoles
75005 Paris
librairie.internationale@harmattan.fr
01 40 46 79 11
www.librairieharmattan.com

Librairie des savoirs
21, rue des Écoles
75005 Paris
librairie.sh@harmattan.fr
01 46 34 13 71
www.librairieharmattansh.com

www.ingramcontent.com/pod-product-compliance
Lightning Source LLC
LaVergne TN
LVHW011007061026
849535LV00006B/1755